Z 33021

Dijon
1800-1803
Bacon, François
Œuvres

anvier   Tome 4

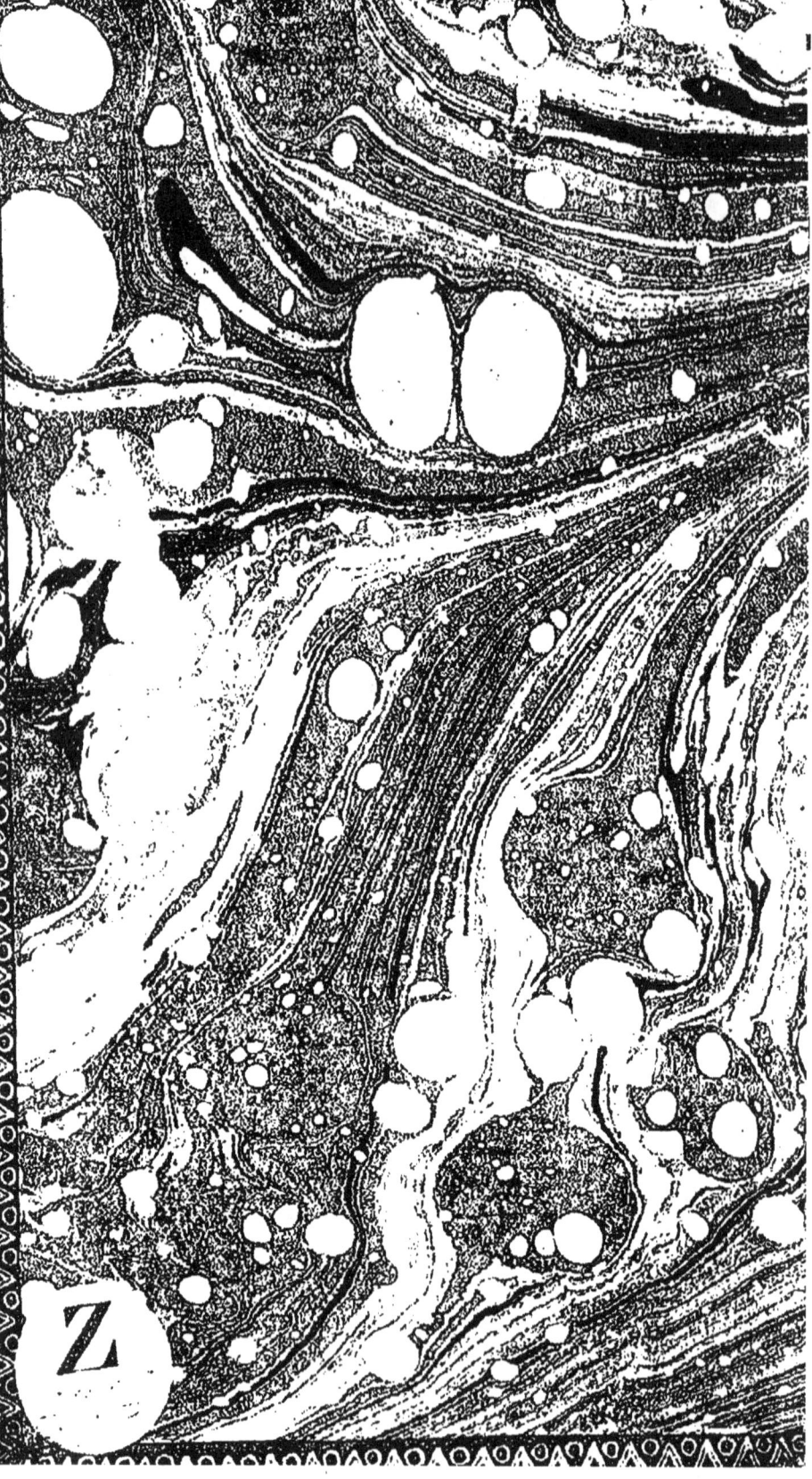

33010

ŒUVRES

DE

FRANÇOIS BACON,

CHANCELIER D'ANGLETERRE.

TOME QUATRIÈME.

Z. 2410
E. 4

OEUVRES

DE

FRANÇOIS BACON,

CHANCELIER D'ANGLETERRE,

TRADUITES PAR Ant. LASALLE;

Avec des notes critiques, historiques et littéraires.

TOME QUATRIÈME.

A DIJON,

DE L'IMPRIMERIE DE L. N. FRANTIN.

AN 8 DE LA RÉPUBLIQUE FRANÇAISE.

PRÉFACE
DU TRADUCTEUR,
ET

EXTRAIT DE L'OUVRAGE.

INVENTER sans *méthode*, c'est voyager sans *carte* et sans *guide*, dans un pays *inconnu*; c'est vouloir tracer *une ligne droite*, sans faire usage d'une *règle*, ou un *cercle*, sans le secours d'un *compas*; c'est tenter l'impossible, ou se créer inutilement des difficultés presque insurmontables. A quoi bon, en rejetant orgueilleusement un secours nécessaire, se rendre si difficile, ce qu'avec un peu plus de modestie et un commode instrument, on pourroit se rendre facile? Cet instrument, qui applanit la route des découvertes, et rend plus sûre la marche du philosophe, en la ralentissant, c'est la *logique*; non cette logique pointilleuse qui servit autrefois à disputer sur certains bancs, que nous avons renversés avec *les docteurs pour et contre*, mais celle qui sert *à voir mieux de loin que les autres ne voient de près*, et à *devenir sage aux dépens d'autrui*, ou *à rendre les autres sages à ses propres dépens* : en un mot, celle qui, ayant pour objet la recherche des *causes*, ou, ce qui est la même chose, celle des *moyens*, tend ainsi à resserrer l'empire du hazard, et à étendre l'empire de l'homme sur la nature et sur lui-même. Car ce qui, dans la *théorie*, est un *principe* énonçant une *cause* qui produit un *effet* souhaité, devient, dans la *pratique*, par un simple *changement d'expression*, une *règle* indiquant un *moyen* qui conduit au *but* proposé, et répondant à cet *effet*. Une bonne *logique* est tout à la fois une sorte de *microscope* et de *télescope*. Le *microscope*, c'est l'*analyse*, qui met en état de découvrir et de voir *distinctement* les plus petits objets et les plus petites parties des grands objets. Le *téles-*

cope, c'est l'*analogie*, qui met en état de voir les objets *toujours éloignés*, ou ceux qu'on n'a pu encore *rapprocher* de nos yeux, par l'observation et l'expérience. En un mot, l'*analyse* et l'*analogie* sont les deux yeux du philosophe; et la *logique*, qui les dirige, est l'*instrument universel*. C'est le vif et continuel sentiment de cette vérité qui a formé les six plus grands génies qui aient paru dans le monde; Aristote, Bacon, Pascal, Descartes, Newton et Léibnitz. Ces hommes sublimes n'ont point eu de genre, parce qu'aucun genre ne leur fut étranger; et aucun genre ne leur fut étranger, parce qu'ils furent tous *logiciens*. Tous ont senti que, pour *bien voir* et pour *voir loin*, il faut d'abord nettoyer et fortifier, armer sa vue; qu'un bon instrument sert à voir nettement, et à toutes distances, toutes sortes d'objets. Enfin, que, pour ne jamais égarer ni soi ni les autres, il faut, à l'aide d'une méthode *sûre* et *toujours la même*, se mettre en état de savoir et de dire à chaque instant, d'*où l'on est parti, où l'on est,* et *où l'on va.*

Or, non-seulement ces génies supérieurs ont tous été logiciens, mais tous ont traité la logique, les uns accessoirement, les autres *ex-professo.* Bacon est le seul qui ait entrepris de traiter complettement l'*art d'inventer,* c'est-à-dire, *l'art d'extraire de l'expérience* ou de *l'observation, les principes,* et de *déduire de ces principes de nouvelles observations et de nouvelles expériences;* double art qui est proprement le sujet de l'ouvrage dont nous donnons la *traduction* et d'abord l'*extrait.* Car la voie de simple *analogie* ou de *comparaison d'un à un,* est si simple, si naturelle, qu'on n'a pas besoin de préceptes pour la suivre, et d'ailleurs si peu sûre, qu'il ne la juge pas suffisante pour conduire à de solides connoissances, mais seulement pour donner des *vues,* des *idées.* Ce grand homme pense, contre l'opinion commune, que, dans l'invention comme dans toute autre opération, l'esprit humain, abandonné à lui-même, à son mouvement naturel et spontané, manque presque toujours le but, soit en ne cherchant pas ce qu'il importe le plus de trouver, soit en ne trouvant pas ce qu'il cherche; qu'il a besoin d'une règle sûre et fixe qui facilite, dirige et rectifie toutes ses opérations.

Tel fut aussi le sentiment des plus illustres de ses successeurs, de Locke, de Newton, de Léibnitz, de Boërrhave, de Haller, de Condillac, de Buffon, qui n'ont pas cru s'abaisser en marchant sur ses traces, et à la lumière de sa méthode, aussi sublime que simple, et d'autant plus nécessaire, qu'il n'y en a pas deux. Les esprits inférieurs, qui ont fait gloire de les copier en tant de choses, semblent avoir rougi de les imiter en cela. Plus on a besoin de guide, plus on veut marcher seul; et ceux qui ont le plus besoin de lunettes, sont précisément ceux qui dédaignent le plus d'en porter. L'ignorant présomptueux, ou, ce qui est la même chose, le demi-savant, rejette et craint même le flambeau qui, en jetant une vive lumière sur tous les objets, pourroit lui révéler sa propre sottise, avant de la révéler aux autres et de la rendre publique. Le vrai savant est tout à la fois moins dédaigneux et moins timide. Plus on sait, plus on veut savoir, et plus on cherche d'instrumens pour multiplier sa science; parce que, plus on sait, plus aussi, se défiant de soi-même, et persuadé qu'on ne sait jamais assez, on sent le besoin d'augmenter sa science, et d'être dirigé dans toutes ses acquisitions. Le plus haut degré où puisse atteindre la raison humaine, consiste à reconnoître sa propre insuffisance; et l'avantage le plus réel du vrai génie sur les esprits ordinaires, est de sentir plus souvent ce qui lui manque, d'être plus fortement convaincu du néant de sa science comparée à l'immensité de l'univers, et de mieux découvrir, du point de vue élevé d'où il le contemple, la vaste étendue de l'ignorance humaine. Or, dès que l'homme, comparant ses forces naturelles au pesant fardeau qu'il s'est imposé, a le sentiment de sa foiblesse, il cherche un levier à l'aide duquel il puisse regagner en force ce qu'il perdra en temps. Le premier fruit d'une bonne logique est d'en faire sentir la nécessité; sentiment dont l'effet est de redoubler nos efforts pour la perfectionner. Et c'est ainsi que l'esprit supérieur trouve dans sa modestie même le principe du continuel accroissement de ses forces, tandis que l'esprit vulgaire, de plus en plus désarmé par son orgueil, qui va toujours croissant avec sa fausse science, s'affoiblit de jour en jour.

Mais, après avoir senti la *nécessité* de cette logique, il faut savoir ensuite *ce qu'elle est;* et pour bien savoir ce qu'elle est, savoir d'abord *ce qu'elle n'est pas;* les vérités positives devenant plus sensibles par la considération des erreurs opposées, et la première condition nécessaire pour bien appliquer le remède, étant de bien connoître la maladie. Tel est l'esprit du *Novum Organum,* et de l'extrait que nous donnons ici. Quoique l'esquisse qu'on doit lire après cet extrait, embrasse toute la portion méthodique de la *grande restauration*, dont cet extrait ne résume que les deux premières parties, les seules qui aient été exécutées, nous avons cru cependant devoir le laisser ici, pour ne pas nous placer entre la préface de l'auteur et son livre, et afin de le laisser parler de suite.

Extrait des deux premières parties du Novum Organum.

L'homme ne *peut* qu'autant qu'il *sait*, et les limites de sa *science* déterminent celles de sa *puissance*.

Car les *moyens* étant dans *la pratique*, ce que les *causes* sont dans la *théorie*, tant qu'on *ignore* les *causes*, on *manque* de *moyens*, et l'on ne peut rien exécuter.

Or, l'homme a besoin *d'instrumens* pour *apprendre* ce qu'il *ignore*, comme pour *exécuter* ce qu'il *sait*.

Ces *instrumens* sont les *règles* et les *méthodes* dont la destination est de *diriger* et de *rectifier* les *mouvemens de l'esprit*, comme les *instrumens physiques dirigent* et *rectifient* les *mouvemens* de la *main*.

Les *instrumens intellectuels*, aujourd'hui en

usage, sont presque tous *mauvais;* et la *logique reçue* sert plutôt à *fixer* les *erreurs* qu'à *découvrir la vérité.*

Car le *syllogisme,* qui est son principal instrument, n'étant essentiellement que la *position d'un principe* et *son application,* il *ne peut* aider à *découvrir* ou à vérifier les *principes* dont il suppose *la découverte* ou la *vérification déjà faite.*

Il peut être de quelque usage dans la *dispute,* en y mettant un peu *d'ordre;* mais il ne peut servir à *inventer* une *science active,* ni à *étendre la pratique.*

Lorsque le *fond* est *mauvais,* la *forme* est *inutile* et même *nuisible* *. Or, le *fond* de la *science actuelle* qui sert de base à cette sorte de raisonnemens, n'est qu'un assemblage indigeste d'observations et d'expériences, sans but et sans méthode, de faits mal choisis, aussi mal constatés, encore plus mal présentés, d'opinions fausses ou hazardées, d'ineptes adages, enfin, d'éternelles

---

* Parce qu'elle fait illusion. Comme la méthode est plus souvent unie à la vérité qu'à l'erreur, la même justesse d'esprit qui met en état de voir les choses telles qu'elles sont, rendant également capable de les bien placer, on s'imagine aisément que la vérité est inséparable de la méthode, comme si ce qui a lieu le plus souvent, avoit toujours lieu, et par-tout où l'on voit la méthode, on croit voir la vérité. Une sottise en forme fait fortune; et une vérité, sans cette forme, est mise au rebut.

répétitions des mêmes choses, connues depuis long-temps, et déguisées, tout au plus, par quelques légères variations dans la main-d'œuvre ou dans les expressions.

Ce fonds est d'autant plus mauvais, que le croyant bon, on ne fait aucune tentative pour l'améliorer. Quand on se croit déjà riche, on ne fait rien pour augmenter sa fortune, et l'on demeure pauvre.

Enfin, le *syllogisme* est composé de *propositions*; les propositions le sont de *mots*; et les mots sont des espèces de *jetons*, une sorte de *monnoie* destinée à *représenter* la valeur des *idées* qui doivent représenter les *choses* mêmes telles qu'elles se trouvent dans la nature. Si donc les idées mêmes sont fausses, incertaines, incomplettes, obscures, confuses, ou extraites *sans ordre* et sans *méthode*, de la réalité des choses; dès-lors les mots, les propositions et le syllogisme n'ont plus aucune valeur, aucune solidité; et tout l'édifice qui porte sur une telle base, croule de lui-même.

Or, la plupart des notions reçues, comme celles des substances, des modes, des qualités générales, actives ou passives; celles des genres les plus élevés et des espèces supérieures; enfin, celle de l'existence même, ne valent rien, absolument rien.

De toutes ces notions les plus mauvaises, ce sont les plus générales ; les notions moyennes sont un peu moins défectueuses ; enfin, celles des espèces du dernier ordre et celles des individus sont les meilleures.

La méthode inductive qu'on suit ordinairement dans la confection des axiômes (ou principes) qui servent de base à ces syllogismes , ne vaut pas mieux que les notions qui servent de base à ces principes.

Après avoir jeté un coup d'œil sur un petit nombre de faits douteux , on les étend excessivement par des conjectures non moins hâtives, et du premier vol on s'élance aux principes les plus généraux. Puis regardant ces principes hazardés, comme autant d'axiômes incontestables, immuables, on en veut déduire les propositions moyennes. Tel est le foible gond sur lequel roulent toutes les disputes.

Mais de tels principes ne peuvent soutenir un examen sérieux, ils sont continuellement exposés à être renversés par le premier fait contradictoire qui se présente. Et alors on tâche de les sauver par de frivoles distinctions, ou par de continuelles modifications , qu'on se seroit épargnées si l'on avoit d'abord limité ces principes.

La véritable induction, qui est le principal sujet de cet ouvrage, procède avec plus de défiance et de circonspection. Elle ne s'élève que fort lentement aux principes généraux. Elle passe par degrés, des principes du dernier ordre, aux principes moyens; et de ceux-ci aux principes les plus élevés. Elle assure les principes de chaque plan par des exclusions et des rejections convenables. Elle n'arrête chaque principe qu'après l'avoir soigneusement vérifié et suffisamment limité. Après mille précautions, elle arrive enfin aux principes généralissimes; et les développant par la méthode synthétique, elle en déduit une infinité de nouveaux faits (compris entre les limites qu'elle a marquées; faits qui, n'ayant pas été nécessaires pour former ou vérifier ces principes, n'avoient pas été considérés*); car un petit nombre de faits bien choisis suffit pour former, établir solidement ou vérifier un principe, et tient lieu d'une multitude d'autres faits pris au hazard.

Mais la base de la philosophie reçue étant mauvaise, au lieu d'enter le neuf sur le vieux, en prenant des préjugés pour principes, et en entassant erreurs sur erreurs, comme on le fait ordi-

---

* Nous engageons nos lecteurs à fixer leur attention sur cette proposition qu'ils trouveront répétée dans plusieurs notes, et développée dans le supplément. C'est la clef du *Novum Organum*. Sans cette addition, l'auteur paroît souvent en contradiction avec lui-même, et son ouvrage devient presque inutile.

nairement, il faut commencer par démolir, par tout abattre, et reprendre l'édifice par ses fondemens.

Ce que nous disons ici, ne doit pas être appliqué aux opinions reçues, qui servent de base aux raisonnemens les plus ordinaires dans la plupart des sciences, professions, sociétés, etc. où les règles et les principes étant positifs, conventionnels, arbitraires, on est forcé de les admettre purement et simplement, comme les dogmes d'une religion ou *les règles d'un jeu*, et en ne disputant que sur les conséquences.

Mais, si elles se trouvent fausses ou douteuses, ces propositions si respectables, qu'il n'est pas permis de soumettre à l'examen, la forme syllogistique n'y remédiera pas. A l'aide de cette forme, on ne pourra déduire de tels principes, que des conséquences de même nature. Car, quelque ingénieuse méthode qu'on puisse imaginer, on ne peut faire de bon pain avec de mauvais bled, ni avec de mauvaise étoffe un bon habit.

Et lorsqu'il y a erreur dans les premières opérations, quelque parfaites que puissent être les opérations ultérieures, le résultat est nécessairement mauvais. Au lieu que, si les premières opérations sont bonnes, on a du moins une base; et les erreurs où l'on peut tomber ensuite, sont faciles à corriger. C'est donc principalement sur ces premières opérations qu'il faut fixer son attention ; ce qui, toutefois, ne dispense pas entièrement d'être attentif aux suivantes.

Ainsi, nous avons quatre choses à faire :

1°. Ecarter tous les mauvais matériaux ;

2°. N'épargner ni temps, ni soins pour nous en procurer de meilleurs, c'est-à-dire, rassembler des faits en plus grand nombre, mieux choisis et mieux constatés ;

3°. Employer une autre méthode inductive, pour extraire de ces faits les principes des différens plans ;

4°. Enfin, employer une autre méthode synthétique, pour déduire de ces principes, de nouveaux faits et de nouveaux moyens.

La collection des faits est l'objet de l'histoire naturelle ; les autres opérations font le sujet de cet ouvrage.

Notre marche, dans les commencemens, a beaucoup d'analogie avec celle des académiciens de l'ancienne Grèce, espèce de sceptiques mitigés ; car nous voulons, à leur exemple, qu'on commence par douter et par suspendre son jugement. Mais voici en quoi la nôtre diffère de la leur. Ces philosophes pensoient que non-seulement les hommes n'avoient pu encore saisir la vérité, mais qu'elle étoit même tout-à-fait hors de leur portée, quelque méthode qu'ils pussent imaginer. Nous, au contraire, nous disons qu'à l'aide d'une méthode sûre et fixe; savoir : de la méthode *inductive*, graduelle et d'abord *négative*, on peut la saisir. Au lieu de déroger, comme eux, à l'autorité des sens, et de déprimer l'entendement humain, nous procurons des directions et des secours à ces deux facultés. Ce doute, dont ils faisoient un dogme fixe et perpétuel, n'est pour nous qu'une règle *provisoire*, qu'une *précaution*. Et suivant une marche diamétralement opposée à celle des péripatéticiens, qui, ayant commencé par l'affirmative tranchante et dogmatique, étoient forcés de finir par le doute, nous commençons par le doute, afin d'assurer tous nos pas, et nous finissons par la certitude. Ce que les académiciens et les sceptiques jugeoient impossible, nous ne le jugeons que difficile ; et nous pensons que la vérité, comme tout autre bien, ne peut être acquise que par le travail.

Commençons donc par écarter les mauvais matériaux, et par nettoyer la place où nous voulons bâtir. On peut distinguer deux principales classes d'erreurs; savoir : les *erreurs fondamentales ou radicales*, et les *erreurs de détail*, ou *accidentelles*.

La première classe peut encore se diviser en quatre genres ; savoir : *préjugés de l'espèce, préjugés de l'individu, préjugés de commerce ou de société*, dont la principale source est *l'imperfec-*

tion du langage; enfin, *préjugés d'école*, ayant pour causes l'excessive déférence pour les maîtres, et l'habitude des fausses méthodes.

Chacun de ces quatre genres se subdivise en un grand nombre d'espèces, qui doivent être dénombrées, définies et analysées avec la plus grande exactitude.

Pour relever ces différentes erreurs, nous ne pourrons procéder par voie de *réfutation;* comme nous ne sommes d'accord ni sur les principes, ni même sur les formes de démonstration, il n'y a pas moyen d'argumenter. Ainsi, nous nous contenterons d'indiquer et de spécifier les *signes* et les *causes* de la mauvaise constitution de la philosophie reçue, source de toutes ces erreurs; et nous commencerons par les *signes*.

Ces signes se tirent de la considération

Des *temps* et des *lieux* où les sciences ont été cultivées;

Du *caractère* et du *tour d'esprit des nations* qui se sont le plus adonnées à cette culture;

De la *qualité* et de la *quantité* des *fruits* qu'elle a produits;

De la *lenteur* ou de la *rapidité* de leurs *progrès;*

De *l'aveu formel des maîtres* qui ont inventé ou enseigné ces prétendues sciences;

Du *schisme* perpétuel qui a régné entre les différentes sectes de philosophes;

De *l'apparente unanimité* des différentes classes de scholastiques, en faveur de la philosophie d'Aristote ; genre d'accord qui est moins une véritable unanimité, qu'un *assujettissement commun* et une *coalition d'esclaves*.

Les causes des différentes espèces d'erreurs sont :

Le *petit nombre de siècles* consacrés à la culture des sciences dans l'espace de 2500 ans ;

Et dans ces deux ou trois siècles, *le petit nombre d'individus* qui se sont spécialement appliqués à la *philosophie naturelle*, c'est-à-dire, à la science qui a pour base *l'observation*, *l'expérience* et le *raisonnement* ;

Le *rôle secondaire* que lui ont fait jouer ceux qui s'y sont appliqués, qui l'ont traitée comme la *servante* des autres sciences dont elle devoit être la *maîtresse*, et ne lui ont donné que la moindre partie de leur loisir ;

Le *but* des sciences *mal déterminé* ; l'ambition, l'avarice, la jalousie et l'esprit de parti ayant presque toujours présidé à leur culture ;

Les *fausses routes* qu'on a suivies pour aller à ce but ; ces prétendues sciences n'étant qu'un monstrueux produit des traditions mensongères, de la fluctuation et de la vicissitude des opinions, occasionnée par les méthodes sophistiques d'argumentation ; enfin, du hazard, du tâtonnement et d'une aveugle expérience ;

L'*orgueil* qui a fait craindre aux savans de *déroger* en s'abaissant aux détails de *l'observation* et de *l'expérience* sur des sujets *matériels* et *communs* ;

L'excessive *déférence pour l'antiquité* ;

La stupide et l'oiseuse *admiration* pour les *inventions* et les *découvertes* déjà *faites* ;

L'*artifice* et le *manège* des *écrivains* qui, dans leurs traités sur les sciences les moins avancées, trouvoient moyen, à l'aide de leurs *méthodes* compassées et de leurs fastueuses *divisions*, d'arrondir les parties défectueuses, et de les faire paroître *complettes* ;

Le *caractère* et la *conduite* de certains *charlatans*, en partie dupes de leurs propres prestiges, et en partie fripons, qui, en lassant la crédulité du genre humain par leurs magnifiques promesses, et lui annonçant des opérations merveilleuses, telles que *transformations* de corps, *productions* de *nouvelles espèces*, prolongation de la vie, guérisons *subites*, prédictions, révélation des choses *cachées*, l'ont tellement prévenu contre toute tentative en ce genre, que tout mortel, tenant un peu à sa réputation, n'ose plus s'en occuper ;

La *pusillanimité* des *savans*, la futilité des objets auxquels ils aspirent, et les tâches mesquines que s'imposent la plupart d'entr'eux ;

La *ruse orgueilleuse* des *maîtres peu inventifs*

qui, en s'efforçant de faire croire qu'il est impossible d'aller plus loin qu'eux et leurs maîtres, disposent plus leurs disciples à *croire* qu'à *examiner*, et *arrêtent* ainsi leurs *progrès* ;

La *superstition* et le *zèle insidieux* des *mauvais prêtres* qui, dans ces derniers temps, ont pris peine à déduire des principes et des autorités d'une profane philosophie, les vérités incompréhensibles du christianisme ;

Ou qui ont entrelacé différens points de cette doctrine si sainte et si douce, avec les dogmes épineux et la contentieuse doctrine d'Aristote ;

Ou qui, au contraire, ont voulu convertir toute la philosophie en articles de foi, et faire dériver de leurs dogmes mystérieux, des vérités qui ne doivent être révélées aux hommes que par la raison et l'expérience ;

Des *mauvais* prêtres, dis-je, qui, dans tous les temps, dénoncèrent aux nations *les philosophes* sous le nom d'*impies*, et s'efforcèrent de substituer au flambeau de la philosophie, leur lanterne sourde qui n'éclaire qu'eux et leurs complices, en aveuglant tous les autres ;

La *forme peu judicieuse* des *établissemens* faits en faveur des *sciences* et des *lettres*, tels que *collèges, académies, instituts, sociétés* de savans, et la *forme* moins judicieuse encore des *exercices* qui ont pour objet l'*instruction* de la *jeunesse;* formes tendant à circonscrire et à *emprisonner*, pour ainsi dire, le plus *vaste génie* dans les *écrits* et les *opinions* de certains *auteurs* qualifiés de *classiques*;

Le *défaut de récompenses utiles* ou *honorifiques* décernées à ceux qui excellent dans les sciences d'observation et de raisonnement, ou même à tous ceux qui les cultivent;

L'opinion où l'on est qu'il est désormais *impossible* de faire de *vraies découvertes*, et que *tout est dit.*

Et comme ce dernier préjugé fait souvent illusion à de graves et judicieux personnages, la déférence que nous leur devons, nous fait une obligation de montrer que les motifs sur lesquels nous fondons nos espérances, ne sont rien moins que chimériques. Ces motifs sont :

1°. La *nature* de *Dieu* même, qui, étant la source de toute lumière et de toute sagesse, a dû organiser l'homme pour la vérité, et le constituer de manière qu'il fût assuré de la trouver lorsqu'il la chercheroit avec autant de méthode que de constance et de sincérité;

2°. Les *erreurs* mêmes du *temps passé*; car, en distinguant les *fausses routes*, on découvre, par cela même, les *véritables* qui leur sont presque toujours *opposées.* Par exemple, si, au lieu de donner tout à l'*expérience vague* et fortuite, comme les *empyriques*, ou aux *principes* et aux *raison-*

nemens, comme les *méthodistes* et les *dogma-
stiques* * ;

De *subordonner*, *d'assujettir* même la *philosophie naturelle* à certaines *sciences particulières*,
telles que la *logique*, la *théologie* ou les *mathématiques* ;

D'entrelacer des opinions hazardées et des préjugés populaires, avec les vérités qu'on a pu découvrir par la vraie méthode ;

De se contenter d'une histoire naturelle toute
composée de faits controuvés, douteux ou stériles,
de traditions suspectes et de simples oui-dire ;

De courir dès le commencement après les petites
découvertes et les applications fructueuses ;

De faire des expériences au hazard et en tâtonnant ;

D'abandonner l'esprit à son mouvement naturel
et spontanée ;

De se fier à sa seule mémoire ;

---

* L'empyrique est l'aveugle qui n'a des yeux qu'au bout
des doigts, et qui ne voit rien au-delà de la longueur de
son bâton. Le raisonneur pur ressemble à certain docteur allemand, qui connoissoit les noms et les positions
de tous les villages de la Cochinchine, et qui voyageoit
dans les rues de sa ville natale, une carte à la main. Mais
l'expérience perpétuellement combinée avec le raisonnement, est la canne angloise surmontée d'une bonne lunette : le bâton sert à assurer tous ses pas ; la lunette, à
voir fort loin devant soi.

De faire travailler l'entendement sur une masse indigeste et confuse de faits disparates ;

De s'élancer, de prime-saut, des faits particuliers aux principes les plus généraux ;

De suivre, dans la confection des axiômes, cette méthode qui procède par voie de simple énumération ;

D'étendre excessivement par conjecture ces principes hâtifs qu'on a extraits d'un petit nombre de faits pris au hazard :

Si, dis-je, au lieu de procéder ainsi, adoptant une marche toute opposée, l'on avoit soin

De combiner sans cesse l'expérience avec le raisonnement, ou plutôt de ne raisonner que sur des faits, sur des expériences et des observations directes ;

De subordonner toutes les sciences particulières à la philosophie naturelle, leur mère commune ;

D'effacer, de rayer, d'un seul coup, toutes les théories, toutes les opinions, même les mieux fondées, mais qui n'ont pas encore été vérifiées par la vraie méthode ;

De rassembler des faits en grand nombre, bien choisis, suffisamment constatés, envisagés par toutes les faces, vus et revus, décisifs, etc.

De préférer d'abord les expériences *lumineuses* aux expériences *fructueuses*;

D'observer à la lumière d'une méthode sûre, et

de diriger toutes les expériences vers le vrai but de la philosophie, je veux dire, la découverte des causes et des principes ;

De n'observer, de n'inventer, de ne juger que par écrit ;

De digérer la collection de faits nécessaires pour une recherche particulière, en les rangeant par classes dans des tables coordonnées au but de cette recherche ;

De ne s'élever que très lentement des faits particuliers aux principes généraux, et en assurant chaque pas, avant de penser à faire le suivant ;

De faire un choix judicieux parmi les faits, en rejetant tous ceux qui ne sont pas décisifs ; c'est-à-dire, tous les faits où ne se présentent point des natures (ou qualités) qui soient la raison nécessaire et suffisante de la nature dont on cherche la forme ou cause essentielle ;

Enfin, de limiter les principes en les ajustant à la mesure des faits dont ils sont extraits, et de n'en déduire que les faits qui se trouvent compris dans les limites marquées par ces faits qui ont servi à les former :

Si l'on suivoit, dis-je, cette méthode lente, graduelle, sévère et circonspecte, on saisiroit plus de vérités qu'on n'a jusqu'ici embrassé d'erreurs en suivant la marche opposée ; et chaque opération de l'esprit, ainsi dirigé, seroit un pas vers le but *.

Ainsi, nous étions fondés à dire que la découverte des erreurs des temps passés, est un solide motif d'espérance pour animer les travaux philosophiques et provoquer d'utiles découvertes.

A ces puissans motifs s'en joignent d'autres non moins fondés :

Si les hommes ont dû au seul hazard, ou au pur tâtonnement un assez grand nombre de découvertes importantes, n'est-il pas raisonnable d'attendre de recherches plus multipliées, plus suivies, faites à dessein et à la lumière de la vraie méthode, des découvertes encore plus importantes, en plus grand nombre, plus promptement, et presque sur-le-champ ?

Parmi les inventions et les découvertes déjà faites, il en est comme celle de la poudre à canon, de la boussole et de la soie, qui n'étoient pas dans les routes connues, et auxquelles aucune analogie ne conduisoit. Il peut s'en trouver beaucoup d'autres

---

* En allant très doucement, on va fort vite vers le but, parce qu'on n'est jamais obligé de rétrograder. Les esprits trop vifs voyagent dans le monde intellectuel, à peu près comme voyagent dans le monde réel certaines levrettes qui font trente ou quarante lieues par jour, et qui ne peuvent pas en faire dix sur la route ; leurs continuels écarts les harassent ; ils se promènent trop, et voyagent trop peu.

de cette nature, et il est probable qu'en cherchant beaucoup, on les trouveroit *. Il en est d'autres, telles que celles du papier et de l'imprimerie, dont on étoit beaucoup moins éloigné, et auxquelles on auroit été aisément conduit par une méthode semblable à la nôtre.

Si ce temps, ces peines, ces dépenses, ce génie enfin qu'on a perdu, pour courir après tant d'objets frivoles ou nuisibles, on l'eût employé à aller au but que nous indiquons, que n'eût-on pas inventé de grand et d'utile ** ?

---

* Lorsque, dans une recherche, on est guidé par de fortes analogies, on est presque certain d'arriver au but ; mais, par cela même que les analogies sont fortes, on ne s'éloigne pas beaucoup des routes connues. Ainsi, pour faire des découvertes très extraordinaires, il faut tâtonner ou suivre la méthode de Bacon. Cependant, comme tout tient à tout, et qu'il y a de tout dans tout, à la rigueur, tout peut conduire à tout par l'analogie.

** Par exemple, si l'on eût travaillé à perfectionner l'art de guérir, autant que l'art de tuer. Mais nous ne connoissons point de drogue curative dont l'effet soit proportionné à la vertu occisive du canon ; ce qui n'est rien moins qu'étonnant ; car les inventions sont proportionnelles au nombre, à la constance et à la sagacité des recherches qui le sont à la qualité et à la quantité des récompenses utiles et honorifiques, affectées au succès de ces recherches. Or, vous observerez, lecteur, qu'un homme qui coupe cent paires d'oreilles, est un héros ; au lieu que celui qui en guérit dix mille, n'est qu'un chirurgien.

Si un homme, aussi souvent détourné de l'étude de la nature, par les affaires et les intérêts politiques, que nous le sommes, nous qui parlons ici, a pu néanmoins faire d'assez grands pas dans cette route que nous traçons, quel progrès n'y feroit point un homme qui disposeroit de tout son temps, et qui seroit tout à la chose ?

Que seroit-ce donc d'une nation entière; que dis-je, de plusieurs nations réunies, combinant leurs travaux et les dirigeant constamment vers le même but pendant plusieurs siècles ?

Tels sont nos principaux motifs d'espérance : mais, avant d'entrer en matière, il nous reste encore quelques observations à faire et quelques avertissemens à donner, afin qu'on puisse se former une idée juste et précise de notre dessein.

Notre but n'est rien moins que de fonder une secte en philosophie, à l'exemple de tant d'autres, ni même de hazarder, dans ces commencemens, aucune théorie générale, mais seulement de commencer, d'ébaucher ce qu'il nous sera probablement impossible d'achever; d'exécuter beaucoup et d'entreprendre peu ; de promettre peu, de donner beaucoup.

Celui qui vous épouvante est gentilhomme ; et celui qui vous rassure est roturier. De manière que tout homme qui se respecte un peu, n'aime pas ces genres si utiles, et passe sa vie à tuer des hommes pour tuer le temps.

Ainsi, on ne doit pas se hâter de nous demander des procédés nouveaux, des moyens extraordinaires, notre marche n'étant pas de déduire, comme les empyriques, des opérations et des expériences déja connues, d'autres expériences et d'autres opérations; mais d'extraire d'abord de ces opérations et de ces expériences déja connues, d'abord les causes et les principes; puis de déduire de ces principes, d'autres expériences et d'autres opérations.

Cependant, on ne laisse pas de trouver dans nos tables d'invention et dans notre histoire naturelle, beaucoup d'indications et de vues pour la pratique, dont pourront tirer parti ceux qui, par état ou par goût, se livrent plus particulièrement à ces applications.

Nous n'exclurons point de ces tables ou de cette histoire, et ne dédaignerons pas les expériences communes, triviales, grossières ou minutieuses en apparence, ou même rebutantes, pourvu qu'elles soient instructives. Car c'est d'abord la lumière seule que nous cherchons et tâchons de saisir partout où nous la trouvons : bien différens en cela de ceux qui, au lieu de la faire briller à tous les yeux, ne cherchent qu'à briller eux-mêmes, nous préférons toujours un fait trivial qui peut nous éclairer, à un fait éclatant qui nous étonne, sans nous apprendre rien de nouveau. Ces faits qui, au premier coup d'œil, paroissent méprisables, peuvent être comparés à la lumière, qui, n'étant pas elle-même d'aucune utilité, est pourtant nécessaire pour voir tous les objets, pour nous distinguer les uns des autres, pour exercer les arts, les métiers, etc. ou aux lettres de l'alphabet, lesquelles, prises une à une, ne signifient rien; mais qui, combinées en différens nombres et arrangées de différentes manières, sont les élémens et comme la matière première du discours.

On sera peut-être choqué de nous voir attaquer ainsi les philosophes, anciens et modernes, tous à la fois, et renverser, d'un seul coup, tous les systêmes; on auroit sans doute raison de l'être, si nous nous permettions d'user contre eux de personnalités; mais ce n'est ni à leurs talens, ni à leur caractère, ni à leurs personnes que nous en voulons, c'est seulement à leur marche, à leur méthode, à laquelle nous pensons qu'on doit préférer la nôtre, que nous ne regardons point comme une production du génie, mais comme un présent du hazard, comme un fruit du temps. Et si, à l'aide de cette méthode, nous avons fait quelques pas dans la véritable route, nous ne prétendons pas en tirer gloire. Car se vanter de pouvoir tracer une ligne droite à l'aide d'une règle, ou un cercle à l'aide d'un compas, et avec plus d'exactitude que tout autre ne le pourroit faire avec la main seule sans le secours d'aucun instrument, c'est assurément se vanter bien peu. Un boiteux qui est dans la vraie route, fait plus de chemin vers le but, que le plus léger coureur qui est hors de la route ; et une fois qu'on est hors de la route, mieux on court, plus on s'égare. Ainsi, avec une bonne méthode et des talens médiocres, nous pouvons faire de plus grands pas vers le but que le plus puissant génie égaré par une fausse méthode. En un mot, loin de vouloir rivaliser avec ces grands hommes, notre dessein est au contraire de rendre presque inutile la supériorité de talens, et d'égaliser tous les esprits par le moyen de ce nouvel instrument (*Novum Organum*), dont tous peuvent également faire usage.

Après tout, nous dira-t-on, vous ne faites qu'imiter la marche des anciens, qui commençoient, comme vous, par rassembler des faits pour établir leurs principes; mais qui, après avoir achevé l'édifice, faisoient disparoître cette charpente et cet échaffaudage qui auroit pu blesser la vue, se contentant de semer dans leur exposé quelques exemples choisis, soit pour éclaircir leur doctrine, soit pour la faire goûter.

Sans doute, répondrons-nous ; mais ces faits dont on parle ne sont comparables aux nôtres, ni pour le choix, ni pour la quantité, ni pour l'emploi. Eux, ils subordonnoient ces faits, quels qu'ils pussent être, à leurs principes, supposés, fixés d'avance; et au lieu de mouler leurs théories sur l'expérience, ils tordoient l'expérience pour l'ajuster à leurs théories. Nous, au contraire, nous subordonnons aux faits tous nos principes, qui ne sont que les *énoncés collectifs de ces faits*, que *des faits généraux*.

Cette suspension de jugement, ce doute *provisoire* que nous exigeons, n'a rien de commun avec l'*acatalepsie* des *académiciens* et des *sceptiques*; ces philosophes déprimoient l'entendement humain, et refusoient aux sens toute autorité. Au lieu que notre but est de procurer à ces deux facultés des secours de toute espèce, de les rectifier, de les appuyer, de les diriger sans cesse.

La méthode que nous allons exposer ne s'applique pas seulement à la physique, mais à toutes les sciences d'observation. Car l'on peut tout aussi-bien composer des tables d'invention, dans les recherches qui ont pour objet les passions, les facultés et les opérations intellectuelles, les intérêts civils et politiques, etc. que dans celles qui ont pour objet le chaud et le froid, les attractions et les répulsions, les phénomènes vitaux, ceux de la végétation, etc.

Qu'on ne s'imagine pas non plus que notre dessein soit de déclarer la guerre à la philosophie et aux sciences aujourd'hui en vogue. Nous n'empêchons nullement qu'on en fasse usage dans les diverses professions, dans les entretiens, dans le commerce du monde, dans les affaires, soit publiques, soit privées. Nous leur fournissons même des vues, des indications, des directions et des moyens, comme on l'a pu voir dans notre premier ouvrage. C'est une sorte de monnoie dont il faut savoir se payer et payer les autres, parce qu'elle a cours, parce qu'il en faut une, et qu'il vaut mieux en avoir une mauvaise que de n'en point avoir du tout. Ou encore ce sont les règles d'un jeu sur lesquelles il ne faut pas disputer, et auxquelles il faut se conformer, non-seulement pour pouvoir gagner la partie, mais même pour pouvoir jouer. D'un autre côté, les hommes ne doivent pas prendre pour des loix de la nature ces conventions et ces loix arbitraires qu'il leur a plu de faire entr'eux.

Enfin, comme une entreprise telle que la nôtre ne peut être exécutée que par les travaux combinés d'un grand nombre d'esprits, pour éveiller l'émulation des autres et animer leur courage, nous ajouterons ici quelques observations tendantes à ce but.

Parmi les actions humaines, l'invention des choses utiles fut toujours mise au premier rang. Toute l'antiquité décerna les honneurs divins aux inventeurs des arts les plus nécessaires ou les plus agréables; et n'accorda que le titre de héros aux fondateurs de villes ou d'empires, aux législateurs, à ceux qui avoient chassé les tyrans, ou délivré leur patrie de quelque autre fléau, etc. distinction établie par l'équité et la raison même ; car les services que rendent ces derniers sont resserrés dans les limites de tels temps ou de tels lieux, et souvent aussi trop chèrement achetés par des dangers, de longues agitations et de pénibles sacrifices. Les bienfaits des grands inventeurs sont éternels, ils se répandent paisiblement sur le genre humain tout entier, et sur toutes les générations suivantes, comme ceux du suprême auteur de toutes choses, dont ils imitent les créations : semblables à ces pluies douces qui arrosent sans bruit des contrées immenses, répandent par-tout la vie et la fécondité. Or, si le genre humain a bien pu placer dans une si grande élévation l'inventeur de tel ou tel art, quels honneurs réserve-t-il donc à celui qui, en inventant l'art même d'inventer, donne ainsi naissance à tous les autres ?

Comparez la vie douce et commode, l'intelligence et l'urbanité des nations les plus civilisées de cette partie du monde, avec l'effrayante pénurie, les mœurs atroces, et l'inconcevable stupidité de certaines hordes de l'Amérique, quelle différence ! Et cette différence pourtant n'est l'effet, ni du sol, ni du climat, ni de la constitution physique ; mais des arts, des seuls arts, des connoissances, des lumières.

Enfin, considérez l'influence prodigieuse de certaines inventions: par exemple, celle de la poudre à canon, de la boussole et de l'imprimerie, qui ont opéré trois grandes révolutions: la première, dans l'art militaire ; la seconde, dans l'art nautique ; la troisième, dans les arts, les sciences et la philosophie. Ces trois inventions, dans l'espace de quelques siècles, ont changé la face de l'univers. Elles ont fait ce qu'aucune secte, aucune religion, aucun système, aucune domination, ce que le soleil même n'auroit pu faire.

On peut distinguer trois différentes espèces, ou, si l'on veut, trois différens degrés d'ambition. Les uns n'aspirant qu'à leur grandeur et à leur puissance personnelles, voudroient assujettir le monde entier à leur frêle individu, et se font le centre de tout. D'autres, un peu moins égoïstes, mais non moins ambitieux, veulent que leur patrie, par sa puissance et son éclat, efface toutes les autres nations. D'autres, embrassant dans leur bienveillance illimitée toutes les nations et tous les siècles, sont jaloux d'étendre l'empire du genre humain sur la nature et l'immensité des choses. Ce dernier genre d'ambition est sans contredit le plus généreux, le plus noble et le plus auguste.

Que si tel individu, abusant des sciences, en fait un instrument de luxe, d'orgueil, de tyrannie ou de malignité; c'est le *savant*, et non la *science*, qu'il en faut *accuser*. Car on en peut dire autant du génie, de la force, de l'adresse, du courage, de la beauté, des richesses, de la santé et de la lumière même*. Commençons par aider l'homme à recou-

---

* Le même soleil qui éclaire les oiseaux de jour, aveugle les oiseaux de nuit; et avec le même pain qui peut nourrir un homme, on peut l'assommer; s'ensuit-il que le pain et le soleil soient nuisibles? Mais, dit Rousseau, grand exagérateur d'inconvéniens, on doit regarder comme nuisibles les choses dont on abuse toujours; et telles sont les sciences. Ce principe est faux : si les choses dont on abuse toujours étoient nuisibles, tout seroit nuisible, car on abuse de tout. Et même les meilleures choses sont celles dont on abuse le plus, attendu que, par cela même qu'elles sont les meilleures, on en use plus souvent et avec plus de passion; à force d'en user, on les use. Si le soleil vous grille, eh bien ! tâchez de vous mettre à l'ombre; et si vous ne pouvez éviter ses rayons, tâchez du moins de vous rafraichir par votre patience. Car vos invectives contre le soleil ne le refroidiront pas; et votre mauvaise humeur ne changera pas l'univers, elle ne changera que vous. Le flambeau de la vérité ne brûle que ceux qui ne savent pas le tenir, ou qui le regardent de trop près. Prétendre que l'ignorance vaut mieux que la science, c'est prétendre qu'il vaut mieux être aveugle qu'avoir deux bons yeux; et marcher de nuit, que faire route en plein jour. Si la science sans la vertu est nuisible, ce n'est point une raison pour se plonger dans l'ignorance, mais seulement pour enseigner la vertu avant ou avec la science. D'ailleurs, si la vertu, comme le prétend Socrate, ou le sens commun, n'est qu'une certaine espèce de science, comment la science et la vertu seroient-elles enne-

vrer ses droits sur la nature, puis la raison et la religion lui apprendront à faire un bon usage des moyens que nous lui aurons donnés *.

---

mies! Or, la vertu est en effet une science ; car, être vertueux, c'est savoir ce qu'on doit faire, et savoir faire ce qu'on doit. Mais dire que la science est utile, c'est dire une chose triviale ; au lieu que dire que la science est nuisible, c'est avancer un paradoxe aussi facile à soutenir que tout autre. Car, tout ayant ses avantages et ses inconvéniens, il y a toujours quelque chose à blâmer dans ce que loue le grand nombre, et quelque chose à louer dans ce qu'il blâme. Ainsi, avec beaucoup de mauvaise humeur, et un peu de génie, il est toujours facile, en heurtant de front l'opinion publique, de fabriquer des paradoxes, et de devenir, à très peu de frais, un auteur original. Tel fut l'unique secret du grand détracteur des sciences, écrivain aussi honnête sans doute qu'éloquent ; mais un peu contrariant, morose et exagérateur, qui, prenant peine à nous dégoûter de ce que nous possédions, sans rien mettre à la place, vouloit nous crever les deux yeux pour en guérir un, et prétendoit nous éclairer en soufflant notre flambeau.

* Si vous commencez par former des soldats avant d'avoir formé des citoyens, vous recruterez souvent pour l'ennemi. Moi, je dirois recommençons par former de bons citoyens, puis nous en ferons des soldats quand nous voudrons. Car, en donnant une épée à un méchant, on ne lui ôte pas l'envie de mal faire. En aiguisant son arme avant de l'avoir amendé lui-même, vous ne faites qu'affiler sa méchanceté. Ainsi, pour former tout à la fois des hommes vertueux et des hommes éclairés, au lieu de leur apprendre d'abord à marcher, et de leur montrer ensuite

Nous ne sommes pas amoureux, engoués de notre méthode, au point de prétendre qu'on ne puisse rien inventer sans un tel secours. Nous pensons même que tout homme qui, étant pourvu d'une bonne histoire naturelle, seroit assez maître de lui-même pour bannir de son esprit toutes ses premières opinions, et pour réprimer en soi ce desir de s'élancer du premier vol aux principes les plus généraux, tomberoit de lui-même dans notre méthode, qui, après tout, n'est que la marche naturelle de l'esprit humain, et la route qu'il suivroit toujours par instinct, si aucune passion, aucune mauvaise habitude ne l'en détournoit. Mais, lorsqu'il sera dirigé par une méthode positive, sûre et fixe, cette marche en sera plus facile, plus sûre, plus prompte, plus ferme et plus soutenue.

Extrait de la seconde partie.

Sur une base matérielle proposée, enter une ou plusieurs natures (qualités, propriétés, modes,

---

la route, apprenez-leur, sur la route même, à marcher. Par exemple, donnez le premier prix au plus vertueux, et le second, à celui qui aura su le louer avec le plus de sentiment et de dignité ; car les éloges dispensés par le génie, sont la semence de la vertu, comme le bled est la graine d'hommes. Le génie et la vertu doivent s'unir dans l'homme, comme la lumière et la chaleur s'unissent dans l'astre radieux et bienfaisant qui est leur image.

manières d'être quelconques), est le vrai but de la puissance humaine.

Et découvrir la vraie différence d'une nature donnée, sa *nature naturante*, son essence, la source de toutes ses propriétés, est le vrai but de la science humaine.

A ces deux buts primaires sont subordonnés deux buts secondaires et de moindre importance ; savoir : au premier, la transformation des corps *concrets* (composés) d'une espèce, en des corps d'une autre espèce. Au second, répond la découverte à faire (dans toute génération et dans toute altération ou passage d'une forme à une autre) du *mode de l'action progressive, continue et imperceptible de la cause efficiente bien reconnue, et de la cause matérielle également connue, depuis la moindre altération de la première forme, jusqu'à la complette introduction de la nouvelle*. Au second but répond aussi la *découverte de la texture cachée, et de l'intime constitution des corps considérés dans l'état de repos*, dans un état fixe.

Nous disons que ces deux buts secondaires sont de moindre importance et d'une utilité plus bornée, parce qu'en ne visant qu'à ces buts, et en ne s'élevant pas plus haut, l'on est encore forcé d'envisager les corps dans leur composition : ce qui complique les théories, particularise les moyens, ouvre un champ moins vaste à l'exécution, et limite ainsi la puissance humaine.

Or, la physique ordinaire ne tend pas même à ces deux buts. On dit bien ordinairement que la véritable *science* a pour base *la connoissance des causes*, et l'on en distingue de quatre espèces; savoir : les causes *matérielle*, *efficiente*, *formelle* et *finale*.

Mais l'on regarde la découverte des *causes formelles* comme impossibles.

Et la considération des causes *finales* sophistique et dénature toute la philosophie naturelle, à l'exception de cette partie qui a pour objet les actions humaines; c'est-à-dire, la *morale* et la *religion*, où cette considération est nécessaire.

Les causes *matérielle* et *efficiente*, qu'envisage la physique vulgaire, ne sont que des causes *éloignées*; elle ne les considère que *vaguement*, et seulement par leurs apparences *grossières* et *superficielles*, par leur *physionomie*, sans s'embarrasser du progrès continu vers la forme.

Dans la nature, je le sais, il n'y a que des *individus* exerçant des actions *individuelles* aussi, et conformément à une *loi*. Mais cette loi, on peut l'envisager en faisant abstraction des individus. C'est à cette *loi*, ainsi envisagée, et à ses *paragraphes*, que nous donnons le nom de *formes*.

Nous avons, il est vrai, réprouvé les *abstractions*, mais seulement cette sorte d'abstractions qu'on fait témérairement *avant l'observation et l'expérience.* Quant à celles qui n'en sont que des *dérivations* et des *conséquences*, que le *sommaire* et *l'extrait*, nous les croyons nécessaires.

Qui connoît la cause d'une nature (ou qualité), telle que *la chaleur* ou *la blancheur*, dans certains sujets seulement, n'a qu'une *science imparfaite*.

Celui qui est en état de produire tel effet particulier dans les sujets qui en sont le plus susceptibles, n'a également qu'une *puissance imparfaite*.

Enfin, celui qui connoît les causes *efficiente* et *matérielle*, genres de causes *superficielles* et *variables*, qui ne sont que de simples *véhicules de la forme*, pourra bien étendre une opération à des sujets *analogues* à ceux sur lesquels il a déja opéré. Mais il ne changera pas sensiblement le cours de la nature, et ne reculera pas fort loin les limites de la science ou de la puissance humaine.

Mais celui qui connoît les formes, embrasse dans toute leur étendue les loix générales de la nature, et la voit parfaitement *une* dans les sujets les plus dissemblables. Ce que ni les vicissitudes de la nature, ni les plus ingénieuses expériences, ni le hazard même n'auroient jamais réalisé, enfin ce dont les mortels n'auroient pas même eu l'idée, il pourra et le découvrir et l'exécuter *.

---

* Il est une infinité de choses que font les hommes, et que la nature ne fait jamais. Par exemple, la nature ne

Comme nous tendons toujours à l'exécution en rejetant toute la partie oiseuse et stérile des sciences, tournons d'abord nos regards vers la pratique, afin qu'elle détermine la théorie, et la sanctionne, pour ainsi dire, en lui imprimant son propre caractère.

Supposons donc que, voulant produire dans un corps une qualité telle que la *couleur blanche*, ou la *transparence*, ou la *nature animale*, ou la *nature végétale*, quelle espèce de précepte ou de règle demanderoit-on pour se diriger? On demanderoit sans doute un précepte qui indiquât un moyen dont l'effet fût certain; qui eût une certaine latitude, et n'astreignît pas à certains moyens particuliers qu'on n'auroit pas actuellement en sa disposition; ou qui n'exclût pas d'autres moyens dont on disposeroit; enfin, qui indiquât un procédé plus facile que ceux qu'on suit ordinairement pour produire le même effet.

Or, un tel moyen ne diffère point essentiellement de cette forme que nous cherchons; puisque, dans

---

fait ni maisons, ni jardins, ni vignobles, ni champs à bled, ni vin, ni poudre à canon, ni, etc. Si l'homme connoissoit les loix générales de la matière, il feroit beaucoup d'autres choses que la nature ne fait jamais, ou plutôt n'a jamais faites, mais plus grandes et plus extraordinaires. Il les feroit en séparant ce qu'elle unit toujours, et en unissant ce qu'elle tient toujours séparé.

tout sujet où se trouve cette forme, la qualité à produire en est une conséquence nécessaire;

Que, dans tout sujet où cette qualité est présente, sa forme l'est aussi;

Et que chacune est exclue de tout sujet où l'autre ne se trouve pas.

Ainsi, tel doit être l'énoncé du précepte théorique : *il faut trouver une qualité qui soit conversible avec la qualité proposée, et qui soit cependant la limitation d'une qualité plus commune qu'on puisse regarder comme son véritable genre**.

Quant au précepte qui a pour objet la *transformation des corps*, il se divise en deux espèces, dont l'une envisage les corps comme étant des *com-*

---

* C'est-à-dire, qu'il faut trouver une différence spécifique (d'une qualité plus générale que la qualité proposée), qui soit tellement identique avec cette dernière, qu'on puisse indifféremment affirmer l'une de l'autre ; ou encore trouver le genre prochain et la différence spécifique de la qualité proposée ; ou enfin, trouver sa vraie définition ; car ces trois différentes expressions ne signifient au fond qu'une seule et même chose. On voit que notre auteur est un peu disciple de Platon ; car le philosophe grec parle aussi très fréquemment de la nécessité de chercher les formes ou causes essentielles ; et il est continuellement occupé de définitions qu'il cherche par une méthode qui a quelque analogie avec celle du philosophe anglois, et dont nous indiquerons dans une note le vrai méchanisme éclairci par deux exemples.

binaisons, *des assemblages de qualités*, et rentre par conséquent dans la précédente. Car, si je suis maître de produire à volonté la *couleur jaune*, la *fusibilité*, la *ductilité*, la *fixité*, etc. en un mot, chacune des qualités de l'or, et au degré où elle se trouve dans ce métal, il est clair que pour faire de l'or, il me suffit de réunir ces moyens, avec cette différence toutefois qu'on éprouve un peu plus de difficulté à faire concourir, dans un même corps, un si grand nombre de qualités et de formes qui se trouvent rarement réunies dans un même sujet, sinon par les voies ordinaires de la nature.

Le précepte de la seconde espèce considère par quelle gradation de substance et de mouvement la nature, dans son cours ordinaire, transforme un composé d'une espèce en un composé d'une autre espèce. Cette seconde méthode ne remonte pas jusqu'aux loix les plus générales; mais elle semble, par cela même, plus à la portée de l'homme.

Or, à ces mots de *progrès caché*, nous n'attachons pas la même signification que la plupart des hommes qui ne considèrent dans chaque opération que le commencement et la fin (que l'application de l'agent et le résultat), ou, tout au plus, divisent sa durée en un certain nombre de parties beaucoup trop grandes, et qui observent, pour ainsi dire, *par sauts*. Mais nous parlons d'une vraie continuité : nous disons qu'il faut observer, sans la plus petite interruption, et suivre toute l'opération sans la perdre jamais de vue.

Ce que nous disons de la génération et de la transformation des corps, il faut l'appliquer à toutes les espèces d'altérations et de changemens moins grands et moins sensibles.

La découverte de la *texture cachée* des composés considérés dans un état fixe, n'est pas moins nécessaire que celle de l'action progressive par laquelle ils passent d'une forme à une autre, et en vain se flatteroit-on de pouvoir opérer des *transformations*, tant qu'on ne connoîtra pas *l'intime constitution* des corps à transformer.

Or, cet objet est assez mal rempli par l'anatomie ordinaire, qui ne considère que les parties sensibles des composés qu'elle analyse, et ne saisit que ce qui est, pour ainsi dire, sous la main.

Les distillations et autres procédés d'analyses chymiques, qui tendent à réunir les parties homogènes des composés, et à séparer les parties hétérogènes, nous mettant ainsi en état de découvrir et de distinguer leurs élémens constitutifs, ont un rapport plus direct à notre objet actuel. Mais ce but, on le manque souvent à force d'y tendre ; car le *feu* et les autres agens trop puissans, qu'on emploie ordinairement pour ces décompositions, détruisent ou altèrent sensiblement les textures qu'on veut connoître. Quelques-unes de ces textures sont le produit du feu même, ou de ces autres agens *perturbateurs*, et n'existoient pas auparavant dans le composé.

Ainsi, cette analyse plus délicate que nous avons en vue, ce n'est pas à l'aide du *feu* ou de ces autres *agens* trop violens, qu'il faut la faire; mais à l'aide de la seule *raison* (sorte de feu divin), et à la lumière de la véritable induction, c'est-à-dire, par le moyen d'expériences bien choisies et décisives, par la comparaison des différens corps; enfin, en ramenant les qualités et les formes complexes aux qualités et aux formes simples qui se trouvent combinées dans les composés.

Par exemple, il faut chercher quelle est la nature et la quantité, soit de l'esprit, soit des parties tangibles qui se trouvent combinées dans chaque corps; la quantité respective, ou la proportion de ces deux genres de substances; la grandeur, la figure, la situation respective, soit des parties tangibles, soit des pores ou interstices qu'elles laissent entr'elles; la manière dont l'esprit se trouve logé dans le composé et distribué entre ses parties; la manière dont il agit, etc.

En suivant cette marche, nous procéderons du simple au composé, du vague au défini, des raisons sourdes aux raisons déterminables, de l'incommensurable au commensurable; à peu près comme l'enfant qui, en apprenant à lire, épelle les lettres de l'alphabet ; ou comme le musicien qui, pour apprendre à former des accords, en étudie les tons élémentaires un à un *.

---

* Un enfant qui s'amuse à feuilleter un in-folio, est l'image d'un homme qui promène ses avides regards sur le vaste et magnifique théâtre de l'univers ; qui, en commençant à observer, court d'objets en objets ; et, à force de voir, ne voit rien. D'abord, le nombre des mots lui paroît infini, même dans une seule page, à plus forte raison, celui des lettres. Puis il s'apperçoit que ces mots peuvent être comptés ; et, lorsqu'il vient à les analyser, il reconnoît qu'ils ne sont composés que d'un certain nombre, et même assez petit, de lettres qui, par leurs différentes combinaisons et situations, forment toute cette diversité. Il en est de même du monde réel. Les élémens de la matière, et leurs propriétés radicales qui leur sont inhérentes, sont les lettres ; les composés et leurs qualités, sont les mots. Ces formes ou loix générales dont parle Bacon, et qui sont le principal sujet de cet ouvrage, sont l'alphabet de la nature, et la clef de son chiffre.

La méthode qu'on doit suivre pour découvrir une loi de la nature, peut aussi être comparée à celle que nous avons nous-mêmes suivie pour découvrir le sens de tel ou tel mot, dans ce livre presque inintelligible que nous avions entrepris de déchiffrer. Nous avons considéré ce mot dans un grand nombre de phrases dont il faisoit partie ; et ce qu'il y avoit de commun dans les idées exprimées par ces phrases, nous a indiqué la fonction perpétuelle de ce mot dans ses différentes associations, c'est-à-dire, son véritable sens. Pour trouver plus aisément cette fonction, nous avons supprimé ce mot dans toutes ces phrases ; et malgré cette suppression, le rapport des

De ces deux genres d'axiômes ou de préceptes dont nous venons de parler, se tire la vraie division des sciences et de la philosophie.

---

parties restantes et toutes connues, à la partie inconnue que nous avions ôtée, nous indiquoit la fonction de cette dernière. Car il est peu de phrases où un mot soit tellement nécessaire pour entendre le tout, que ce mot venant à manquer, on ne puisse le suppléer, l'idée qu'il doit représenter étant presque toujours indiquée par les idées toutes connues de la phrase même dont il fait partie, des précédentes et des suivantes.

Voici quel est le principe commun de ces analogies. On peut envisager le sens d'une phrase ou d'un mot comme un *effet* dont cette phrase ou ce mot est la *cause*. Cela posé, une phrase est une cause composée dont les différens mots qui entrent dans sa composition sont les élémens. Et la signification totale de cette phrase est l'effet également composé, dont les significations particulières de ces mots sont aussi les élémens. Le rapport qui nous a servi de guide dans cette explication, n'est donc pas une analogie simplement oratoire ou poétique, mais une analogie réelle et physique. *Ainsi Bacon cherchant les formes éternelles, son interprète déchiffrant le Novum Organum, l'imprimeur corrigeant sa feuille, le musicien épelant des tons, l'enfant apprenant à lire, et Newton pesant les mondes, ne font tous, sous différens noms, qu'un seul et même métier; ces occupations, en apparence si différentes, ne sont que des applications toutes semblables des mêmes facultés, à différens objets.*

Que le lecteur daigne fixer son attention sur ces comparaisons tirées principalement de l'objet même qu'il a en main, et il ne sera plus choqué de ce mot de *forme*, qu'il

La recherche des causes *finales* et *formelles*, est l'objet propre de la *métaphysique*;

Celle des causes *matérielle* et *efficiente*, du *progrès caché* et de *la texture intime des corps*, est l'objet de la *physique*.

A ces deux parties *théoriques* répondent deux parties *pratiques*; savoir : à la première, la *magie* (en purifiant l'acception de ce mot); et à la seconde, la *méchanique*.

Le but étant désormais bien déterminé, passons aux préceptes. Les indications peuvent avoir deux objets : l'un, d'extraire de l'expérience et de l'observation, des principes vrais et solides; l'autre, de déduire de ces principes, de nouvelles observations et de nouvelles expériences.

Le premier genre d'indications se subdivise en trois espèces de secours (ou de services); savoir : secours propres aux sens; secours propres à la mémoire; et secours propres à la raison.

Ainsi, il faut d'abord se procurer une histoire naturelle composée d'une riche collection de faits,

---

rencontrera si souvent dans l'ouvrage; car, être choqué d'un mot qui n'est, après tout, qu'une *commode abréviation*, qu'une espèce de *signe algébrique*, ce n'est plus être simplement comparable à l'enfant dont nous parlions; c'est être l'enfant même; et il n'est pas moins puérile de repousser des mots nécessaires, que d'appeller des mots inutiles.

d'un bon choix et bien constatés. C'est la base de tout l'édifice ; car il ne s'agit pas d'imaginer, de deviner ce que la nature fait ou laisse faire, mais de l'observer.

En second lieu, les faits, au lieu d'être jetés pêle-mêle dans cette collection, doivent être rangés dans des tables coordonnées au but de la recherche dont on s'occupe; afin que l'esprit puisse opérer sur ces faits avec plus de promptitude et de facilité.

3°. L'esprit, en opérant sur ces tables, doit être dirigé par une méthode sûre et toujours la même, par la véritable induction, qui est proprement la clef de l'interprétation; sans quoi il ne se tiendra pas long-temps sur la vraie route, et se jetera souvent à côté. Nous commencerons par les *tables*.

Supposons que la qualité, dont on cherche la *forme*, soit la *chaleur*.

Première table d'invention, composée de sujets tous différens, et qui n'ont rien de commun, sinon la qualité en question, qui se trouve dans tous, sans exception.

Seconde table composée de sujets, pris deux à deux, et semblables en tout, à l'exception de la qualité proposée (savoir, la chaleur), qui se trouve dans l'un des sujets de chaque couple, et non dans l'autre.

Troisième table composée de faits où la chaleur est croissante ou décroissante, soit dans le même sujet, soit en différens sujets.

Si nous laissons encore l'esprit opérer de lui-même sur ces tables, il sera aisément dupe des fausses lueurs; il s'attachera précipitamment à de faux principes, qu'il faudra ensuite corriger à chaque instant, ou sauver par de frivoles distinctions: il vaut mieux les limiter d'avance, et prévenir ainsi toute exception *.

---

* Quand un principe, ou, ce qui est la même chose, une règle est trop générale, comme alors son énoncé embrasse les cas mêmes où elle n'a pas lieu, et qu'elle auroit dû laisser hors de ses limites, chacun de ces cas fait exception à la règle, et force à la limiter après coup, en excluant ces cas. Mais si la règle, en se limitant d'avance elle-même, annonce ses exceptions, alors ces exceptions ne l'attaquent plus, et ne font que prouver ce qu'elle avoit dit. Ainsi, le moyen le plus sûr pour ne jamais donner prise, soit dans la conversation, soit dans les livres, même en avançant des opinions positives, c'est de particulariser beaucoup, et de joindre à la plupart des principes qu'on pose, des règles qu'on énonce, ces expressions modificatives et restrictives : *souvent, presque toujours, communément, rarement, toutes choses égales, entre certaines limites, etc.* et d'adoucir ses affirmations, en proportion qu'on renforce ses preuves ; de joindre à des prémisses évidentes ou très probables, de modestes conclusions.

Mais, dira-t-on, si la règle (ou le principe) a des

PRÉFACE

Il est donc nécessaire de le diriger sans cesse par une méthode simple, lumineuse et fixe.

Ainsi, en premier lieu, pour réduire prompte-

---

exceptions, chaque cas qui se présente peut en être une. On n'est donc jamais certain, dans la théorie, de saisir la vérité en se conformant aux principes, ni d'atteindre au but, dans la pratique, en suivant la règle. Je réponds que cela n'est pas certain, mais du moins très probable, quand la règle est un peu générale. Et alors, la probabilité de réussir, en observant la règle, est à la probabilité de ne pas réussir, en la suivant, ou de réussir, en ne la suivant pas, comme le nombre des cas qui rentrent dans la règle, est au nombre des cas qui n'y rentrent pas. Or, l'expérience même prouve qu'en se fiant aux raisonnemens nécessaires pour distinguer les cas qui sont exception de ceux qui rentrent dans la règle, on tombe dans une infinité d'erreurs, soit pour n'avoir pas fait entrer dans ces raisonnemens toutes les considérations nécessaires, soit pour avoir posé quelque principe faux, soit enfin pour avoir tiré de principes vrais, des conséquences fausses ; et les méprises auxquelles on s'expose en voulant faire toutes ces distinctions, sont en beaucoup plus grand nombre que les erreurs qu'on peut commettre en observant constamment la règle, et méprisant courageusement toutes les exceptions : ainsi la prudence veut que l'on se tienne constamment attaché aux règles (ou aux principes), sinon dans les cas où l'exception est bien marquée, et sensible pour les plus foibles vues, c'est-à-dire, dans ceux où la cause énoncée par le principe, ou, ce qui est la même chose, le moyen indiqué par la règle est visiblement à son minimum, tandis que la cause contraire est à son maximum. Aussi l'expérience, parfaitement à un fort petit nombre les faits à considérer, et bannir les formes imaginaires, il faut d'abord exclure de ces tables

Toutes les natures qui ne se trouvent pas dans quelque sujet où se trouve la qualité proposée ;

Celles qui se trouvent dans les sujets où elle n'est pas ;

Celles qui décroissent dans les sujets où elle est croissante ;

Enfin, celles qui croissent dans ceux où elle est décroissante ;

Car il est clair que les natures qui *ne se trouvent pas* dans les sujets où *se trouve la nature dont on cherche la forme*, ou qui *décroissent* tandis qu'elle *croît*, n'en sont pas la *raison nécessaire*, ou ne sont pas *nécessaires* pour la produire ; et que les natures qui sont *présentes* dans les sujets où la *nature en question* est *absente*, ou *croissantes* dans ceux où elle est *décroissante*, ne sont pas *suffisantes* pour la produire, ou n'en sont pas la *raison suffisante*.

---

ment d'accord avec le raisonnement, prouve-t-elle que ceux qui demeurent constamment attachés à des principes, à des règles, à des systèmes, à des plans, même d'une bonté médiocre, sont ordinairement plus heureux dans leurs entreprises, que ceux qui, ne sachant pas négliger les petites erreurs et les petits doutes, flottent perpétuellement entre les principes, les règles, les systèmes, ou les plans opposés.

Par exemple, si je trouve des corps qui soient *chauds, sans* être *lumineux*, ou d'autres corps où la *chaleur décroisse* tandis que la *lumière croît*, la *lumière* n'est donc pas la *raison* ou la *cause nécessaire* de la *chaleur*. De même, si je rencontre des corps qui soient *lumineux, sans être chauds*, et d'autres corps où la *lumière croisse* tandis que la *chaleur décroît*, la *lumière* n'est donc pas *cause* ou *raison suffisante* de la *chaleur*.

Ainsi la *lumière* n'est pas la *forme complette* de la *chaleur*, ni même une *partie essentielle* de cette forme : il faut donc exclure de notre table la *lumière*.

Il en seroit de même de la *fluidité* et de la *solidité*, de la *densité* et de la *rareté*, de la *pesanteur*, etc.

Et si, après un grand nombre d'exclusions ou de rejections de cette espèce, il reste dans notre table une *nature* qui *soutienne* les *quatre épreuves*, elle sera la véritable *forme* de la *chaleur*. Mais, si aucune ne les soutient toutes, ce sera à recommencer, et il faudra composer d'autres tables d'inventions coordonnées au même but, jusqu'à ce qu'on trouve une nature qui résiste à toutes ces épreuves.

Exemples de ces exclusions ou rejections, appliqués aux trois tables précédentes, coordonnées à la recherche de la forme de la chaleur.

Première conclusion provisoire ; essai de définition de la chaleur, ou ébauche d'interprétation relativement à cette qualité. Je ne donne point ici cette conclusion, parce que, sans l'inspection des tables, il seroit impossible d'en sentir la justesse.

Mais tout ce travail peut être abrégé : parmi ces faits, déja rangés dans les tables, ou ceux qu'on veut y faire entrer, il en est qui conduisent plus directement et plus promptement que les autres à la découverte de la forme de la nature proposée. Il est donc un choix à faire entre ces faits ; choix qui doit être dirigé par des règles, et dont nous devons donner des exemples. Tel est l'objet des vingt-sept derniers articles où l'auteur *dénombre* et *définit* vingt-sept classes de faits, qu'il comprend toutes sous ce titre : *prérogatives* (ou motifs de préférence) *des faits* ou *exemples* *.

I. *Faits solitaires* (ou *exemples d'isolement*),

---

* L'auteur emploie ici le mot d'*instances* ; mais ce terme nous paroît trop général. Une *instance* est une *allégation* en surcroît *de preuve* positive ou négative. Or, il est bien des espèces d'*allégations*, telles que *faits* ou *exemples*, *autorités*, *comparaisons*, *principes positifs*, *définitions*, *preuves per absurdum*, etc. Comme il s'agit ici de *faits* et d'*exemples*, nous ferons usage de ces deux derniers mots, et nous les emploierons alternativement, soit pour éviter la monotonie, soit pour n'être pas obligés de nous exprimer ainsi : *On trouve un exemple de telle espèce d'exemples dans tels animaux.*

présentant des sujets tous fort différens les uns des autres, et qui n'ont rien de commun entr'eux, sinon la qualité en question qui se trouve dans tous ; faits dans lesquels par conséquent cette *unique analogie* se trouve comme *isolée* parmi le grand nombre de différences qui distinguent ces sujets. Tels sont, par rapport aux sept *couleurs primitives*, un *prisme de verre, l'arc-en-ciel,* certaines *plantes à fleur,* etc.

Ou présentant des sujets fort semblables entr'eux, à l'exception de la qualité proposée qui se trouve dans les uns, et non dans les autres ; *différence* qui est comme *isolée* parmi le grand nombre *d'analogies* qui unissent ces sujets ; telles sont les taches de *blanc* et de *noir* dans le marbre, ou les *taches* de *blanc* et de *couleur purpurine* dans *l'œillet,* la *giroflée :* ces taches se ressemblent en tout, à la couleur près.

La première des trois tables d'invention est toute composée de faits de la première espèce ; et la seconde table, de faits de la seconde espèce.

II. Les exemples de *migration* qui présentent des sujets dans lesquels la qualité dont on cherche la forme, est *tout-à-coup produite* ou *détruite, augmentée* ou *diminuée.* Comme alors la *forme* ou *cause essentielle* de cette qualité est aussi *tout-à-coup engendrée* ou *détruite, augmentée* ou *diminuée,* cette forme en devient *plus sensible* et plus facile à appercevoir. Tels sont, pour la *migration*, soit *générative*, soit *destructive*, relativement à la *transparence* et à la *blancheur*, le *verre entier*, comparé au *verre pulvérisé*, et *l'eau tranquille* comparée à *l'écume* de la même eau violemment agitée. Car, dans le verre pulvérisé ou dans l'écume de l'eau, la blancheur est tout-à-coup produite, et la transparence tout-à-coup détruite. Au contraire, dans l'eau redevenue tranquille, la blancheur est tout-à-coup détruite, et la transparence tout-à-coup reproduite.

III. Les exemples *ostensifs*, ou de *maximum*, qui présentent des sujets où la qualité en question est à son maximum.

Dans les sujets de cette espèce, la forme ou cause essentielle de la qualité en question devant être aussi à son maximum, elle en devient plus facile à appercevoir; et une fois qu'on l'y a saisie, qu'on la connoît de vue, on l'apperçoit ensuite plus aisément dans les degrés moindres. Telle est la *liqueur* du *thermomètre* par rapport à *l'expansion* occasionnée par la *chaleur*. Cet exemple annonce que le *mouvement expansif* est une *partie essentielle* de la *forme* de cette qualité.

IV. Les exemples *clandestins* ou de *crépuscule* qui offrent des sujets où la qualité en question est à son *minimum*. Ces exemples servent à *généraliser* les simples observations, ou les explications; à s'élever aux *genres* ou aux *principes*.

Car, si une qualité se trouve dans le minimum d'un genre qui n'en paroît pas susceptible, à plus forte raison se trouvera-t-elle dans les autres degrés. Telles sont, à cet égard, les *bulles* d'eau, ou de toute autre liqueur, par rapport à la *force de cohésion*, les *filets d'eau* des *gouttières*, les *bulles* de savon, etc. *.

Et si la qualité, présumée être la forme, peut, même lorsqu'elle n'est qu'à son minimum, produire la qualité en question, à plus forte raison le peut-elle lorsqu'elle est à ses autres degrés. Mais, ce qu'il ne dit pas, c'est que la *combinaison des exemples de maximum* et des *exemples de minimum suffit* toujours, ou presque toujours, pour *établir solidement un principe* ou une *règle*. Nous y suppléerons dans l'appendice à la fin du troisième volume, où nous ferons voir que, pour *établir* un *principe* ou une *règle*, c'est *toujours assez de trois espèces de faits, souvent de deux, quelquefois même* d'une seule. Par exemple, si telle cause, même lorsqu'elle est à son maximum, est insuffisante pour produire tel effet, à plus forte raison le sera-t-elle lorsqu'elle sera à des degrés moindres; et si telle autre cause étant à son minimum, suffit pour produire tel autre ef-

---

* La même force qui arrondit un soleil ou une planète, arrondit une goutte d'eau.

fet, à plus forte raison, dans ses autres degrés, suffira-t-elle pour le produire.

V et VI. Les exemples *constitutifs* ou par *poignées*, et les exemples *analogues* ou de *conformité*. A mesure qu'en multipliant nos observations, le nombre des analogies que nous découvrons entre les êtres ou leurs modes va en augmentant, nous formons des classes de plus en plus étendues, et des propositions de plus en plus générales. Les exemples de *conformité* servent à former les classes du dernier ordre, celles qui touchent aux individus ; et les exemples *constitutifs*, les classes ou les propositions moyennes, qui, réunies, servent à former les propositions de l'ordre le plus élevé ; car nous ne pouvons et ne devons généraliser nos idées et nos principes que *par degrés*.

VII et VIII. Les exemples monadiques ou *hétéroclites*, et les exemples de *déviation*, lesquels présentent des sujets qui n'ont d'analogie avec aucun autre, et qui sont comme des *écarts* de *la nature* ; avec cette différence que les exemples *monadiques* sont des espèces qui ne ressemblent à aucune autre espèce, ou uniques en leur genre, et les exemples de *déviation*, des individus qui ne ressemblent à aucun autre individu, ou *uniques* en leur espèce, et qualifiés de *monstres*, dans la langue vulgaire.

Les exemples de ces deux classes sont d'excellens sujets pour s'exercer à découvrir les *analogies* et les *genres*. Il faut les analyser et les comparer jusqu'à ce qu'on soit parvenu à les ramener aux *qualités* et aux *classes les plus communes* : en un mot, jusqu'à ce qu'on se soit mis en état de faire voir que ce qu'ils ont d'*étrange* et de *merveilleux*, n'est que *l'effet* de la seule *combinaison* et le *produit d'un concours extraordinaire de choses très ordinaires*, une espèce de *quine*.

IX. Les exemples *limitrophes* ou *mi-partis*, qui présentent des sujets *participant de deux espèces différentes*, comme le *poisson-volant*, la *chauve-souris*, la *sensitive*, etc.

Ces exemples servent à découvrir le méchanisme et la structure des composés divers, ainsi que les causes du nombre et de la variété des espèces les plus connues. Ils exercent l'entendement à *lire le possible dans le réel*, et mettent sur la voie des *transformations*.

X. Les exemples de *puissance*, qui présentent les productions les plus distinguées et les plus utiles de l'intelligence, de l'activité et de la patience humaine. Car, avant de s'occuper de ce qui reste à faire, il est bon de savoir d'abord ce qui est déjà fait, pour ne pas le refaire inutilement; sans compter que ce qui est fait peut fournir des *indications* et des *vues* pour ce qui *reste à faire*.

XI. Les exemples de *concomitance* ou *d'ex-*

clusion, qui présentent des sujets où la qualité en question se trouve toujours, et d'autres sujets où elle ne se trouve jamais. Telle est la *flamme*, par rapport à la *chaleur*; et *l'air*, par rapport à la *solidité*. Car, jamais mortel ne vit de flamme froide, ni d'air solide. La propriété des exemples de cette classe, est *d'accélérer la découverte de la forme*. Car, il est clair que la forme de la qualité en question a nécessairement des relations très étroites avec l'intime constitution des sujets où elle se trouve toujours, et beaucoup d'opposition avec celle des sujets où elle ne se trouve jamais. Ainsi, ces exemples servent à former ou à établir des propositions *universelles* et *fixes*, soit affirmatives, soit négatives.

XII. Les exemples *subjonctifs* et de *non ultrà*, qui présentent de *vrais maximum*, non pas seulement des sujets où la qualité en question a beaucoup d'intensité, ce qui suffit pour remplir l'objet des exemples *ostensifs*, où il ne s'agit que de rendre plus sensibles la qualité en question et sa forme ; mais les sujets où elle a visiblement la plus grande intensité possible.

Tels sont *l'or*, par rapport à la *densité* ou *pesanteur spécifique*; le *chien*, par rapport à l'*odorat*; la *poudre à canon*, relativement à la soudaine expansion ou explosion.

La propriété distinctive de cette classe d'exemples, est de marquer, dans chaque espèce de corps les limites que la nature ne passe jamais, et celles qui séparent une qualité d'une autre qualité. Ainsi ils servent à faire des divisions exactes et conformes à la réalité des choses.

XIII. Les exemples d'*alliance* ou d'*union*, qui servent à faire voir l'*analogie* des qualités qu'on regarde ordinairement comme *différentes*, et qu'on suppose telles dans les *divisions* reçues; par exemple, l'analogie de la chaleur du soleil avec celle du feu artificiel, et avec celle des animaux.

XIV. Les *exemples de la croix*, lesquels, de deux ou trois routes qui se présentent d'abord à l'esprit, lui montrent celle qu'il doit suivre : c'est *une combinaison du dilemme* avec le *disjonctif*.

Étant données plusieurs causes auxquelles un effet peut être attribué, et dont chacun a pour elle quelque probabilité ; supposons *trois :* on dénombre d'abord ces causes par une division semblable à celle qui est la base du *disjonctif*, et dont les membres s'excluent réciproquement, puis l'on en exclut deux, par deux dilemmes négatifs. Enfin, l'on conclut que la troisième est la véritable : il en est de même d'un plus grand nombre de causes. On fait autant de dilemmes négatifs moins un, qu'il y a de causes proposées ; et toutes ces causes, moins une, étant exclues, celle qui reste, peut être regardée comme la véritable.

XV. Les exemples de *divorce*, qui présentent des sujets où se trouvent *séparées* des natures, ou qualités qui se *trouvent presque toujours ensemble*, telles que les quatre suivantes, la *chaleur*, la *lumière*, la *ténuité* et la *mobilité*, dont *Telèse* ne formoit qu'une seule classe, les regardant comme *inséparables*, quoiqu'il y ait des corps lumineux, sans être chauds ni denses; des corps chauds, sans être lumineux; et d'autres encore qui sont très ténus et très mobiles, sans être ni lumineux, ni chauds, etc.

Ces exemples servent à montrer les fausses analogies, à découvrir les nuances distinctives, et à déceler les formes imaginaires.

XVI. Les exemples de *la porte*, ou de *première information*, lesquels aident et facilitent les actions immédiates des sens, qui sont comme les cinq portes de l'ame.

Supposons qu'il s'agisse du sens de la vue, celui de tous qui parle le plus à l'imagination, et par elle, à la raison. Ces exemples nous procurent trois espèces de secours, par rapport à ce sens.

Ils nous mettent en état de voir les objets que, sans un tel secours, nous ne verrions point du tout;

Ou de voir de loin ceux que nous ne pourrions voir que de près;

Ou de voir les objets, soit voisins, soit éloignés,

plus clairement, plus distinctement, plus exactement et plus complettement.

XVII. Les exemples de *citation* ou d'*évocation*, qui mettent à la portée des sens ce qui leur échapperoit par différentes causes, dont on trouvera l'énumération dans la préface de l'auteur.

XVIII. Les exemples de *route* ou *articulés*, qui indiquent les *mouvemens graduels et continus* de la nature, tels que ceux de la formation des plantes et des animaux; mouvemens qui échappent moins aux sens qu'à l'observation, et qu'on ignore, non pour n'avoir pas pu, mais pour n'avoir pas assez voulu les observer. Car l'objet à observer est toujours là; c'est l'observateur qui n'y est pas toujours.

Pour connoître ce qu'il y a de plus subtil et de plus délié dans les opérations de la nature, comme pour saisir tout le fin d'un art ou d'un métier, ce n'est pas assez de jeter un coup d'œil sur les matériaux, les instrumens et les résultats; il faut de plus, comme nous le disions, être là, tandis que l'artiste ou l'ouvrier est à l'ouvrage; considérer ses opérations dans tous leurs détails, et les suivre depuis le commencement jusqu'à la fin.

C'est ainsi qu'il faut observer de fort près et sans interruption, non-seulement les générations et les transformations de plantes, d'animaux, etc. mais aussi toutes les espèces d'altérations possibles.

XIX. Les exemples de *supplément*, de *substitution* ou de *refuge*, destinés à suppléer l'observation directe, lorsqu'elle est impossible, le sens étant tout-à-fait en défaut.

Cette substitution peut se faire de deux manières ; savoir : par *graduation* ou par *analogie*. (Voyez encore la préface de l'auteur.)

XX. Les exemples *d'extrême divisibilité*, que nous appellons aussi exemples *agaçans*, à cause de la double propriété qu'ils ont de montrer jusqu'à quel point la nature pousse quelquefois la division et la subdivision des corps, et *d'agacer* l'entendement, en l'excitant à l'attention par l'étonnement même qu'ils inspirent. Tels sont les suivans.

Un cylindre d'argent de quinze lignes de diamètre, d'environ vingt-deux pouces de longueur, et doré avec une once d'or, étant alongé par une suite de filières, acquiert une longueur de cent onze lieues, et reste doré dans tous les points de sa surface.

Toutes les étoiles de notre hémisphère, dont les plus basses sont à une distance de la terre qui égale peut-être cent mille fois celle du soleil à cette planète (laquelle est au moins de trente-trois millions de lieues), peuvent être vues distinctement par un trou fait à une carte, à l'aide d'une épingle ; ce qui suppose que des rayons lancés par tous ces astres, peuvent passer par ce trou sans se confondre.

Avec une goutte d'encre, on peut, en parlant à toutes les nations et à tous les siècles, changer la face de l'univers.

XXI. Les exemples de *portée* ou de *non ultrà* (de lieu) font connoître la portée des différentes espèces de forces ou de vertus, de qualités, de propriétés, etc. Ils déterminent les différentes distances auxquelles s'exercent leurs actions, en spécifiant et distinguant

Celles qui agissent dans le contact, et non à distance;

Celles qui agissent à distance, et non dans le contact;

Celles qui agissent avec plus de force, à une petite distance qu'à une grande;

Et celles qui agissent avec plus de force, à une certaine distance que de fort près;

Enfin, ils déterminent les mouvemens sphériques de la circonférence au centre, ou du centre à la circonférence, de contraction ou de dilatation; c'est-à-dire, ceux en vertu desquels les corps acquièrent un nouveau volume, de nouvelles dimensions, une nouvelle densité. Je veux dire que ces exemples font connoître jusqu'à quel point les différentes espèces de corps peuvent se dilater ou se contracter.

XXII. Les exemples de *cours* ou de *clepsydre*, qui mesurent les forces et leurs actions par la détermination des parties du temps, comme les précédens les mesurent par la détermination des parties du lieu.

Ils mettent en état de déterminer

La durée de l'action de ces différentes forces;

La quantité de leur effet, dans un temps donné;

La durée que doit avoir leur action pour devenir sensible;

Et non-seulement ils donnent les *mesures absolues*, par rapport au *temps*; mais de plus, les *mesures respectives*, ou *proportions*;

Enfin, ils font connoître, dans chaque espèce d'action ou d'opération, ce qui *précède* et ce qui *succède*; ce qui est *premier*, ou *dernier*, etc.

XXIII. Les exemples de *quantité* ou *doses de la nature*, qui déterminent le rapport de l'intensité de chaque force, propriété ou qualité, à la quantité de matière. Ils montrent, dans chaque espèce de corps, suivant quelle proportion et en quelle raison l'augmentation ou la diminution de cette quantité de matière augmente ou diminue cette intensité; *raison* qui, dans les uns, est *directe*; et *inverse*, dans les autres. A quoi il faut joindre quelques observations sur le *trop* et le *trop peu*, par rapport à chaque espèce de force ou de propriété.

4. 5

XXIV. Les exemples de *lutte* ou de *prédominance*, qui, en déterminant les différentes mesures et proportions des différentes espèces de mouvemens, de tendances, de forces, d'efforts, de qualités actives ou passives, spécifient et distinguent celles qui, dans les composés divers, l'emportent sur les autres, ou leur cèdent, et les proportions de cette supériorité ou infériorité.

En tête de l'article, il donne d'abord l'*énumération* et la *définition* de *dix-neuf espèces de mouvemens* qu'il suppose dans l'univers. C'est ce qu'il y a de plus foible dans l'ouvrage ; en analysant cet article, nous avons trouvé que la plupart de ces mouvemens rentrent les uns dans les autres, et qu'on peut les réduire à trois ou quatre ; réduction d'autant plus facile, que quelques-uns n'ont aucune réalité.

Cependant, parmi ce grand nombre de suppositions assez gratuites, on démêle quelques grandes vues dont Newton et ses disciples ont su profiter, en y appliquant leur esprit géométrique.

Enfin, il donne plusieurs exemples de forces et de mouvemens, qui sont tantôt supérieurs, tantôt inférieurs, selon que les circonstances varient.

XXV. Exemples *indicatifs*, qui montrent les différentes applications qu'on peut faire des propriétés naturelles déja connues, aux différentes nécessités et situations de la vie humaine.

XXVI. Les exemples *polychrestes*, ou d'un usage très multiplié, qui montrent ce qu'il y a de plus général et de plus fréquemment utile dans les agens ou moyens qu'on peut employer.

Outre ce moyen général et simple, qui consiste à approcher ou éloigner les corps les uns des autres, on peut agir sur les corps naturels par sept principaux genres de moyens.

1°. En *écartant les obstacles* qui empêchent, gênent ou troublent les opérations.

2°. Par voie d'*extension*, de *compression*, d'*agitation*, etc.

3°. Par le moyen du *chaud* et du *froid*.

4°. En tenant les corps, pendant un certain temps, dans un lieu convenable.

5°. Par le *frein* et le *régime* du mouvement, c'est-à-dire, en réprimant et réglant le mouvement par la *forme* et la *situation* des vaisseaux où l'on met les corps, par la *filtration*, etc.

6°. Par les *affinités*, les *oppositions* et autres *corrélations spéciales*.

7°. Par une *alternation* convenable et employée à propos.

Enfin, par l'*ordre*, la *suite* et l'*enchaînement* de la totalité, ou d'une partie des moyens dénombrés et définis.

Il donne des exemples de ces différens genres de moyens. Cet article est précieux; c'est une mine riche. L'auteur, par le grand nombre de vues qu'il y a semées, nous forçoit, pour ainsi dire, à inventer, tandis que nous le traduisions.

XXVII. Les exemples *magiques* sont ceux où la *quantité de la matière* ou celle de la *cause efficiente* sont *extrêmement petites*, eu égard à la grandeur des effets qui, par cette raison même, ont je ne sais quoi de merveilleux, de miraculeux; les uns, à la première vue; les autres, même après l'examen.

Ces effets *magiques* peuvent s'opérer de trois manières.

1°. Par la *faculté* qu'ont certaines substances *de se multiplier* elles-mêmes, comme *le feu*, certains *poisons* qualifiés de *spécifiques*, etc.

2°. Par la *propriété* qu'ont certains agens *d'exciter, d'inviter au mouvement* les corps sur lesquels ils exercent leur action. Tel est l'*aimant* qui excite la vertu magnétique dans une infinité d'aiguilles, sans rien perdre de la sienne; tels sont encore les *levains*, etc.

3°. Par *l'antéversion* (ou *précession*) du mouvement, laquelle a lieu lorsque l'extrême célérité du mouvement de l'agent le met en état de *prévenir toute résistance* de la part des corps soumis à son action; soit que cette résistance naisse de la force d'inertie, de la force de pesanteur, ou de toute autre.

CONCLUSION.

L'avantage de ces *vingt-sept classes d'exemples* ou de *faits*, est de *faciliter*, d'*accélérer*, de *confirmer*, d'*étendre*, de *limiter*, de *diriger*, de *rectifier* l'*induction*; un petit nombre de faits ainsi choisis, mènent plus directement et plus promptement au but; savoir : à la *découverte des formes ou causes essentielles*, qu'une multitude d'autres faits pris au hazard.

Les uns, tels que les exemples *constitutifs*, *monadiques*, *limitrophes*, *indicatifs*, *polychrestes*, *magiques*, ainsi que ceux de *déviation*, de *puissance*, de *première information*, etc. doivent être rassemblés dès le commencement et avant qu'on procède à aucune recherche spéciale, vu qu'ils contribuent en général à rendre les opérations de l'entendement plus faciles, plus promptes et plus sûres.

Quant aux autres, il suffit de les rassembler lorsqu'on veut composer des tables de *comparution* ou d'*invention*, pour découvrir la forme ou cause essentielle de telle nature ou qualité particulière.

Tel est, en substance, l'ouvrage dont nous publions la traduction. Nous avons eu, pour donner un peu d'étendue à cet extrait, trois motifs principaux.

1°. Notre dessein a été de disposer la jeunesse à la lecture de l'ouvrage, en lui montrant nettement le but et, à peu près, la marche de l'auteur.

2°. De *suppléer,* jusqu'à un certain point, les parties non exécutées; car, dans cet exposé, nous remplissons bien des vuides. Nous étant proposé d'ajouter à l'ouvrage quelques notes de supplément, et prévoyant qu'elles auroient une certaine étendue, pour ne pas trop charger le troisième volume, nous avons jeté dans cette introduction une partie de la matière de ces notes.

3°. De contribuer aussi quelque peu à l'instruction de cette moitié du genre humain, qui fait presque tout le bonheur ou le malheur de l'autre. Plus les femmes seront instruites, plus elles voudront et pourront contribuer à notre bonheur. Une occupation utile et noble, pour laquelle une femme se passionne un peu, supprime bien des caprices, et donne la paix aux familles auxquelles une grande fortune laisse trop de loisir. *S'il est vrai que l'oisiveté engendre tous les vices, le plus sûr moyen pour empêcher les enfans de naître, c'est de tuer la mère.* Nous pensons, comme Descartes, que l'autre sexe a plus d'aptitude naturelle que le nôtre pour la philosophie, puisqu'il souffre davantage, et sait mieux souffrir, remédier à ses propres maux et adoucir les nôtres. Car *souffrir* est le *métier de l'homme*, et *guérir* est celui du *philosophe*. La sottise est un ingrédient nécessaire dans le philtre apprêté pour un sot; mais un peu de raison ne l'est pas moins pour plaire à un homme raisonnable; et un homme d'esprit ne peut aimer long-temps qu'une femme d'esprit; une belle femme, sans un esprit cultivé, sera un an sa maîtresse, et trente ans sa servante; la beauté passe, et la sottise reste. La plupart de nos préjugés nous viennent des femmes dont nous avons été environnés dans notre enfance. Ainsi, en instruisant le sexe fort, instruisons aussi le sexe foible, de peur qu'il ne soit esclave de l'autre, et ne fasse sucer à nos enfans sa servitude avec ses préjugés.

Mais la nature même d'un extrait rend cet objet très difficile à remplir. Pour rendre l'ouvrage intelligible, nous avons été obligés d'y joindre un grand nombre de notes, et un commentaire fort étendu. Comment nous y prendre pour rendre clair cet extrait, où il faut retrancher non-seulement tous les raisonnemens un peu longs, mais même tous les exemples et les développemens trop volumineux ? Ainsi, vouloir que cet extrait fût parfaitement clair, ce seroit exiger de nous beaucoup plus que n'a fait Bacon lui-même. Cependant, en intercalant quelques propositions, et en changeant un peu l'ordre que l'auteur a suivi, nous avons remédié en partie à cet inconvénient ; et cet exposé suffira peut-être pour donner du moins une idée de la sagesse de ses vues et de sa marche. Ce n'est pas au hazard que nous disons *la sagesse*, car il ne sagit pas ici de tours de force, ni de ces élans assez gratuitement qualifiés de *génie*, mais seulement de *bon sens*. Et il se trouvera peut-être à la fin que cette raison simple, mâle et soutenue, qui n'est jamais dupe des fausses lueurs, qui dédaigne le faux brillant, ne vise qu'à l'utile, et va toujours droit au but, est le vrai *génie*.

Ainsi, on ne doit chercher dans cet ouvrage que ce que l'auteur a voulu y mettre, ni lui demander que ce qu'il a promis. Or, son véritable but, comme il le dit souvent lui-même, est de rendre inutile, du moins en philosophie, la supériorité de talens; de mettre, pour ainsi dire, de niveau tous les esprits, et d'établir, dans le monde intellectuel, cette même égalité que nous nous efforçons depuis tant d'années d'établir dans le monde réel, en faisant marcher de front l'*art de vaincre* et l'*art de penser*. Ce livre est la *carte* nécessaire pour *voyager* dans le *pays inconnu*. C'est le *compas* à l'aide duquel la *main* la plus *gauche* et la plus *timide* peut tracer un *cercle* avec autant d'*exactitude* que la *main* la plus *sûre* et la plus *hardie*. Enfin, c'est un *levier*, instrument *simple* et *commun*, mais *puissant*, à l'aide duquel un *enfant* peut soulever un *poids immense*, et dont l'*homme* le plus *vigoureux* ne peut *se passer*.

Nota. Dans le premier ouvrage, pour ne pas fatiguer nos lecteurs par une trop longue énumération, nous avons omis les noms d'une grande partie des individus, des familles, des corps politiques, ou des sociétés littéraires qui ont, soit directement, soit indirectement, favorisé notre entreprise; nous nous faisons un devoir de compléter ici cette énumération.

A Paris, *l'Institut* et la société philomatique. Les citoyens Montmorency-Luxembourg-Tingry (père, fils et neveu), Penthièvre, De Crône, Hérault de Séchelles, *La Grange*, Syeyes, Lozier, Lalande, Cousin, Vicq-d'Azyr, Mauduit, Champagne, Sanaville, Duhamel, Advynay, Chamfort, Lelong, de Nesle, Laumont, la Salle (de Versailles); Crussaire, Morin, etc. Les citoyennes Tingry, La Saudraie, Beauharnois.

A Dijon, Borthon, Chef de Brigade du cinquième régiment d'artillerie à pied; Jacotot, Professeur de physique à l'École centrale.

A Auxerre, Fournier, Maure, François.

A Semur, les citoyens Champagne, André, Berthet. Les citoyennes Frédérique-Brachet, Daumont, Ligeret-Brusard, Creuzot-Brusard, Finot, Thibaut, Reuillon.

Genève, Vanière (ex-Secrétaire de Voltaire).

Rome, Zelada, Frosini, Bernis.

Fin de la préface.

PRÉFACE
DE L'AUTEUR.

Esprit, sujet, but et plan de cet ouvrage (1).

UNE des plus puissantes causes qui aient arrêté ou ralenti le progrès des sciences et de la philosophie, est la témérité de ceux qu'une excessive con-

---

(1) Cette préface est composée de deux préfaces de Bacon, dont l'une avoit été placée par lui-même en tête de cet ouvrage; et l'autre, rejetée par les éditeurs dans la petite collection qui porte pour titre : *Élans philosophiques*, et qu'on peut regarder comme son *porte-feuille*. La première ne renferme que des *observations générales* sur le sujet du Novum Organum; la seconde en indique le *but spécial* et on expose la *distribution*, comme il le dit dans la seconde période que nous avons supprimée, parce qu'elle n'eût été qu'une répétition du titre. C'est toujours l'auteur qui parle : mais ayant trouvé dans ces préfaces des passages

fiance dans les forces naturelles de leur esprit, ou l'ambition et le désir de se distinguer, ont portés à dogmatiser sur la nature comme sur un sujet familier et suffisamment approfondi. Cette vigueur même d'esprit et cette force d'éloquence qui les mettoit en état d'accréditer leurs opinions et de faire secte, ne les rendoit que plus capables d'éteindre dans leurs disciples toute ardeur pour de nouvelles recherches ; et s'ils ont été utiles par les productions de leur propre

---

obscurs ou vagues, nous y avons joint quelques notes ou intercalé quelques mots; additions d'autant plus nécessaires, que plusieurs ouvrages annoncés dans la seconde, n'ont pas été exécutés. Nous avons aussi un peu élagué cet énorme préambule, moins nécessaire aujourd'hui qu'à l'époque où il parloit. Après s'être jeté dans une longue dissertation sur les reproches ou les objections qu'on peut lui faire et que nous ne lui ferons pas, pour excuser ensuite ces longueurs, il prouve très longuement qu'il a eu raison d'être long; nous avons cru devoir, en lui épargnant et ce tort et cette excuse, l'abréger ainsi doublement.

génie, ils ont été cent fois plus nuisibles en énervant les autres génies, ou les détournant de leur vraie direction. Quant à ceux qui, tenant la route opposée, affirmoient qu'on ne peut rien savoir avec certitude, cette opinion décourageante où les fit tomber, soit leur aversion pour les anciens sophistes, soit l'incértitude où flottoit leur esprit, soit encore une certaine surabondance d'idées et de science mal digérées (1), ils l'appuyoient sans

―――――――――――――――――

(1) L'homme qui voit peu et qui n'apperçoit jamais les raisons contraires à son opinion, est décisif et décidé; c'est la balance où l'on ne met de poids que d'un côté. Celui qui voit beaucoup, mais qui, ayant plus de science que de jugement, fixe son attention tantôt sur les raisons qui appuient chaque opinion, tantôt sur les raisons contraires, au lieu de peser, dans tous les cas, les unes et les autres, pour les comparer, est nécessairement incertain dans ses opinions, et irrésolu dans sa conduite; c'est la balance où l'on met des poids dans les deux bassins alternativement. Le dernier sait davantage; mais puisqu'il sait mal, il seroit à souhaiter pour lui qu'il en sût moins, et sa science n'est utile qu'aux autres : une erreur qui décide

doute par des raisons qu'il seroit injuste de mépriser; mais ils ne surent pas la déduire des vrais principes ; entraînés au-delà du but par la passion et l'esprit de parti, ils l'outrèrent et la firent dégénérer en affectation : enfin, ces philosophes des premiers temps de la Grèce, dont les ouvrages sont perdus, furent les seuls qui surent garder un sage milieu entre la jactance affirmative des premiers, et la pusillanime *acatalepsie* (1)

---

vaut peut-être mieux que des vérités incomplettes qui laissent dans l'indécision. Il faut avoir une opinion et un but; le pire de tous les partis est de n'en prendre aucun.

(1) Les plus célèbres commentateurs de la philosophie des Grecs traduisent ce mot par celui d'*incompréhensibilité*, qu'ils forgent à dessein dans leurs langues respectives. Ces anciens philosophes, effrayés de l'excessive complication de tous les sujets de nos études, prétendoient qu'aucun ne pouvant être embrassé en entier, il falloit renoncer à toute certitude, et se contenter de simples probabilités plus ou moins fortes, sur lesquelles on devoit régler ses opinions et sa conduite.

des derniers : tout en se plaignant sans cesse de la difficulté des recherches, de l'obscurité des choses; tout en donnant de fréquens signes d'impatience, et en rongeant, pour ainsi dire, leur frein, ils n'ont pas laissé de s'occuper vivement de leur dessein, et des'attacher à l'étude de la nature avec une sorte d'opiniâtreté ; pensant avec raison que, pour terminer cette question même, et savoir enfin si l'on peut en effet savoir quelque chose, il falloit, au lieu de disputer sur ce point, le décider par l'expérience. Encore ceux-là même s'abandonnèrent trop à l'impétuosité naturelle de leur entendement, sans aucune règle fixe qui le dirigeât ou le contînt; s'imaginant que, pour pénétrer dans les secrets de la nature, il suffisoit de méditer avec obstination, de tourner, pour ainsi dire, son esprit dans tous les sens, et de le maintenir dans une agitation perpétuelle.

Quant à notre marche, autant elle est difficile à suivre, autant elle est facile à exposer; car de quoi s'agit-il dans cette méthode que nous proposons? d'établir des degrés de certitude, de donner de l'appui aux sens par une méthodique réduction des objets qui doivent être observés (1); mais en rejetant presque tout le produit de ces premières opérations de l'esprit qui suivent immédiatement les sensations, la route nouvelle et sûre que notre dessein est de tracer à l'entendement humain, devant commencer aux perceptions mêmes des sens. Et c'étoit sans doute ce qu'avoient aussi en vue ces anciens philosophes, qui attachoient un si grand prix à la dialectique, et lui

---

(1) Dans les tables dont il parlera plus bas, il n'admet pas indifféremment toutes les espèces de faits qui se rapportent au sujet d'une recherche, mais seulement les faits les plus caractéristiques et les mieux appropriés au dessein de découvrir la *forme*, ou *cause essentielle*, de l'effet à *expliquer*, à *prédire*, ou à *produire*; tels que les minimum et les maximum, les sujets où l'effet en question paroît ou disparoît, croît ou décroît tout-à-coup, etc.

faisoient jouer un si grand rôle. Par le soin même avec lequel ils traitoient cette science, il paroît qu'ils y cherchoient des secours pour l'entendement, tenant eux-mêmes pour suspects sa marche *native* et son mouvement spontanée. Mais ce remède ils l'appliquoient trop tard ; déja l'esprit étoit dépravé par une infinité de mauvaises habitudes, tout comblé de simples ouï-dire, tout infecté de doctrines mensongères, et obsédé par mille fantômes ; déja tout étoit perdu (1).

―――――――――――――――――――

(1) Il étoit trop tard, parce que, supposant vrais les principes et les notions sur lesquels ils établissoient leurs raisonnemens, et qu'ils auroient dû examiner d'abord, ils ne remontoient point à la source du mal ; ces règles, qu'ils cherchoient ou donnoient pour déduire des conséquences de ces principes, ne pouvoient corriger le vice de la première opération, mais seulement celui de la seconde ; et *une conséquence juste tirée d'un principe faux, n'est pas moins une erreur qu'une conséquence fausse tirée d'un principe vrai*. Car il y a ici cinq sources d'erreur : on peut extraire d'observations exactes des notions fausses ; de no-

Ainsi ces règles de la dialectique ne peuvent nullement réparer le mal, et servent plutôt à fixer les erreurs, qu'à découvrir la vérité (1). Reste donc une seule ressource, un seul moyen de guérison, c'est de recommencer tout ce travail de l'entendement humain, de ne jamais l'abandonner à lui-même, mais de s'emparer de lui dès le commencement, de le diriger à chaque pas, et, pour tout dire, de ne le faire travailler qu'à force de machines. Certes si les hommes eussent voulu exécuter tous les travaux méchaniques à l'aide de leurs seules mains,

---

tions vraies, des principes faux ; et de principes vrais, des conséquences fausses ; ou exprimer avec peu de justesse ces notions, ces principes, ou ces raisonnemens ; enfin, mal ordonner ces pensées ou ces expressions.

(1) Parce que, se flattant de bien raisonner, lorsque d'un principe faux ou douteux qu'on croit incontestable et qu'on n'examine point, on déduit une conséquence juste, c'est-à-dire une erreur ou une opinion hazardée, on s'en tient à ce résultat.

ils n'auroient pu mouvoir que de fort petites masses, et ils n'auroient fait, en ce genre, rien de grand. Mais faisons ici une courte pause, pour contempler, dans cet exemple même, comme dans un miroir fidèle, la vanité de nos prétentions et l'inutilité de nos efforts : supposons qu'on eût dessein de transporter un obélisque d'une grandeur extraordinaire, pour servir de décoration à un triomphe ou à quelque autre fête de ce genre, et que ceux qui auroient entrepris ce travail, voulussent l'exécuter avec leurs seules mains, un spectateur de sang froid ne les prendroit-il pas pour une troupe d'insensés? Que si, augmentant le nombre des ouvriers, ils espéroient, par ce seul moyen, venir à bout de leur dessein, ne lui sembleroient-ils pas encore plus fous? Si encore, faisant un choix dans cette multitude, et renvoyant les plus foibles pour n'employer que les plus vigoureux, ils se flattoient d'avoir tout fait par ce choix, ne lui sembleroient-ils pas au comble de la folie? Enfin, si, non contens de tout cela, et recourant à l'art de la gymnastique, ils ordonnoient que chaque ouvrier eût à ne se présenter au travail qu'après avoir enduit ses bras, ses mains et tous ses muscles de ces substances onctueuses dont les athlètes faisoient usage autrefois, et suivi exactement le régime qu'on leur prescrivoit ; ce spectateur, plus étonné que jamais, ne finiroit-il pas par s'écrier : voilà des gens qui extravaguent avec une sorte de prudence et de méthode? Que de peine perdue !.... Eh bien! c'est avec un zèle aussi extravagant et avec des efforts aussi impuissans, que les hommes s'attroupent pour exécuter les travaux intellectuels, attendant tout soit de la multitude et de l'accord des esprits, soit de la pénétration et de la supériorité de génie, ou encore pour donner à leur esprit plus de nerf et de ressort, recourant à la dialectique, sorte d'art très analogue à celui des athlètes; mais en dépit du zèle et de l'activité qu'ils mettent dans leurs travaux philosophiques, ils sont forcés de convenir qu'ils y appliquent leur entendement tout nud. Cependant il n'est pas douteux que, dans toute œuvre qu'exécute la main humaine, il est impossible, sans le secours des instrumens et des machines, d'augmenter à un certain point la force de chaque individu, et de faire concourir efficacement les forces de tous; il en est de même des opérations de l'esprit.

Notre dessein toutefois, en proposant une nouvelle marche philosophique, n'est rien moins que de déposséder la philosophie aujourd'hui en honneur, ou toute autre actuellement existante ou à exister, qui pourroit être ou plus exacte, ou plus complette; nous n'empêchons pas que ces philosophies reçues ne servent à fournir un sujet aux disputes, un texte aux entretiens, ou des méthodes abréviatives et des facilités de toute espèce dans les affaires et dans les différentes professions; qu'on les emploie, si l'on veut, à ces usages; nous devons même déclarer que cette philosophie que nous proposons, ne seroit pas d'un grand service dans le commerce ordinaire de la vie. Ce n'est pas un objet qui soit comme sous la main, et que tous puissent saisir aisément; elle ne flatte point l'esprit humain, en se mariant aux préjugés dont il est rempli; elle ne s'abaissera point à la portée des esprits ordinaires, et ils ne la pourront saisir que par ses effets et son utilité.

Ainsi, pour montrer une égale faveur à ces deux espèces de philosophie et ménager les intérêts de l'une et de l'autre, distinguons deux sources différentes de philosophie et deux départemens des sciences, ainsi que deux tribus ou familles de philosophes et de contemplatifs, familles qui ne sont nullement étrangères l'une à l'autre, encore moins ennemies par état, mais au contraire intéressées à resserrer par des secours mutuels ces liens naturels qui les unissent, et à former entre elles une sorte de confédération : en un mot, distinguons un art de *cultiver les sciences*, et un art de les *inventer*. S'il se trouve des personnes à qui le premier paroisse préférable et plaise davantage, soit par sa marche prompte et facile, soit à cause du fréquent usage dont il peut être dans la vie ordinaire, soit enfin parce qu'un défaut de vigueur dans l'esprit, les rend incapables de saisir et d'embrasser dans toute son étendue cette seconde philosophie plus vaste et plus difficile (motif qui sera probablement celui du plus grand nombre), nous faisons des vœux pour eux, et leur souhaitons les plus heureux succès, les laissant libres de suivre le parti qu'ils ont pris. Mais s'il existe un mortel courageux qui ait un vrai désir, non de rester comme cloué aux découvertes déjà faites et d'en faire simplement usage, mais d'ajouter lui-même à ces inventions; non de l'emporter sur un adversaire par sa dextérité dans la dispute, mais de vaincre la nature même par les œuvres; un homme, dis-je, qui ne perde point le temps à entasser d'imposantes vraisemblances, mais qui soit jaloux d'acquérir une véritable science, une science certaine, et qui se démontre elle-même par ses œuvres; celui-là nous le reconnoissons pour un légitime enfant de la science; qu'il daigne se joindre à nous, et que, laissant derrière lui cette facile entrée des routes de la nature, route si long-temps battue par la multitude, il ose pénétrer avec nous jusqu'aux parties les plus reculées. Mais pour mieux faire entendre notre pensée, et rendre les idées plus familières en y attachant des noms, appellons l'une de ces deux routes ou méthodes, *anticipations;* et l'autre, *interprétation de la nature;* noms par lesquels nous les distinguons ordinairement. Voilà une distinction que, pour bien saisir le véritable *esprit* de cet ouvrage, il ne faut jamais perdre de vue.

Quant au *sujet,* cette seconde partie est spécialement destinée à l'exposition d'une science qui apprend à exercer sa raison d'une manière plus sûre et plus parfaite qu'on ne l'a pu faire par toutes les méthodes découvertes ou publiées jusqu'ici; science dont le *but* est d'élever l'entendement humain, de reculer les limites de ses facultés, et de le mettre en état de surmonter les difficultés sans nombre que présente l'étude de la nature. Car à l'interprétation proprement dite sont consacrés trois autres livres; savoir: le troisième, le quatrième et le sixième; le cinquième uniquement composé de ces *anticipations* (ou conclusions hâtives) qui sont le produit de la raison appliquée suivant la méthode ordinaire, n'étant que *provisoire;* conclusions qui, vérifiées et fixées par notre méthode, nous conduiront peu à peu au sujet du sixième. Ainsi le *sujet propre* de ce livre est l'*entendement même*, je veux dire, *l'art de le rectifier et de le diriger;* c'est, en quelque manière, le tableau de tout cet appareil de moyens qui doit nous conduire à la plus parfaite administration de la raison humaine. Et quoique ce nom même de *logique* ou de *dialectique* ait pour nous je ne sais quoi de choquant, vu ce grand nombre de fausses méthodes auxquelles on l'applique, cependant notre dessein étant de conduire les hommes avec ménagement et par les routes qui leur sont familières, disons que cet art que nous allons exposer, a en effet quelque rapport avec la logique vulgaire, qui fait aussi profession, et s'efforce de procurer des secours à l'entendement; mais outre plusieurs autres différences qui distinguent la nôtre de la logique ordinaire, elle en diffère principalement en trois choses; savoir: la *manière de commencer les recherches*, la *marche des démonstrations* et le *but* ou la *destination*. La nôtre, en commençant une recherche, prenant les choses de beaucoup plus haut, *soumet à l'examen* ce que la logique ordinaire *adopte sur la foi d'autrui*, et en déférant aveuglément à l'autorité; elle renverse tout-à-fait l'ordre qu'on suit ordinairement, soit pour démontrer les propositions, soit pour découvrir ou vérifier les principes, ou encore pour former les notions mêmes, et pour entendre le témoignage des sens. Au lieu de *s'élancer, pour ainsi dire, du premier saut,* comme on le fait communément, *aux principes les plus élevés,* ou aux propositions les plus générales, *pour en déduire* ensuite *les propositions moyennes, partant,* au contraire, *de l'histoire naturelle* et *des faits particuliers,* elle ne *s'élève qu'insensiblement et avec une extrême lenteur, par l'échelle ascendante, à ces propositions si générales et à ces principes du premier ordre;* le *but* de cette science dont elle traite, étant d'*inventer* et de *juger,* non pas simplement des argumens et des probabilités, mais des choses réelles, des moyens effectifs. Telle est donc la vraie *destination* de ce second livre ; passons à sa *distribution.*

De même que, dans la génération de la lumière par réflexion, avant de la projeter sur un miroir, il faut d'abord le polir; puis le placer dans la situation et l'aspect convenables : il faut aussi, dans la génération des sciences, commencer par mettre, pour ainsi dire, de niveau l'aire de l'entendement humain, en le débarrassant de toutes les opinions et les méthodes reçues; puis tourner l'esprit de la manière convenable vers les faits qui doivent l'éclairer; enfin, lorsqu'il est suffisamment préparé, lui présenter ces faits.

Or, la partie *destructive*, qui est la première de notre division, se subdivise en trois autres répondantes aux trois espèces de *fantômes* qui assiègent l'esprit humain. En effet, ce sont ou des fantômes *venus du dehors*, dont les uns, originaires des différentes *doctrines* ou *sectes philosophiques*, s'étant établis dans l'esprit humain, l'ont comme envahi; et les autres tirent leur origine des *fausses méthodes de démonstration*, ou des *fantômes innés* et comme inhérens à la substance même de l'entendement. Car, semblable à un miroir courbe dont la surface fléchissant les rayons qui des objets viennent la frapper, change les images de ces derniers, en raison de cette courbure; l'esprit humain, lorsque les objets l'affectent vivement par l'entremise des sens, ne réfléchit que de fausses images, et à la nature des choses mêle sa propre nature. Ainsi, la première tâche qui nous est imposée, est de licencier et de bannir à jamais ces innombrables légions de théories qui ont livré de si grands combats. Notre seconde tâche est de débarrasser l'esprit humain des entraves que lui ont mises les fausses méthodes de démonstration. La troisième est de réprimer cette force séductive d'où naissent toutes les illusions de l'entendement, et d'en extirper tous les fantômes innés, ou du moins, s'ils ne peuvent l'être entièrement, de les désigner assez clairement pour qu'ils cessent d'en imposer, et que les objets reparoissent tels qu'ils sont; car cette peine et ces précautions que nous prendrions pour ôter toutes les erreurs en philosophie, deviendroient inutiles, quelquefois même nuisibles, si ensuite, de la vicieuse constitution de l'esprit humain, qui en est comme la racine, renaissoient des erreurs nouvelles et peut-être pires. Nous ne devons donc nous arrêter qu'après avoir détruit toute espérance de pouvoir, en appliquant sa raison, suivant la méthode vague du grand nombre, ou les prétendues directions que donne la dialectique, atteindre au véritable but de la philosophie, ou la faire marcher rapidement vers ce but. Ainsi, nous ne pourrons regarder comme complettement traitée cette partie que nous qualifions de *destructive*, qu'après avoir fait trois espèces de *censures* ou de réfutations ; savoir : *censure des différens systèmes philosophiques, censure des méthodes ordinaires de démonstration, censure de la raison native de l'homme* (1). Nous n'ignorons pas que nous aurions pu, sans tant d'appareil, ajouter aux sciences des dé-

---

(1) Il entend ici par *raison native*, la faculté de comparer, déterminée, par sa seule impulsion naturelle et sans la direction d'aucune méthode, à exercer ses fonctions.

couvertes assez grandes, et nous frayer à la réputation un chemin plus doux et plus facile. Mais, ne pouvant prévoir en quel temps un dessein tel que le nôtre se présenteroit à l'esprit de quelque autre mortel, nous avons cru devoir remplir par nous-mêmes les engagemens que nous avions pris et annoncés. Après avoir débarrassé, et, pour ainsi dire, applani l'aire de l'entendement humain, il faut ensuite le tourner d'une manière convenable, et le placer, pour ainsi dire, dans un aspect favorable à l'égard de ce que nous devons lui proposer. Lorsqu'il s'agit d'introduire quelque nouvelle opinion, la prévention contraire ne tire pas seulement sa force du préjugé invétéré en faveur de l'ancienne opinion, mais encore de l'idée fausse et anticipée qu'on se fait de la nouvelle. Il faut donc prévenir aussi cet inconvénient; et ce n'est pas assez de *dégager* l'esprit de ses *liens*, il faut de plus le *préparer;* préparation qui consiste à donner, de ce que nous avons en vue, quelques notions seulement *provisoires* et comme *usuraires*, qui pourront suffire jusqu'à ce qu'on ait une pleine connoissance du sujet qui nous occupe; préparation, dis-je, qui se réduit presque uniquement à fermer tout accès aux soupçons et aux défiances qui, selon toute apparence, naîtroient des préjugés reçus (comme d'une sorte d'affection hypocondriaque et de maladie épidémique), et qu'il faut, avant tout, avoir soin de dissiper; de peur que, suivant l'expression de certain poëte, *nous ne rencontrions quelque visage ennemi qui jette le trouble dans les esprits.* Ainsi, 1°. si quelqu'un s'imaginoit que les secrets de la nature sont comme sous le sceau de la divinité, et soustraits à la sagesse humaine par une sorte d'interdit, nous aurons soin de détruire ce préjugé, né de la foiblesse des uns et de la jalousie des autres, et nous présenterons nos vues de manière que, nonseulement nous n'aurons point à redouter la clameur de la superstition, mais que la religion même sera pour nous,

Si quelque autre venoit à penser qu'en exigeant de l'esprit humain qu'il reste, avec tant de persévérance et de sollicitude, perdu et comme noyé dans les flots de l'expérience et dans la multitude confuse des faits particuliers, nous le jetons dans l'état d'anxiété qui est l'effet naturel de cette confusion, et le tirons de cet état de calme et de sérénité, fruit des spéculations abstraites, qui approche beaucoup plus de celui de la divinité (1).

---

(1) Par cela même que la philosophie abstraite ne roule que sur des *abstractions*, le sujet dont elle s'occupe est aussi *simple* qu'elle le veut; elle le pêtrit et le moule à son gré. Le secret des spéculatifs pour résoudre les problèmes les plus difficiles, est de ne point appercevoir ces difficultés ; comme leur recette, pour se garantir de tous les maux, est de les effacer, pour ainsi dire, en n'y pensant point. Mais cette *tranquillité artificielle* qu'on se procure un instant, en voyant les choses tout autres qu'elles ne sont, ou en se crevant méthodiquement les yeux pour ne les point voir, on la perd dès qu'on est obligé de les employer telles qu'elles sont ; sitôt qu'on veut appliquer à la *réa-*

Nous montrerons, et c'est une distinction que nous espérons établir à jamais (mais à la honte de l'école toute entière, qui ne rougit point d'adresser ses premiers hommages à des spéculations non

———

lité des choses toute cette science *idéale*, on retombe avec nous dans l'infini, sans s'être procuré le fil de l'analyse pour s'en tirer, et l'on court de méprise en méprise. Car les êtres qui peuplent cet univers, tous immédiatement ou médiatement contigus, tous sans cesse agissans et réagissans les uns sur les autres, sont tous causes et effets, buts et moyens, principes et fins les uns par rapport aux autres : *il n'est point d'isle dans l'univers; tout tient à tout, et il y a de tout dans tout :* le sujet de nos études est infini, et l'homme est fini; tel est le véritable point de la difficulté qu'il se propose ici, et le moyen de la lever n'est pas de l'oublier, mais au contraire d'y penser continuellement; autrement le travail dont on s'est dispensé dans un temps, il faut le faire dans un autre, et toute la peine qu'on s'épargne dans le présent, on l'entasse sur l'avenir; et tel est le véritable fruit de cette philosophie toute contemplative, qui substitue les abstractions à l'expérience.

moins stériles que chimériques, et d'en faire une sorte d'apothéose); nous montrerons, dis-je, quelle différence infinie se trouve entre les idées de l'esprit divin et les fantômes de l'esprit humain. D'autres, trop amoureux de leurs contemplations, n'aimeront point à nous entendre ainsi parler sans cesse d'*exécution*, de *pratique*, d'*ouvrages*. De tels discours, rebutans pour leur oreille dédaigneuse, leur sembleront ne convenir tout au plus qu'à de grossiers artisans. Mais nous leur ferons sentir combien ils sont, par une telle manière de penser, en contradiction avec leurs propres désirs; la pureté de la spéculation, et ce genre d'invention qui mène à l'exécution, n'ayant qu'une même base, qu'un même principe et qu'une même fin. Si quelque autre balançoit encore, arrêté par ce préjugé : que cette totale régénération des sciences est une entreprise beaucoup trop vaste et comme infinie, il nous sera facile de lui faire voir qu'elle est au contraire l'unique moyen de mettre fin aux erreurs, en marquant un terme et des limites aux immenses et vagues excursions de l'esprit humain. En effet, cette marche philosophique, qui consiste à faire une exacte et complette analyse des sujets d'observation, sans trop s'attacher aux individus, aux mesures très précises et aux différences minutieuses (degré de précision qui suffit dans les sciences), et à en extraire méthodiquement les notions ou idées, est infiniment plus courte, plus facile, plus à notre portée, et nous met beaucoup mieux en état de distinguer à chaque pas ce qui est fait de ce qui reste à faire, que cette autre manière de philosopher, qui se réduit à des spéculations abstraites et à de vagues méditations. Tout le fruit qu'on retire de cette dernière, c'est de flotter sans cesse entre les opinions contraires, et de tourner perpétuellement dans le même cercle. Quelque personnage grave et judicieux (du moins à ses propres yeux), transportant dans la philosophie cette prudence défiante qui le gouverne dans les affaires, pensera peut-être que toutes nos propositions ne doivent être regardées que comme de simples vœux fondés sur des espérances excessives; qu'au fond, tout ce qu'on pourroit gagner par ces grandes innovations dans l'État philosophique, ce seroit tout au plus de substituer aux anciennes opinions des opinions nouvelles; mais qu'après tout, les affaires humaines n'en iroient pas mieux. C'est se méprendre sur notre objet, lui répondrons-nous; il ne s'agit de rien moins ici que de bâtir un système, ou de fonder une secte; et ce genre de changement que nous proposons, diffère infiniment de tous ceux qu'on a proposés jusqu'ici dans les sciences et la philosophie. En suivant notre méthode, on peut se promettre une abondante moisson d'effets réels, de nouveaux moyens; pourvu que les hommes n'aillent pas, se hâtant de moissonner avant le temps, courir, avec un puéril empressement, après telle ou telle application *fructueuse*, et s'en saisir comme d'autant de garans de l'utilité de leurs découvertes ultérieures.

Les réponses détaillées que nous ferons sur ces différens points, suffiront sans doute pour garantir les hommes de cette sorte de prévention qui pourroit naître de la fausse idée qu'on se seroit faite de notre dessein. Et cette partie que nous qualifions de *préparatoire*, pourra passer pour complettement traitée, quand nous aurons prévenu toutes les objections qui pourroient venir ou de la religion, ou de la prudence des praticiens, et de sa compagne, la défiance, la circonspection, ou de toute autre semblable source. Cependant, afin qu'il ne manque rien à cette partie, il reste à ôter, autant qu'il est possible, cette inertie et cette espèce d'engourdissement occasionné dans certains esprits par ce que notre dessein peut avoir d'étrange. Or, cette mauvaise disposition de l'esprit ne peut être détruite que par l'indication de ses causes; car ici, comme par-tout ailleurs, la connoissance des causes est le seul moyen de faire disparoître tout le merveilleux, et mettre fin à ce stupide étonnement qui enchaîne l'activité des esprits. Ainsi, afin qu'on cesse de s'étonner que le genre humain ait été fatigué, arrêté même par tant d'erreurs diverses et durant tant de siècles, nous aurons soin de désigner distinctement toutes les difficultés, de dénoncer toutes les oppositions insidieuses, de découvrir tous les piéges qui ont jusqu'ici fermé tout accès à la philosophie, ou ralenti sa marche, tels que (1) :

Le petit nombre d'hommes sérieusement occupés d'études philosophiques, et constamment attachés à l'expérience ;

Le but de ces études, mal déterminé, et la méprise universelle sur ce point ;

L'importance qu'on attache à des re-

---

(1) Cette énumération est tirée en partie de l'extrait que Gassendi a fait du *Novum Organum*, dans sa logique, et qu'avant d'avoir découvert cette préface que je traduis, je me proposois de placer ici.

cherches frivoles, ou d'une utilité très bornée ;

Ce nom d'*inventions* qu'on donne à de prétendues découvertes, qui ne sont que des répétitions, de nouvelles combinaisons de choses très anciennes ;

L'excessive admiration pour les écrits et les inventions d'autrui, et une vénération outrée pour l'antiquité ;

Cette pusillanimité qui rend incapable d'entreprendre rien de grand ;

La superstition qui abat les esprits, et les détourne de l'étude de la nature ;

L'artifice, le manège des maîtres pour se faire valoir, et la manière dont ils exercent leurs disciples ;

Le défaut de récompenses et d'encouragemens ;

Ce préjugé : qu'il est impossible de faire de vraies découvertes; que *tout est dit*, etc. etc. (1).

---

(1) Il oublie la situation politique qui est la principale cause de toutes ces causes : si l'on eût présenté à Attila un livre tel que le *Novum Orga-*

Enumération et analyse dont la conséquence naturelle montre assez que nos espérances sont fondées sur les motifs les plus solides. Car, quoique cette véritable interprétation de la nature, dont nous sommes si profondément occupés, soit, avec raison, jugée très difficile; néanmoins, comme nous faisons voir, dans cette discussion, que la plus grande partie de ces difficultés tient à des choses qui, étant en notre disposition, sont, par cette raison même, susceptibles d'amendement et de correction; non à des choses qui excèdent les limites de notre puissance, il s'ensuit que le mal n'est pas sans remède : je veux dire que le fort de cette difficulté n'est pas dans la nature même des choses, ni dans la constitution de nos sens, mais seulement dans l'esprit humain. Tels sont,

---

num, qu'en eût-il fait? lui qui prétendoit que la vraie source de la puissance est la courageuse ignorance, et qui ne le prouvoit que trop péremptoirement.

en peu de mots, le *plan* et l'*esprit* de la partie *préparatoire ;* elle pourra paroître trop longue à ceux qui, oubliant la force des préjugés que nous avons à combattre, auroient souhaité qu'épargnant au lecteur tous ces préliminaires, nous entrassions aussi-tôt en matière ; mais elle nous semble à nous plutôt *insuffisante* qu'*inutile*.

Viendra ensuite la partie *informatoire* (1), dont nous présentons ici l'esquisse d'une manière simple et nue. Les différens moyens qui peuvent contribuer à perfectionner les opérations de l'entendement, se divisent en trois espèces de *services* (ou secours) ; savoir : *service pour les sens, service pour la mémoire,* et *service pour la raison*. En indiquant les secours de la première espèce, nous enseignerons trois choses : 1°. comment des observations et des ex-

---

(1) Qu'on me passe ce mot que la loi de l'analogie m'oblige de forger ; il ne paroîtra qu'une seule fois.

périences, on peut extraire et composer une *notion vraie ;* et comment le témoignage du sens, qui n'indique par lui-même que *des relations à l'homme,* peut être ramené *aux relations à l'univers* (1); car nous ne donnons pas beaucoup aux sens, quant à la perception immédiate, mais seulement en tant que la sensation manifeste un mouvement

---

(1) L'Auteur nous paroît manquer ici d'exactitude et se laisser abuser par les mots. Toutes les *connoissances* que l'homme peut acquérir sur l'univers, sont *originaires des sensations.* Or, selon Bacon lui-même, la *sensation* n'est que la *perception d'un rapport des choses à l'homme, et de l'homme aux choses.* Ainsi les prétendues *relations à l'univers* ne sont autre chose que des *relations* apperçues *entre les relations* à l'homme. Car les *relations* mêmes sont *comparables* entre elles, ainsi que les choses *relatives.* Deux rapports peuvent aussi être de différente ou de même espèce, égaux ou inégaux, simples ou composés, complexes ou incomplexes, etc. il devoit dire : nous enseignerons *comment les relations particulières des choses à l'homme peuvent être ramenées aux relations générales de même espèce.*

ou une altération dans le sujet en question (1); 2°. comment les objets qui échappent aux sens,

Soit par l'excessive petitesse de leur tout;

Soit par la ténuité de leurs parties;

Soit par leur trop grande distance;

Soit par l'excessive lenteur ou vîtesse du mouvement;

Soit encore par la trop grande familiarité de l'objet;

Soit enfin par toute autre cause ou circonstance;

Peuvent être ramenés à la portée des sens, et soumis à leur jugement; et de plus, ce qu'il faut faire dans les cas où

---

(1) Les sens nous informent d'un changement de température, de couleur, de saveur, etc. Ce changement dépend de telle combinaison nouvelle, de mouvemens, et de molécules de telle espèce, de telle figure, de telle grandeur, dans telle situation, absolue et respective, etc. toutes choses dont le sens n'informe point immédiatement, mais que la raison extrait des sensations, en les analysant, les comparant et les combinant.

ces objets ne peuvent être rendus sensibles, et comment on peut suppléer à ce défaut,

Soit à l'aide des instrumens ;

Soit par l'observation délicate de certains degrés (1) ;

Soit par les indications du sensible à l'insensible, que fournit l'observation de corps analogues (2) ;

Soit enfin par d'autres substitutions, ou par toute autre voie. Nous parlerons, en dernier lieu, de l'*histoire naturelle et expérimentale*, mais seulement d'un genre d'histoire qui soit *de nature à pouvoir servir de base à la philosophie*. Nous montrerons aussi

---

(1) Ou en observant les *différens degrés* de la qualité ou manière d'être en question, dans les sujets respectifs, lorsque sa *génération*, ou sa *destruction*, n'y peut être observée.

(2) En substituant aux sujets où la manière d'être en question n'est pas sensible, d'autres sujets analogues où elle est sensible ; afin de conjecturer, par ce qu'on observe dans les derniers, ce qui se passe dans les premiers.

quelle est, dans les cas où l'histoire naturelle vient à manquer, la méthode expérimentale qu'on doit suivre pour y suppléer. En traitant ce sujet, nous indiquerons encore quelques moyens pour *exciter et fixer l'attention*. Car il est, dans l'histoire naturelle et la physique expérimentale, une infinité de choses qu'on sait depuis long-temps, mais dont la connoissance ne laisse pas d'être inutile, parce qu'on ne se les rappelle pas à l'instant précis où l'on en a besoin, faute d'avoir su exciter la *force appréhensive* de l'esprit. Telles sont les trois espèces de *services* qu'on peut rendre aux *sens*. En effet, il est clair qu'on doit fournir aux sens une matière ou des secours, soit pour *suppléer* à leur *impuissance* absolue; soit pour les *redresser* dans leurs *déviations*. On remédie au *défaut de matériaux* par l'*histoire* et les *expériences*; au *défaut de perception* des sens, par des *substitutions*; et à leurs *déviations*, par des *rectifications*.

Voici en quoi consiste l'avantage des *secours* destinés à la *mémoire* : on peut de la multitude immense des faits et de la masse de l'*histoire générale*, détacher une *histoire particulière*, et en disposer les parties dans un ordre tel que le jugement puisse travailler aisément sur ce sujet limité, et exercer la fonction qui lui est propre ; car il ne faut pas se faire une trop haute idée des forces de l'esprit humain, ni espérer qu'il puisse parcourir un grand nombre de faits sans s'y perdre. La mémoire est manifestement insuffisante dans tous les cas, et incapable, soit d'embrasser une immensité de faits, quand il est nécessaire de les considérer tous ensemble ; ou lorsqu'il faut choisir ceux qui se rapportent plus particulièrement à tel sujet limité, de suggérer précisément ceux dont on a besoin. Quant au premier inconvénient, il est facile d'y remédier, et il n'est même, en ce genre, qu'un seul remède, c'est de n'adopter aucune recherche, aucune invention qui ne soit faite *par écrit*. Il en seroit de l'homme qui prétendroit embrasser, par sa seule pensée, la totalité des faits dont la considération est nécessaire pour interpréter la nature, relativement à tel sujet particulier, comme de celui qui se flatteroit de pouvoir faire de mémoire, ou même retenir, tous les calculs d'un livre d'éphémérides. Il est assez clair que nous donnons bien peu à la *mémoire seule* et au *mouvement naturel* et *vague* de l'*esprit*, puisque nous ne voulons pas même de cette invention par écrit dont nous venons de parler, à moins qu'elle ne procède *à l'aide de tables coordonnées au sujet de la recherche*. C'est donc principalement de ce dernier genre de secours qu'il faut s'occuper.

Or, le sujet de la recherche une fois déterminé, limité, séparé de la masse totale des choses, et comme isolé (opération sur laquelle nous donnerons aussi quelques utiles préceptes); ce service, ces secours destinés à la mémoire, se divisent en trois différens offices. 1°. Nous montrerons quels sont, par rapport à un sujet proposé, les *points généraux* ou *genres de faits* vers lesquels il faut principalement tourner son attention; points qui, réunis, seront comme la *topique* du sujet (1). 2°. Dans quel ordre il faut ranger les faits pour en former des tables. Cependant nous sommes bien éloignés d'espérer qu'on puisse, dès le commencement, découvrir la *véritable différence* du sujet (celle qui dépend de *ses relations à l'univers*), et avec assez de *précision* pour qu'il en résulte une *division exacte ;* on ne pourra saisir d'abord qu'une *différence apparente* qui servira tout au plus à diviser passablement le sujet en ses parties. Car la vérité surnagera plutôt à l'*erreur même* qu'à la *confusion ;* et il sera plus facile à la raison de corriger la division, que de pénétrer dans la masse

---

(1) Table de *lieux communs.*

non divisée (1). Ainsi la première opération n'étant que provisoire, nous indiquerons de quelle manière et dans quel temps la recherche doit être renouvellée, et les tables ou mémoires de la première suite doivent être remplacées par d'autres. Car nous voulons que les premières suites de tables ou de mémoires soient, pour ainsi dire, mobiles sur leurs pivots, qu'elles ne soient que des *ébauches* ou *essais de recherche* (2).

---

(1) Pour connoître un *tout*, il faut connoître ses *parties* et leurs relations, soit entr'elles, soit avec la fin du tout : pour connoître ces parties et ces relations, il faut les voir *distinctement;* pour les voir distinctement, les *considérer successivement, une à une;* et pour les considérer ainsi, les *séparer,* les *isoler,* du moins par la pensée. Ainsi, pour *connoître un tout,* il faut le *diviser* en ses parties; lorsqu'il ne s'agit que de les isoler, pour les mieux voir, une division arbitraire peut suffire; et le plus souvent, c'est beaucoup moins telle ou telle division qui est nécessaire, qu'une division quelconque.

(2) En aucun genre, il n'est de règle assez parfaite pour nous mettre en état d'atteindre au but,

Nous ne pourrons défendre victorieusement, et recouvrer nos droits sur la nature, qu'en réitérant les *actions*. Ainsi, le service complet pour la mémoire se divise en trois parties; savoir : *les lieux*

---

du premier coup, parce qu'il n'en est point d'assez complette pour embrasser en entier son objet. D'un autre côté, le tâtonnement seul n'est qu'un *bâton d'aveugle*, comme l'indique le mot qui l'exprime; mais un tâtonnement savant et opiniâtre, combiné avec des règles fixes et sûres, peut tout dans la théorie et la pratique. Tel est l'esprit de sa méthode, dont nous voyons un exemple éternellement subsistant dans la nature même qui a aussi ses loix fixes et son tâtonnement; elle semble quelquefois manquer son coup (témoin les monstres et les sujets difformes), par la même raison que nos règles sont souvent en défaut; *parce que toutes les conditions nécessaires pour exécuter son œuvre, ne se trouvent pas toujours réunies;* rien de plus simple; l'agent universel tâtonne, dans l'homme et hors de l'homme; il est le même par-tout : le meilleur modèle pour l'homme est la puissance même qui l'a formé, qui l'anime; et comme dans la nature *tout essaie*, la première de toutes les règles est d'*essayer beaucoup*.

d'invention, *l'art de dresser et combiner les tables*, et *la méthode à suivre en réitérant les recherches*. Reste donc à parler des *secours destinés à la raison*, et auxquels sont subordonnés ceux des deux premiers genres. Car, à l'aide de ces deux premiers *services*, on ne peut établir un véritable *principe*, mais une *simple notion*, coordonnée à l'histoire méthodique dont elle est extraite (1); notion, dis-je, constatée, vérifiée par le *premier service*, et tellement représentée par le second, que nous en soyons, pour ainsi dire, en possession.

Quant *aux secours destinés à la raison*, nous devrons naturellement préférer ceux qui l'aideront le mieux à exercer la fonction qui lui est propre, et à

---

(1) Il entend ici par *notions*, non pas les idées élémentaires dont l'union ou la séparation constitue un principe; mais cette connoissance anticipée, vague et imparfaite du principe même, qu'on a d'abord tirée des tables de faits, par voie de simple énumération, et qui n'a pas encore été vérifiée ou rectifiée par sa méthode.

remplir sa destination. Or, la raison n'a qu'une seule manière d'opérer; mais elle peut avoir deux *fins distinctes, deux usages différens;* car le but de l'homme peut être ou de *savoir* et de *contempler*, ou *d'agir* et d'*effectuer;* et l'on a en vue ou la connoissance et la simple contemplation de la cause, ou la nature de l'effet et l'étendue de son influence. Ainsi, connoître la cause d'un effet proposé, ou d'une nature (1) donnée dans toute espèce de sujet où elle se trouve, est le véritable but de la science humaine; et sur une base matérielle donnée, enter un effet quelconque, ou telle nature qu'on voudra, (dans les limites toutefois du possible) est le but de la puissance humaine. Mais pour peu qu'on ait de pénétration et de justesse dans les idées, on reconnoît aisément que ces deux buts, en apparence différens, ne laissent pas de coïncider; ce qui joue le rôle de *cause,* dans la

---

(1) Qualité, mode, ou manière d'être.

théorie, joue celui de *moyen*, dans la pratique. *Savoir*, c'est *connoître les causes*; *exécuter*, c'est *employer les moyens* répondans à ces causes. Et si tous les moyens nécessaires pour exécuter toute espèce d'ouvrages à volonté, étoient en la disposition de l'homme, il seroit assez inutile de traiter séparément ces deux sujets. Mais comme les opérations de l'homme sont resserrées dans des limites beaucoup plus étroites que sa science, vu les nécessités sans nombre et la pénurie de l'individu, ensorte que ce dont on a le plus souvent besoin dans la pratique, c'est beaucoup moins une connoissance *générale* de tout ce qui peut être exécuté, qu'une sorte de prudence, de sagacité, de tact, pour choisir ce qui se trouve le plus sous la main, il nous paroît plus à propos de distinguer ces deux espèces de sujets, et de les traiter séparément. Cependant nous emploierons la même division dans les deux cas, afin que ce troisième genre de secours s'applique également à la partie spéculative et à la partie active.

Quant à la partie spéculative, elle se réduit à un seul point ; savoir : à établir un axiôme vrai (1), (ou un tout com-

---

(1) Un *axiôme*, dans la langue reçue, est *une proposition* évidente par elle-même; ce qui suppose qu'il en est de telles, mais au fond il n'en est point : celles qu'on désigne par cette qualification, ne sont que des énoncés collectifs de faits analogues et très familiers ; et les axiômes, ainsi que les définitions géométriques, sont de même nature. Si nous n'eussions jamais vu, touché, etc. de triangles, nous n'aurions point l'idée de cette figure, et nous ne pourrions la définir. Il me suffit, dit-on communément, d'avoir l'idée de *tout* et l'idée de *partie*, pour voir à l'instant que *le tout est plus grand que sa partie*. Sans doute ; mais si vous n'eussiez jamais vu, touché, etc. aucun tout, ni aucune partie, vous n'auriez point ces deux idées, et par conséquent vous ne pourriez les unir pour en former cette proposition. Tout être qui n'auroit jamais rien *senti*, ou jamais *remarqué ses sensations*, ne pourroit rien *savoir*; il ne sauroit pas même qu'il existe. Or, sentir et remarquer ce qu'on sent, c'est observer, c'est acquérir de l'ex-

posé de faits identiques); car les propositions de ce genre sont les seules qu'on doive regarder comme une *solide* portion de la vérité; une simple notion n'en étant pour ainsi dire que la *surface*. Or, cet axiôme, on ne peut l'extraire des faits qu'à l'aide de la forme d'induction légitime et proprement dite;

---

périence ; ainsi toute *évidence est fille de l'expérience;* et une proposition évidente par elle-même est une proposition *qu'une continuelle expérience établit immédiatement pour tous,* et qui, par cette raison, n'a pas besoin d'être établie par d'autres propositions. C'est en ce sens qu'il faut prendre ce mot *axiôme* qu'il emploie ici; avec cette différence toutefois, que sa méthode épargne presque tous les frais de cette expérience. Une proposition établie par cette méthode est aussi certaine et aussi ferme que les axiômes et les définitions géométriques qui ont la même origine; les cercles, les triangles *réguliers,* etc. de la géométrie n'étant originellement que des cercles et des triangles réels dont, par abstraction, nous avons ôté les *irrégularités,* c'est-à-dire, *ce qui nous gênoit, pour les mesurer plus commodément,* ou en faire *des mesures plus commodes.*

méthode qui, après avoir suffisamment décomposé et analysé l'expérience, *conclut nécessairement* à l'aide d'*exclusions et de rejections* convenables (1); car l'induction vulgaire, qu'on ne laisse pas d'employer à établir ces propositions, qu'on qualifie de *principes*, n'est qu'une méthode d'enfant, dont les conclusions sont précaires et exposées à être renversées par le premier exemple contradictoire qui se présente. Aussi les dialecticiens, qui apparemment en sentoient le foible, n'ont-ils pas daigné s'en occuper sérieusement, et après l'avoir touchée en passant, l'ont-ils abandonnée pour traiter d'autres sujets (2).

---

(1) Il *exclut* d'abord de ses tables tous les faits non concluans; et plus le nombre des faits est réduit par ces exclusions, plus aussi les *faits caractéristiques* où la cause cherchée se manifeste, sont faciles à appercevoir ; sa méthode n'est que l'art de *choisir* et de *simplifier*.

(2) Il s'agit ici de cette induction superficielle qui procède par voie de *simple énumération*, sans exclure ou rejeter les faits inutiles à la recherche,

Au reste, il est évident que ces conclusions que l'on déduit par une induction quelconque, on les *juge* en même temps et sans faire un choix d'observations et d'expériences qui puissent prouver, non-seulement que le principe à établir *n'a pas encore d'exceptions*, mais même *qu'il ne peut en avoir*. Mais il est ici une distinction à faire, pour montrer en quoi précisément consiste l'utilité de la méthode du *Novum Organum*, et que l'auteur n'a point faite. La science de tout homme mûr et judicieux est en partie composée d'un certain nombre de maximes qui n'ont certainement été ni formées ni vérifiées par la méthode de Bacon, et qui n'en sont pas moins solides : cette solidité, elles la doivent à la multitude immense de faits et d'individus qui les vérifient à chaque instant. Mais, comme les faits scientifiques sont beaucoup moins réitérés, moins variés, ou, si l'on veut, moins observés, l'on n'en doit extraire les principes qu'avec les précautions qu'il exige. Dans ceux de ce dernier genre, le *choix* doit compenser le *petit nombre*. Avant de tirer des conséquences de certains faits, décomposez-les et variez-en toutes les circonstances autant qu'il est possible ; ou observez-les dans des sujets où ces circonstances sont très variées. Enfin, remarquez *ce en quoi ils diffèrent de tous*

qu'on les *invente*; qu'elles ne dépendent point des principes les plus élevés, ni des propositions moyennes; mais qu'elles subsistent par elles-mêmes, doivent à leur propre masse toute leur solidité, et n'ont pas besoin d'être prouvées par d'autres propositions. A plus forte raison doit-on penser que les axiômes extraits des faits, à l'aide de la véritable forme d'induction, se suffisent à eux-mêmes; qu'ils sont plus certains et plus solides que ces propositions auxquelles on donne ordinairement le nom de *principes* (1); et c'est celle de ce dernier

---

les autres, et se ressemblent entr'eux : voilà en deux mots la logique vulgaire. Mais cette voie est la plus longue; au lieu qu'en faisant parmi les faits un choix dirigé par la méthode du *Novum Organum*, on peut découvrir ou vérifier, en un seul jour, ce qu'on n'eût peut-être pas découvert ou vérifié en dix années.

(1) Une proposition ne peut passer pour solidement établie, si elle ne l'est immédiatement ou médiatement sur d'autres qui le sont elles-mêmes immédiatement sur l'expérience : mais, plus on

genre que nous appellons ordinairement *formule d'interprétation*. Aussi le sujet que nous traitons avec le plus de soin et de clarté, c'est la confection des axiômes et cette formule même d'interprétation. Restent pourtant trois opérations qui, jointes à cette première,

---

laisse d'intervalles entre l'expérience et les propositions à établir, plus on s'expose à l'erreur; et Sgravesande, dans sa logique, donne une formule pour calculer le degré d'incertitude d'une conjecture, à mesure qu'elle s'éloigne des observations directes. Si l'on suppose que la probabilité de la conjecture fondée immédiatement sur l'expérience, est exprimée par la fraction $\frac{1}{3}$, celle d'une seconde conjecture fondée sur cette première, n'est plus que $\frac{1}{9}$; celle d'une conjecture du troisième ordre $\frac{1}{27}$, etc. c'est-à-dire, comme la fraction qui exprime la probabilité de la conjecture immédiate, élevée à une puissance dont l'exposant est égal au nombre de pas qu'on fait en s'éloignant de l'expérience. Rien de plus gratuit sans doute que la supposition sur laquelle est établi ce calcul; puisque la probabilité de la conjecture immédiate est incalculable, les sensations qui sont la base du tout étant incommensurables. Mais son heureux

mènent plus sûrement au but; opérations de la plus grande importance, et sans l'explication desquelles notre méthode, toute puissante qu'elle est dans ses effets sur l'entendement, seroit encore très-difficile à appliquer; je veux parler des opérations nécessaires pour rendre la recherche *continue*, la *varier*

---

effet sur un bon esprit est de le rendre circonspect, et de le déterminer à s'en tenir toujours aux conjectures immédiates, lorsque l'observation est impossible. Or, par la méthode de Bacon, tous les principes sont établis immédiatement sur l'expérience. Sa méthode ne suppose rien; elle vérifie tout; elle force l'homme le plus savant à recommencer toutes ses études; et voilà précisément pourquoi elle abrège : car, si ce prétendu savant continue à raisonner, en posant des préjugés pour principes, pour peu qu'il soit de bonne foi avec lui-même, tôt ou tard il s'appercevra de sa méprise; et après avoir long-temps bâti sur l'erreur, il lui faudra ensuite tant d'années pour abattre, qu'il ne lui en restera plus assez pour rebâtir. Bâtissons sur le fondement inébranlable du *Novum Organum*, et notre science sera éternelle comme le monde dont elle sera l'image.

et la *resserrer*, ou l'*abréger*, afin qu'il ne reste dans l'art d'interpréter la nature, ni interruption, ni disconvenances, ni longueurs, vu la courte durée de la vie humaine. Ainsi nous montrerons comment on peut se prévaloir des axiômes déja découverts à l'aide de la formule, pour chercher et former les axiômes plus généraux et plus élevés; afin qu'on s'élève par degrés, et par des degrés non interrompus, à l'unité de la nature; méthode toutefois à laquelle nous aurons soin d'en joindre une autre, pour examiner et vérifier, à l'aide de ces expériences mêmes dont on sera parti, ces axiômes supérieurs; sans quoi l'on retomberoit dans les conjectures, les simples probabilités et les idées phantastiques. Voilà en quoi consiste cette doctrine que nous appellons art de rendre la recherche *continue*. Quant à celui de la *varier*, ce n'est autre chose que l'art d'approprier les recherches aux natures diverses, soit des *causes* dont la découverte est le *but* de ces recherches, soit des *choses mêmes* qui en sont le *sujet*. Ainsi, abandonnant les *causes finales*, dont l'indiscrette introduction dans la physique a dénaturé cette science, et sans remonter si haut, nous nous contenterons de prendre les choses à ce point où il ne s'agit que de varier la recherche des différentes formes, et de l'approprier successivement à leur diversité; formes dont la découverte, regardée jusqu'ici comme impossible, a été avec raison abandonnée par ceux qui l'avoient rendue telle pour eux-mêmes, par la marche trompeuse qu'ils suivoient. Car le plus puissant et le plus heureux génie est encore insuffisant pour découvrir la forme de quelque sujet que ce puisse être, par le seul moyen des anticipations (1) ou des méthodes d'argumentation de la dialectique.

Viendra ensuite la recherche des *cau-*

---

(1) En tirant des faits, sans cette marche graduelle et ces exclusions de faits inutiles, dont il parle si souvent, des conclusions hâtives et trop générales.

ses efficientes et des *causes matérielles*, ou *matières*; non des causes efficientes éloignées, ni des matières *communes*; mais des causes *prochaines* et des matières *préparées* (1). Or, ce genre de recherche, pour éviter les répétitions, l'affectation et les longueurs, nous l'appellerons recherche du *progrès caché*. Et par *progrès caché*, nous entendons l'*ordre*, la *suite de degrés ou gradation* d'où résulte le changement à expliquer (2); c'est-à-dire, l'effet opéré

---

(1) Pour entendre ce passage, il faut savoir qu'il regarde comme possible à l'homme la transformation d'un corps d'une espèce en un corps d'une autre espèce; et il fait entendre ici que celle d'un corps d'une espèce en une autre espèce *très différente*, est l'objet de la *métaphysique* ou *physique générale;* et que la *physique particulière* ne doit considérer que le passage d'un corps de telle espèce à telle autre espèce *peu différente*, à l'aide d'une *cause prochaine*, et d'une *matière déjà disposée à ce changement*.

(2) Il y a ici quatre choses à considérer : les différentes espèces de substances qui se combi-

par le mouvement de la cause efficiente et des qualités variables ou accidentelles

nent, les différentes espèces de mouvemens aussi combinées, leurs accroissemens ou décroissemens, et leurs combinaisons. Ainsi, ces deux mots, que j'emploierai comme lui pour abréger, peuvent être traduits par ceux-ci, qu'ils représenteront toujours, et qu'on pourra y substituer ; trouver *par quelles combinaisons et gradations d'élémens matériels et de mouvemens élémentaires et généraux, un corps passe d'une forme à d'autres peu éloignées :* par exemple, de celle d'œuf à celle de poulet entièrement formé ; ou encore de la forme de cinabre à celle de mercure coulant, et réciproquement. Or, par *élémens matériels,* il ne faut pas entendre ici *les élémens les plus simples et indivisibles* de la matière ; mais de *petits touts* composés d'autres touts, composés eux-mêmes d'élémens primitifs, et considérés comme simples relativement au tout dont on veut expliquer la formation ou la dissolution, et *de l'étage de composition* immédiatement inférieur. Car, pour bien concevoir comment de la seule combinaison et permutation d'un certain nombre d'élémens primitifs et indivisibles de la matière, résulte toute la diversité des grands composés, il faut distinguer différens *étages ou ordres de composition.* Les

de la *matière* (1). Cette autre méthode de variation qui s'accommode aux na-

touts formés chacun de deux élémens, ou plutôt de deux espèces d'élémens primitifs, seront les composés du premier ordre ; les touts composés de différens touts du premier ordre, seront les composés du second ordre, et ainsi de suite.

(1) L'univers, disoit Platon, ou lui faisoient dire ses commentateurs, est composé du *même* et de *l'autre*. *L'autre* désigne les qualités accidentelles, variables, passagères, particulières, composées de la matière, et les causes efficientes prochaines, les deux objets dont il est ici question. *Le même* désigne les qualités essentielles, universelles, éternelles et immuables de la matière, et les causes premières ou éloignées. Les dernières sont ce que Bacon appelle *formes, causes formelles, causes essentielles,* ou *essences* des choses ; en un mot, le *quoi précis* de chaque chose ; non le *quoi senti*, mais le *quoi apperçu par la raison*, et extrait des sensations par sa méthode. Au reste, ces ridicules expressions des commentateurs de Platon, *le même* et *l'autre*, doivent être traduites par celles-ci, le *principe permanent* et le principe *variable*. On pourroit même dire les *principes* ; savoir : le *fonds matériel*, la *force qui serre*, et la *force qui écarte* ; car New-

tures diverses des différens sujets, naît de deux conditions différentes qui peuvent les varier; savoir : ou de leur simplicité et de leur composition; la méthode qui dirige la recherche devant se diversifier selon que les sujets sont simples ou composés, ou d'une nature douteuse à cet égard, ou de l'abondance et de la disette des faits qu'on peut se procurer pour exécuter une recherche. Lorsque les faits abondent, la méthode est facile; mais lorsqu'ils sont en petit nombre, on est plus à l'étroit, et alors ce n'est qu'à force d'art, de sagacité, d'ingénieux équivalens qu'on peut remplir ce vuide. Voilà, je pense, tous les points qu'il faut traiter pour compléter cette méthode de variations dans les recherches. Reste à parler de la ma-

---

ton lui-même ne pouvant se tirer d'affaire avec une *force unique*, a été obligé, sur la fin de sa vie, de supposer aussi une *force répulsive*; supposition qui est une conséquence nécessaire et immédiate de ses principes.

nière de les *resserrer*, afin qu'on puisse, à l'aide de nos indications, non-seulement se frayer une route où il n'y en avoit point, mais de plus abréger les routes connues. Cette méthode, comme toute autre voie abrégée, consiste principalement dans le *choix*. Or, dans tout ce qui peut être l'objet de nos recherches, il est deux espèces de prérogatives qui contribuent efficacement à les abréger; savoir : les prérogatives des faits ou exemples lumineux, caractéristiques, et dont un petit nombre peut tenir lieu d'un grand nombre d'autres pris au hazard; genre de choix dont l'avantage est d'économiser sur la masse de l'histoire, d'épargner à l'esprit des recherches vagues et pénibles, de longs tâtonnemens. Puis nous indiquerons quels sont les sujets par lesquels il faut commencer l'interprétation de la nature, et qui étant approfondis les premiers, peuvent la rendre ensuite plus facile, soit parce que ces sujets sont de telle nature, qu'étant bien éclaircis, ils répandent un grand jour sur les suivans; soit à cause de la généralité de cette sorte de sujets; soit enfin à cause de la certitude dont de telles recherches sont susceptibles en elles-mêmes, ou de l'utilité dont elles peuvent être dans la physique expérimentale et les arts méchaniques. Ici se terminera la doctrine des *secours* qui se rapportent à la *partie spéculative*.

La partie active, et les secours qui lui sont destinés, se divisent en trois doctrines. Mais, avant de les indiquer, il est deux avertissemens nécessaires pour nous faire jour dans les esprits. Le premier est que, dans ce genre de recherches qui procèdent à l'aide de la formule d'interprétation, la pratique se mêle continuellement à la théorie. Car, en conséquence de la nature même des choses, ces axiômes et ces propositions qu'on déduit de propositions plus générales, et qu'ensuite, en les développant, l'on résout en nouveaux faits particuliers et en moyens nouveaux, ne fournissent que des indications obscures et incertaines (1), au lieu que l'axiôme qu'on a déduit des faits particuliers, conduit, par une route sûre, bien connue et toujours la même, à de nouveaux faits particuliers qui correspondent visiblement aux premiers. Le second avertissement est que les hommes

---

(1) En dénombrant les inconvéniens du raisonnement substitué sans nécessité à l'expérience, j'en trouve huit : voici les cinq principaux. 1°. Lorsqu'on fait, sur quelque partie d'un sujet, un raisonnement très composé, on n'est jamais certain de n'y avoir pas laissé entrer quelque proposition fausse ou douteuse. 2°. Lorsqu'on analyse un sujet un peu composé, pour raisonner sur ses parties, on n'est jamais assuré d'avoir fait entrer dans cette analyse, toutes les considérations nécessaires, et l'expérience seule peut certifier qu'elle est complette. 3°. Toute la certitude qui peut résulter du raisonnement le plus exact, n'équivaut jamais à ce sentiment d'assurance et de sécurité que donne la pratique. 4°. Comme le raisonnement n'ébranle pas l'imagination, non-seulement il ne donne pas l'activité nécessaire pour réaliser par l'exécution les vérités auxquelles il conduit, mais il l'ôte; trop souvent il indique d'excellentes rè-

ne doivent pas oublier que la recherche *active* doit être exécutée à l'aide de l'*échelle descendante* dont nous nous sommes interdit l'usage dans la partie contemplative. Car toute opération réelle n'a pour objet que les individus qui sont placés au degré le plus bas de cette

---

gles qu'il empêche de suivre; ce n'est que la partie laborieuse d'un métier de paresseux. 5°. Un raisonnement prouve tout au plus la possibilité de la chose conclue; il la *démontre*, mais il ne la *montre* pas; au lieu que l'*exemple* en montre la *réalité* et en offre un *modèle*, en présentant la *chose déja faite*. La conséquence d'un raisonnement d'une rigoureuse exactitude semble un ordre : or, l'homme, animal imitateur et orgueilleux, aime mieux suivre un modèle, qu'obéir à un ordre. D'un autre côté, les trois principaux avantages du raisonnement sont, 1°. de suppléer l'observation, lorsqu'elle est tout-à-fait impossible; 2°. d'indiquer de nouvelles observations à faire; 3°. de préparer à l'expérience, en disposant à observer attentivement ce qui mérite de l'être ainsi, ou en épargnant des surprises quelquefois nuisibles.

échelle (1). Ainsi des sujets les plus généraux il faut redescendre aux individus

(1) Quoiqu'il soit souvent parlé, dans les ouvrages de Bacon, de l'échelle ascendante et descendante des axiômes, on ne l'y trouve point; mais, par l'usage auquel il la destinoit, on voit assez ce qu'elle doit être. Je suppose qu'ayant découvert, dans quelques cas particuliers, ce principe : *les manières d'être opposées se succèdent naturellement dans le temps et dans le lieu;* ou cet autre : *sans réaction il n'est point d'action,* je veuille généraliser par degrés l'un ou l'autre, ou plutôt savoir s'il est général, je le vérifie, en l'appliquant successivement à un individu, à une famille, à une ville, à une province, à une nation, à une partie du monde, à un sexe, à l'espèce humaine, au règne animal, aux trois règnes, au globe terrestre pris en masse (terre, mer et atmosphère), au tourbillon solaire, au monde visible; ou bien si, dirigé par la méthode du *Novum Organum,* et par un choix judicieux de faits, je parviens à découvrir et à établir solidement un principe, je puis, en parcourant cette échelle en sens contraire, et particularisant de plus en plus, développer ce principe et le résoudre en un nombre infini de faits, de moyens et de signes nouveaux. Ce n'est point ici la véritable échelle phi-

par les degrés de cette même échelle. Il est de plus impossible de parvenir à ces derniers, à l'aide des axiômes simples; l'indication de toute espèce d'exécution et des règles qui la dirigent, dépendant toujours de la réunion de plusieurs axiômes différens (1).

losophique qui exigeroit un travail immense, et le concert d'un grand nombre de naturalistes et de physiciens; mais un simple et grossier exemple destiné à en donner quelque idée. Ce n'est, comme on le voit, qu'une suite de genres de plus en plus élevés, ou de classes de plus en plus nombreuses. Je suis persuadé que, dans une telle classification, comme dans toutes les autres, il entre beaucoup d'arbitraire, et que toute division de cette nature est bonne, pourvu qu'en employant cette division conventionnelle, on se rappelle continuellement que ce n'est qu'une convention, et qu'on ne veuille pas, d'une simple dénomination, tirer des conséquences physiques, et réaliser une abstraction.

(1) Cette exécution, comme nous le disions plus haut, dépendant toujours de la réunion d'un *certain nombre de conditions*, à chacune desquelles correspond, dans la *théorie*, un *principe*,

Après ces observations préliminaires, venons aux trois doctrines qui sont les trois membres de division de la partie active. La première indique le mode propre et distinct d'une recherche où il ne s'agit plus de découvrir une cause, ou de former un axiôme; mais d'exécuter quelqu'ouvrage, qui alors est le but direct de la recherche. La seconde indique la manière de dresser des tables générales et pratiques, à l'aide desquelles on puisse, avec plus de promptitude et de facilité, déduire de la théorie des moyens pour exécuter des ouvrages de toute espèce. La troisième joint aux deux premières une certaine méthode pour chercher et déduire de nouveaux moyens; méthode imparfaite sans doute, mais qui n'est rien moins qu'inutile, et à l'aide de laquelle on peut, des expériences connues, déduire

---

et dans la *pratique*, une *règle*, la règle totale qui suffit pour diriger une opération quelconque, est nécessairement composée.

d'autres expériences, sans établir aucun axiôme : et comme il est une méthode d'invention qui mène de certains axiômes à d'autres axiômes, il est aussi une méthode inventive qui conduit d'expérience en expérience ; route glissante et peu sûre, à la vérité, mais qui méritoit néanmoins que nous en fissions quelque mention (1). Voilà ce que nous avions à dire sur les secours destinés à la partie active, et formant la dernière partie de notre division. Et tel est, en peu de mots, le plan de la seconde partie de notre restauration des sciences. Mais en finissant, nous donnerons aussi quelques indications sur la manière de concerter et d'associer les travaux philosophiques d'homme à homme, de nation à nation, et de siècle à siècle. Il est temps de traiter en détail la partie destructive, qui est le premier membre

---

(1) C'est celle que, dans le premier ouvrage, il appelle *l'expérience lettrée*, ou *la chasse de Pan*.

de notre division, et dont la destination est de nettoyer l'aire de l'entendement humain (1).

_____

(1) J'ai multiplié les notes dans ce préambule, afin qu'il devînt une sorte d'introduction au *Novum Organum*; il est des connoissances qui deviennent presque inutiles, si on ne les acquiert qu'à l'instant même où il faut les appliquer, et telles sont les notions élémentaires d'une science, parce qu'alors, obligé de comparer et de combiner ces idées imparfaitement acquises, on est tout à la fois occupé de ces opérations et de cette acquisition; ce qui double le travail et finit par rebuter. Un tout composé de parties obscures, ne peut être clair; et la plus sûre méthode pour éclaircir un tout, c'est d'en bien éclaircir les parties: or, une science est un tout dont les notions *élémentaires* sont les parties ou les *élémens*. Une douzaine de ces notions, dégagées d'abord de la masse et bien analysées, portant la lumière par-tout où elles se trouveront, et se trouvant par-tout, éclaireront ainsi l'ouvrage tout entier : au lieu que, si j'eusse retardé ces explications, j'aurois été obligé de joindre des notes plus étendues à tous les endroits où ces notions se seroient trouvées engagées dans la masse. Ainsi, par ces notes préliminaires, j'épargne au lecteur des doutes et de l'ennui. Elles ne sont que

pour la jeunesse : ayant été *élu*, et en quelque manière *salarié* pour contribuer à son instruction, mais hors d'état de le faire verbalement, j'ai dû le faire par écrit. Les personnes plus âgées n'auront pas besoin de mes explications, et je ne vois rien ici qu'un homme d'un âge mûr ne puisse concevoir aisément ; toute la difficulté ne consiste, pour le lecteur, que dans le préjugé même où il est que l'ouvrage est difficile à entendre ; et pour le traducteur, que dans le vice de l'expression, mais sur-tout dans l'affectation de la nomenclature, l'auteur ne s'entendant peut-être pas toujours assez bien lui-même pour se rendre intelligible, et se laissant quelquefois aussi amuser par la singularité de certains mots, de certaines formes dont il me paroît un peu trop amoureux : je dépouillerai souvent de sa simarre notre chancelier, et le ferai marcher plus militairement vers le but. Au reste, le vrai moyen, pour chaque lecteur, de tirer de cet ouvrage tout le parti possible, n'est pas de le lire *passivement*, mais d'appliquer la méthode exposée dans la seconde partie, au sujet qui l'intéresse le plus ; par exemple : au dessein d'établir, par des moyens honnêtes, sa réputation ou sa fortune ; et il suffit pour cela de substituer aux faits relatifs, à la *chaleur* qui est le sujet choisi par Bacon, d'autres faits relatifs à l'un de ces deux autres sujets moins philosophiques, mais plus intéressans. J'ai dû ajouter ces mots, *par des moyens honnêtes ; car la base, l'ame de toute vraie société, de nation à nation, ou d'homme à homme, étant la confiance réciproque, qui est le prix naturel de la justice, les moyens les plus honnêtes sont aussi les plus sûrs, et la justesse des mesures est le prix naturel de la justice des intentions.* Après ce dernier avertissement, plus nécessaire que jamais dans un temps où l'ambition est provoquée par notre situation politique, je puis, sans broyer un poison, ou armer des méchans, interpréter le grand homme qui va parler de *science* et de *puissance*.

Fin de la préface.

NOVUM ORGANUM.

LIVRE PREMIER,

Destiné à dissiper les préjugés et à préparer les esprits.

Quoique le sujet de ce premier livre soit distribué dans cent trente aphorismes, qui, à la première vue, paroissent incohérens, il ne laisse pas d'être traité assez régulièrement : on y apperçoit aisément six parties distinctes, toutes tendantes au même but, et ayant toutes entr'elles des rapports nécessaires. Pour ménager à l'esprit du lecteur quelques repos, et rapprocher des passages expliqués ces notes étendues qui forment notre commentaire, nous avons cru devoir marquer un peu plus ces divisions, à l'aide de six titres; savoir :

I. Observations générales sur le but et les fondemens de la vraie philosophie.

II. Énumération et analyse des principales espèces d'erreurs et de préjugés.

III. Signes de la méprise universelle sur le but et la marche de la vraie philosophie.

IV. Causes de cette méprise.

V. Motifs d'encouragement et d'espérance, naissant de la découverte même de ces causes.

VI. Idée précise qu'on doit se faire de la méthode qui va être exposée.

Mais en divisant ainsi l'ouvrage, nous nous sommes fait une loi de ne point toucher au texte ni même à l'ordre indiqué par les chiffres romains, afin que ceux de nos lecteurs qui n'approuveront pas ce léger changement, puissent, en supprimant ces titres par la pensée, retrouver Bacon tel qu'il étoit.

Nous indiquons par des chiffres les notes les plus courtes, que nous plaçons sous le texte; et par des lettres, les notes plus étendues qui forment le commentaire, et que nous renvoyons à la fin du chapitre. Ce sont principalement ces dernières que nous destinons à la jeunesse, mais plus encore à cette partie de l'autre sexe, qui est déja assez instruite pour souhaiter de s'instruire davantage, et assez judicieuse pour sentir la nécessité de proportionner ses connoissances à celles du nôtre, afin de jouir d'une véritable égalité; car à la longue, et comme nous le lisons dans les derniers événemens, la science triomphe de l'ignorance, et il s'agit cent fois moins d'augmenter la lumière, que de la répandre plus également.

CHAPITRE PREMIER.

Observations générales sur le but et les fondemens de la vraie philosophie.

Aphorisme I.

L'homme, interprète et ministre de la nature, n'*étend* ses *connoissances* et *son action* qu'à mesure qu'il découvre l'ordre naturel des choses, soit par l'observation, soit par la réflexion; il ne *sait* et ne *peut* rien de plus.

II.

La main seule, et l'entendement abandonné à lui-même, n'ont qu'un pouvoir très limité : ce sont les instrumens et les autres genres de secours qui font presque tout; secours et instrumens non moins nécessaires à l'esprit qu'à la main; et de même que les instrumens de la main *excitent* ou *règlent* son mouvement, les instrumens de l'esprit l'aident à *saisir la vérité ou à éviter l'erreur.*

III.

La science et la puissance humaine se correspondent dans tous les points, et vont au même but : c'est l'ignorance où nous sommes de la cause, qui nous prive de l'effet; car on ne peut vaincre la nature qu'en lui obéissant; et ce qui étoit *principe, effet* ou *cause* dans la *théorie*, devient *règle, but* ou *moyen* dans la *pratique*.

IV.

Approcher ou écarter les uns des autres les corps naturels, c'est à quoi se réduit toute la puissance de l'homme; tout le reste, la nature l'opère à l'intérieur et hors de notre vue (*a*).

V.

Les seuls hommes qui se mêlent d'étudier la nature, ce sont tout au plus le méchanicien, le mathématicien (1), le médecin, l'alchymiste (2) et le mage (3); mais tous, du moins jusqu'ici, avec aussi peu de succès que de vraie méthode.

---

(1) Par *mathématicien*, il entend ici celui qui, en construisant des instrumens, réalise ainsi les propriétés mathématiques; car les mathématiques proprement dites ne sont qu'une science d'idées.

(2) Presque tous les chymistes de son temps étoient alchymistes.

(3) Non le *magicien* ou le *sorcier*, mais le savant qui cultive la *magie naturelle* : on verra plus bas quel est l'objet de cette science.

VI.

Il seroit insensé, et même contradictoire, de penser que ce qui n'a jamais été exécuté, puisse l'être autrement que par des moyens qui n'ont pas encore été tentés.

VII.

Au premier coup d'oeil jeté sur les livres, les laboratoires et les atteliers, les productions de l'esprit et de la main de l'homme paroissent innombrables. Mais au fond, à quoi se réduisent cette abondance et cette variété si imposantes? à je ne sais quelle subtilité recherchée : elle consiste bien moins dans le grand nombre des axiômes, que dans une multitude d'opinions et de productions qui ne sont que des conséquences immédiates, ou de faciles applications d'un petit nombre de choses déja connues.

VIII.

Je dis plus : tous ces moyens imaginés jusqu'ici, sont bien plutôt dus au hazard et à la routine, qu'aux sciences et à la méthode. Car ces sciences prétendues dont nous sommes en possession, ne sont tout au plus que d'ingénieuses combinaisons de choses connues depuis long-temps, et non de nouvelles méthodes d'invention ou des indications de nouveaux moyens.

IX.

Au fond, les sources et les causes de tous ces abus qui se sont introduits dans les sciences, se réduisent à une seule, à celle-ci : c'est précisément parce qu'on admire et qu'on vante les forces de l'esprit humain, qu'on ne pense point à lui procurer de vrais secours.

X.

La subtilité des opérations de la nature surpasse infiniment celle des sens et de l'entendement ; ensorte que toutes ces brillantes spéculations et toutes ces explications dont on est si fier, ne sont qu'un art d'extravaguer méthodiquement; et si elles en imposent, c'est que personne encore n'a fait cette remarque (1).

XI.

Comme les sciences que nous possédons ne contribuent en rien à l'invention des moyens, la logique reçue n'est pas moins inutile à l'invention des sciences.

XII.

Cette logique, dont l'*usage n'est qu'un abus*, sert beaucoup moins à faciliter la recherche de la vérité, qu'à fixer (2) les

---

(1) Ludovico Vivès, espagnol, Telèse, napolitain, et Ramus, français, l'avoient faite.

(2) Parce que, s'imaginant que tout l'essentiel de la logique est dans les formes de démonstration, et non dans l'art de découvrir, de vérifier et d'établir les principes qui servent de base à ces démonstrations, après avoir tiré d'un principe faux une conséquence juste, en suivant exactement ces formes, on prend cette erreur méthodique pour une vérité. Et c'est ainsi qu'on peut, en raisonnant juste mille fois de suite, hors une seule (savoir, en établissant le principe), déduire très

erreurs qui ont pour base les notions vulgaires; elle est plus nuisible qu'utile.

XIII.

On ne fait point usage du syllogisme pour inventer ou vérifier les premiers principes des sciences. Ce seroit en vain qu'on voudroit l'employer pour les principes moyens ; c'est un instrument trop foible et trop grossier pour pénétrer dans les profondeurs de la nature. Aussi voit-on qu'il peut tout sur les opinions, et rien sur les choses mêmes.

---

méthodiquement neuf cents quatre-vingt-dix-neuf erreurs. La plupart des nôtres viennent plutôt de la fausseté ou de l'incertitude de nos principes, que de l'inexactitude de nos raisonnemens. Les maximes d'après lesquelles on veut que nous parlions et agissions, sont comme les règles d'un jeu; personne ne souffre qu'on les rappelle à l'examen: et pour réussir dans le monde, il faut, au lieu de chicaner sur les règles du jeu, faire des combinaisons justes et conformes à ces règles. Voilà *pourquoi* et comment les préjugés s'enracinent si profondément, tandis que la vérité effleure les esprits et mollit contre les passions qu'elle contrarie.

XIV.

Le syllogisme est composé de propositions, les propositions le sont de mots, et les mots sont, en quelque manière, les *étiquettes* (1) des choses. Que si les notions mêmes, qui sont comme la base de l'édifice, sont confuses et extraites des choses au hazard, tout ce qu'on bâtit ensuite sur un tel fondement, ne peut avoir de solidité. Il ne reste donc d'espérance que dans la véritable induction, qui peut seule nous bien diriger dans une totale *restauration* devenue indispensable.

---

(1) Ce passage peut aussi être traduit de cette manière; *les mots sont la monnoie des choses*, attendu qu'ils les représentent, comme la monnoie proprement dite représente la valeur des différentes espèces de choses nécessaires, utiles ou commodes. Mais une espèce, un genre, une classe, peut aussi être regardé comme une boîte renfermant un certain nombre de choses semblables et indiquées par une étiquette placée sur cette boîte. Au reste, le choix entre ces deux mots est assez indifférent, il suffit de s'entendre.

XV.

Rien de plus faux ou de plus hazardé que la plupart des notions reçues, soit en logique, soit en physique, comme celles de *substance* (1), de *qualité*, d'*action*, de *passion*, et la notion même de l'*être*; tout cela ne vaut rien, absolument rien, encore moins peut-on faire fonds sur les notions de *densité* et de *rarité* (2), de *pesanteur* et de *légèreté*,

---

(1) Pour être en état de déterminer la notion de la substance en général, et d'en donner une bonne définition, il faudroit connoître toutes les substances, c'est-à-dire, l'univers entier : or, comment le connoîtrois-je, cet univers dont tu me demandes la définition ? Je ne connois pas même parfaitement cet œil qui le contemple, et j'ignore entièrement la cause du mouvement de ces doigts qui écrivent tant de vastes sottises. Il est donc aussi ridicule de *demander* une telle définition, que de vouloir la *donner*: et d'ailleurs elle est aussi *inutile qu'impossible*.

(2) Ce mot a été introduit par quelques physiciens des derniers temps : il étoit nécessaire ; car le mot de rareté désigne seulement ce qu'on ne

d'*humidité* et de *sécheresse*, de *génération* et de *corruption*, d'*attraction* et de *répulsion*, d'*élément*, de *matière*, de *forme*, ni sur une infinité d'autres semblables, toutes notions phantastiques et mal déterminées.

XVI.

Les notions des espèces du dernier ordre (1), comme celles de l'*homme*, du *chien*, du *pigeon*; et les perceptions immédiates des sens, comme celles du

---

rencontre pas souvent, et non ce qui contient peu de matière sous un grand volume. L'or, par exemple, est rare dans l'un de ces deux sens, et dans l'autre, ne l'est pas.

(1) *Species infimas :* depuis l'individu jusqu'à l'être en général, on peut concevoir une infinité de classes de plus en plus nombreuses, dont chacune est genre, par rapport aux classes inférieures, et espèce, par rapport aux supérieures. Or, la première de toutes ces classes, en montant, celle qui touche immédiatement aux individus, est ce que les scholastiques désignoient par ces deux mots.

chaud, du *froid*, du *blanc*, du *noir*, sont beaucoup moins trompeuses ; encore ces dernières mêmes deviennent-elles souvent confuses et incertaines, par différentes causes, telles que la nature variable de la matière, l'enchaînement de toutes les parties de la nature, et la prodigieuse complication de tous les sujets. Mais toutes ces autres notions dont on a fait usage jusqu'ici, sont autant d'*aberrations* (écarts, erreurs) (1) ; aucune n'a été extraite de l'observation et de l'expérience par la méthode convenable.

XVII.

Même licence et même aberration dans la manière de former et d'établir les axiômes, que dans celle d'abstraire les notions ; et l'erreur est dans ces propositions mêmes qu'on qualifie ordinai-

---

(1) Mot qui fait d'avance allusion à l'*aberration* des étoiles fixes, découverte depuis et expliquée par Bradley et Molineux, astronomes anglois.

rement de principes, et qui tous sont le produit de l'induction vulgaire (1). Mais elle est beaucoup plus grande dans les prétendus axiômes et les propositions des ordres inférieurs qu'on déduit par le moyen du syllogisme (2).

XVIII.

Ce qu'on a jusqu'ici inventé dans les sciences, est presque entièrement subordonné aux notions vulgaires, ou s'en éloigne bien peu : mais veut-on pénétrer jusqu'aux parties les plus reculées et les plus secrètes de la nature, il faut extraire de l'observation et former, soit les notions, soit les principes, par une méthode plus exacte et plus certaine ;

---

(1) Parce qu'on les généralise sans précaution et avant de s'être assuré s'ils ont en effet toute l'étendue qu'on leur donne.

(2) Parce qu'alors il y a deux espèces d'erreur : d'abord celle qu'on a commise en formant chaque principe; puis celle qui se glisse dans l'application de ces principes, dirigée par une méthode trompeuse ou incertaine.

en un mot, apprendre à mieux diriger tout le travail de l'entendement humain.

XIX.

Il peut y avoir, et il y a en effet deux voies ou méthodes pour découvrir la vérité : l'une, partant des sensations et des faits particuliers, s'élance, du premier saut, jusqu'aux principes les plus généraux ; puis, se reposant sur ces principes comme sur autant de vérités inébranlables, elle en déduit les principes moyens, ou les y rapporte pour les juger, c'est celle-ci qu'on suit ordinairement : l'autre part aussi des sensations et des faits particuliers ; mais s'élevant avec lenteur par une marche graduelle, et sans franchir aucun degré, elle n'arrive que bien tard aux propositions les plus générales : cette dernière méthode est la véritable ; mais personne ne l'a encore tentée.

XX.

L'entendement abandonné à lui-même, suit précisément la même marche que lorsqu'il est dirigé par la dialectique; c'est-à-dire la première; car l'esprit humain brûle d'arriver aux principes généraux pour s'y reposer : puis, après s'y être un peu arrêté, il dédaigne l'expérience ; mais la plus grande partie du mal doit être imputée à la dialectique, qui nourrit l'orgueil humain par le vain étalage et le faste des disputes.

XXI.

L'entendement abandonné à lui-même, dans un homme judicieux, patient et circonspect, sur-tout lorsqu'il n'est arrêté par aucune prévention née des opinions reçues, fait quelques pas dans cette autre route qui est la vraie ; mais il y avance bien peu ; l'entendement, s'il n'est sans cesse aidé et dirigé, étant sujet à mille inconséquences, et tout-à-fait incapable par lui-même de pénétrer dans les obscurités de la nature.

XXII.

L'une et l'autre méthode partant également des sensations et des choses particulières, se reposent dans les plus générales; mais avec cette différence immense, que l'une ne fait qu'effleurer l'expérience et y toucher pour ainsi dire en courant ; au lieu que l'autre s'y arrête autant qu'il le faut, et avec méthode. De plus, la première établit de prime saut je ne sais quelles généralités abstraites, vagues et inutiles ; au lieu que la dernière s'élève par degrés aux principes réels et avoués de la nature.

XXIII.

Ce n'est pas une légère différence que celle qui se trouve entre les fantômes de l'esprit humain et les idées de l'esprit divin ; je veux dire entre certaines opinions frivoles et les vraies marques, les vrais caractères empreints dans les créatures, et qu'on y apperçoit quand on sait les observer et les voir telles qu'elles sont.

XXIV.

Il ne faut pas s'imaginer que des principes établis par la simple argumentation, puissent être jamais d'un grand usage pour inventer des moyens réels et effectifs, la subtilité de la nature surpassant infiniment celle des argumens. Mais les principes extraits des faits particuliers avec ordre et avec méthode, conduisent aisément à de nouveaux faits particuliers, et c'est ainsi qu'ils rendent les sciences actives.

XXV.

D'où ont découlé ces principes sur lesquels on se fonde aujourd'hui ? d'une poignée de petites expériences, d'un fort petit nombre de faits très familiers, d'observations triviales (1) ; et comme ces principes sont, pour ainsi dire, taillés à la mesure de ces faits, il n'est pas étonnant qu'ils ne puissent conduire à de

---

(1) Le vrai défaut de ces observations n'est pas d'être *triviales;* mais d'être en petit nombre, mal choisies et mal analysées; car les faits les plus communs, et par conséquent les plus généraux, sont la base la plus solide des principes.

nouveaux faits (1). Que si par hazard quelque fait contradictoire qu'on n'avoit pas d'abord apperçu, se présente tout-à-coup, on sauve le principe à l'aide de quelque frivole distinction; au lieu qu'il auroit fallu corriger d'abord le principe même (2).

_____

(1) On peut, d'un certain nombre de faits, bien choisis et analysés avec soin, extraire un principe et l'établir solidement; puis de ce principe consolidé déduire un grand nombre de faits qu'on n'avoit pas été obligé de considérer pour le former, et même qu'on ne connoissoit pas; on le peut, dis-je, par la méthode exposée dans le second livre, et dont l'avantage propre est de prouver, en formant et établissant un principe, qu'il n'a et ne peut même avoir d'exception. Au lieu que, d'un principe découvert ou établi par la méthode ordinaire, c'est-à-dire, par voie de simple énumération, par une sorte d'accumulation de faits et sans aucun choix, on ne peut déduire que les faits dont il est l'énoncé collectif, c'est-à-dire, qu'on n'en peut tirer que ce qu'on y a mis, comme l'a observé l'abbé de Condillac.

(2) C'est ainsi que nous rectifions naturellement les principes les plus solides, d'après lesquels nous

XXVI.

Ce produit spontané de la raison humaine, dont nous faisons usage pour raisonner sur les opérations de la nature, nous l'appellons, par cette raison même, *anticipations* de la nature, attendu que ce n'est qu'une production fortuite, machinale et prématurée. Mais ces

---

nous conduisons; à mesure que nous rencontrons des exceptions qui nous montrent les cas auxquels le principe ne s'applique pas, nous le limitons, nous en resserrons l'énoncé; et après un certain nombre de semblables limitations, il se trouve enfin réduit à sa véritable mesure; mais alors nous sommes obligés de faire tous les frais de l'expérience dont Bacon veut nous épargner la plus grande partie, en nous apprenant à faire d'avance ces limitations; et la méthode du *Novum Organum*, comme il le dit assez souvent lui-même, peut être appellée l'art d'adoucir les misères de la condition humaine, en épargnant aux hommes la plus grande partie de ces expériences, pénibles ou périlleuses, qu'ils seroient obligés de faire eux-mêmes, pour se délivrer ou se préserver de ces maux; en un mot, l'art de devenir sage, aux dépens et aux risques d'autrui.

autres connoissances que nous tirons des choses mêmes, observées et analysées avec méthode, nous les appellons *interprétations de la nature*. Telles sont les deux dénominations que nous employons ordinairement pour communiquer plus aisément nos idées.

XXVII.

Les *anticipations* n'ont que trop de force pour extorquer notre assentiment ; car, après tout, si les hommes étant tous atteints de la même folie, extravaguoient précisément de la même manière, ils pourroient encore s'entendre assez bien.

XXVIII.

Je dis plus : les anticipations subjuguent plus aisément notre raison, que ne le font les interprétations de la nature ; les premières n'étant extraites que d'une poignée de cette sorte de faits qu'on rencontre à chaque instant, que l'entendement reconnoît aussi-tôt, et dont l'imagination est déja pleine. Au lieu que les interprétations étant formées de notions prises çà et là, extrêmement différentes, et fort éloignées, soit les unes des autres, soit des idées communes, ne peuvent aussi promptememt frapper notre esprit; et les opinions qui en résultent, ne se mariant pas aussi aisément aux opinions reçues, semblent étranges, incroyables, *mal-sonantes,* et sont comme autant d'*articles de foi.*

XXIX.

Les anticipations et la dialectique sont assez utiles dans les sciences qui ont pour base les opinions et les maximes reçues; vu qu'alors il s'agit plus de subjuguer les esprits que les choses mêmes.

XXX.

Quand tous les esprits de toutes les nations et de tous les siècles, concertant leurs travaux, et se transmettant réciproquement leurs prétendues découvertes, formeroient une sorte de coalition, les sciences n'en feroient pas de plus grands progrès par le seul moyen des anticipations. Car, lorsque les erreurs sont radicales, et ont eu lieu dans la *première digestion de l'esprit*, quelque remède qu'on applique ensuite, et quelques parfaites que puissent être les fonctions ultérieures, elles ne corrigent point le vice contracté dans les premières voies (1).

XXXI.

En vain se flatteroit-on de pouvoir faire de grands progrès dans les sciences,

---

(1) Il va un peu trop loin : ceux qui nous ont appris à imiter la foudre et à nous en garantir, à traverser les airs, à décomposer l'air même, à dédaigner tout autre maître que la loi, n'avoient pas lu le *Novum Organum*, et pouvoient s'en passer; ils avoient du génie. La vérité est que les hommes réunis, comme il le suppose, et sans le secours de sa méthode, pourroient, à mesure qu'ils rencontreroient des exceptions, rectifier leurs principes trop généraux, en en resserrant l'énoncé; ils le feroient précisément comme ils le font, mais très lentement, et alors ils seroient obligés de faire mille sottises pour apprendre à en réparer une; une heure avant de mourir, ils sauroient vivre.

en entassant, en greffant, pour ainsi dire, le neuf sur le vieux : il n'y a pas à balancer ; il faut reprendre tout l'édifice par ses fondemens, si l'on ne veut tourner perpétuellement dans le même cercle, en avançant tout au plus de quelques pouces (1).

XXXII.

Rendons aux anciens auteurs l'honneur qui leur est dû ; ayons même de la déférence pour tous ; car il ne s'agit pas ici de comparer les esprits ou les talens, mais seulement les méthodes (2) ; et quant

---

(1) Il se fait très bien entendre ; mais on voit ici un exemple frappant de ce style excessivement métaphorique que je lui reproche. C'est d'abord une greffe ; puis un édifice à reconstruire ; enfin une course vers tel but. Le public, pour sa propre utilité, ne devroit-il pas accorder à un traducteur un peu plus de liberté ? Son excessive sévérité intimide ceux qui le servent, et il est mal servi.

(2) Car j'ai eu assez d'esprit et de talent pour découvrir seul une méthode plus parfaite que toutes celles qu'ont pu découvrir, durant deux mille ans, tous les philosophes ensemble.

à nous, notre dessein n'est rien moins que de faire ici le personnage de *juge*, mais seulement celui de *guide*.

XXXIII.

Disons-le ouvertement : on ne peut, par le moyen des anticipations, c'est-à-dire, des opinions reçues, juger sainement de notre méthode, ni de ce qui a été inventé en la suivant; car on n'est pas obligé de s'en rapporter au jugement de ce qui est soi-même appellé en jugement (2).

---

(2) Ce beau raisonnement peut être rétorqué contre lui. Il a dit plus haut qu'il n'est que deux méthodes pour découvrir la vérité, celle de ses adversaires et la sienne. Ainsi, lorsqu'il s'agit de la méthode même, s'il faut l'en croire, il n'y a plus de criterium; car alors chaque méthode seroit juge et partie. La vérité est qu'il y en a une troisième infiniment supérieure à celle qu'il va suivre pour préparer les esprits. Il auroit dû, au lieu de fatiguer notre vanité par ses vanteries, et notre attention, par ses éternels préparatifs, commencer par exposer quelque grande découverte, en nous y conduisant par sa méthode, et en la faisant avec

XXXIV.

Ce que nous proposons ici n'est même pas trop facile à exposer; c'est une marche tout-à-fait nouvelle; et cependant on en voudra juger d'après les vieilles opinions.

XXXV.

Borgia, parlant de l'expédition des Français en Italie, disoit qu'ils étoient venus la craie en main pour marquer leurs étapes; et non l'épée au poing pour faire une invasion. Il en est de même de notre méthode : nous voulons qu'elle s'insinue doucement dans les esprits les mieux disposés à la recevoir, et les plus capables de la saisir; qu'elle s'y fasse

---

nous, afin d'exciter en nous le désir de connoître cette méthode, puis nous la faire démêler dans son exposé; car la meilleure méthode n'est pas d'exposer d'abord la règle, et de l'éclaircir ensuite par un exemple, comme on le fait ordinairement; mais au contraire de faire marcher l'exemple devant la règle, et de nous montrer ensuite plus distinctement cette règle dans cet exemple.

jour peu à peu et sans violence. Car, dès que nous ne sommes d'accord ni sur les principes, ni sur les notions, ni même sur la forme des démonstrations, les réfutations ne peuvent plus avoir lieu.

XXXVI.

Reste donc une seule méthode à employer ; méthode fort simple : c'est, quant à nous, de mener les hommes aux faits mêmes, pour leur en faire suivre l'ordre et l'enchaînement. Mais eux, de leur côté, il faut aussi qu'ils s'imposent la loi d'abjurer pour un temps toutes leurs notions, et de se familiariser avec les choses mêmes.

XXXVII.

La méthode des philosophes qui soutenoient *ex professo* le dogme de l'acatalepsie, est, dans les commencemens, presque parrallèle à la nôtre ; mais sur la fin elles s'écartent prodigieusement l'une de l'autre, et elles sont même opposées. Car, eux, affirmant absolument et sans restriction, qu'on ne peut rien savoir, ils ôtent ainsi aux sens et à l'entendement toute autorité. Au lieu que nous, qui disons seulement qu'on ne peut, par la méthode reçue, acquérir de grandes connoissances sur la nature, nous proposons une autre méthode, dont le but est de chercher et de procurer sans cesse des secours aux sens et à l'entendement.

Commentaire du premier chapitre.

(a) *Tour le reste, la nature l'opère à l'intérieur et hors de notre vue.* Ce passage a d'autant plus besoin d'explication, qu'il y est question de l'art même d'*expliquer.* Un morceau d'or plongé dans l'eau régale, s'y dissout ; voilà ce que nous savons : mais comment s'opère cette dissolution ? voilà ce que nous ignorons ; car ce mot d'*affinité* que nous employons pour désigner la *force* par laquelle l'eau régale attaque le métal et désunit ses parties ; ce mot, dis-je, ne nous apprend point *quelle* est cette force, ni comment elle agit. Ce n'est qu'un *nom* donné à une *cause* dont l'*existence* nous est démontrée, mais dont la *nature* nous est inconnue ; nom que nous prenons pour une explication et qui contente notre vanité, sans augmenter nos connoissances. De même nous savons que, de telle semence, déposée dans telle espèce de terre, dans tel temps et dans tel lieu, sortira lentement une plante, un arbuste, ou un arbre d'un volume immense, en vertu d'une force et d'un méchanisme, qui sont également inconnus et à ceux qui tentent d'expliquer ce développement, et à ceux qui avouent ingénument leur ignorance sur ce point. Il en est de même de toutes les générations d'hommes, d'animaux, de plantes, de minéraux; des phénomènes de la nutrition, des fermentations, de l'aimant, de l'électricité, de la poudre à canon, des poudres fulminantes, etc. que dis-je! de tous les phénomènes réels et possibles. A proprement parler, nous ne connoissons point de *causes*, mais seulement des *signes* : ces *signes* nous servent pour *reconnoître* les *agens* dont nous avons besoin, pour nous les *procurer*, pour les *appliquer*, pour obtenir leurs *effets*. Lorsque nous avons besoin de ces effets, nous appliquons ces agens; puis la nature fait le reste; et ce que nous lui laissons faire, nous croyons l'avoir fait. Mais, je le répète, nous ignorons *comment* ces agens produisent ces effets; parce que toutes ces transformations, même celles qui nous importent le plus, et qui se font à chaque instant ou en nous, ou autour de nous, s'opèrent par des combinaisons et des gradations de substances et de mouvemens sur lesquelles nos sens n'ont point de prise *immédiate*: eh bien, pour vous débarrasser, d'un seul coup, de toutes ces difficultés insurmontables, entends-je dire (et c'est Franklin qui le dit), abandonnez l'ambitieux projet de les résoudre; et, content de ce qui est à votre portée, sachez renoncer à ces connoissances que la nature, par le soin avec lequel elle cache ses opérations, semble avoir voulu vous interdire. Car la science la plus nécessaire est aussi la plus facile. Au fond, ce qui nous importe le plus, ce n'est pas de savoir *comment* s'opère tel phénomène qui n'intéresse que notre orgueil ou notre curiosité; mais seulement de savoir *en gros* que tel *moyen* dont nous disposons, ou que nous pouvons mettre en notre disposition, produit *tel effet* dont nous avons *besoin*, et de nous assurer cet effet, en nous procurant et employant ce moyen. Avant de chercher *comment* s'est formé l'univers, ou telle de ses parties, et comment l'on peut opérer des *transformations*, apprenons d'abord à tirer parti de *l'univers tout fait* et à en *jouir*; voilà en substance ce qu'il disoit: respectons ce grand homme, sans respecter son erreur; et en nous conformant plutôt à son exemple qu'à ses préceptes, osons combattre une opinion qui nous appauvriroit, en nous ôtant l'usage d'une partie de nos richesses. Ces difficultés, lui répondrai-je, que semble épargner la physique, grossière et superficielle, que nous cultivons, elle ne fait que les multiplier. Tant que nous ne considérons qu'*en masse* les effets composés et les combinaisons de causes, nous n'avançons que très lentement dans l'étude de la nature; et à *chaque nouvelle combinaison* qui se présente à *expliquer*, à *prédire*, ou à *produire*, nous sommes obligés de faire une étude *nouvelle* et *expresse*. Au lieu que, si nous connoissions l'effet propre de chaque cause élémentaire et l'influence réciproque des diverses causes, nous pourrions d'abord, *en réunissant ces connoissances*, expliquer les effets qui ont eu lieu, prédire l'effet composé des causes qui se combinent actuellement, lire ainsi dans le passé ou dans l'avenir, beaucoup mieux que nous ne lisons dans le présent envisagé confusément, et nous épargner, à cet égard, les plus grands frais de l'expérience; puis, réalisant nous-mêmes les combinaisons de causes dont nous disposons, non-seulement *imiter* la nature, mais même la *surpasser*, en faisant *promptement* ce qu'elle fait *lentement; complettement*, ce qu'elle ne fait *qu'en partie; fréquemment*, ce qu'elle fait *rarement*; et *quelquefois* ce qu'elle ne fait *jamais*. Sans doute, nous dit-on encore, mais *l'utilité* de telles découvertes n'en prouve point du tout la *possibilité:* reste donc à savoir si en effet elles sont possibles.

Oui, elles le sont; tout ce qui pouvoit être utile à l'homme lui a été donné, sous la simple condition de le mériter par le travail, soit de corps, soit d'esprit. Il est faux que la *nature cache ses opérations ;* ce sont nos préjugés et nos passions qui les voilent pour nous, en en détournant nos regards : il est impossible, en regardant toujours la lune, de voir le soleil. La nature ne cache rien; ce qu'elle cache aux yeux du corps, elle le montre aux yeux de l'esprit, à qui elle dit assez ce que peuvent la *subdivision* (*) et le *temps,* ses deux principaux instrumens. Telle de ses combinaisons, est rare sans doute; mais les élémens et les forces primordiales subsistent éternellement: l'agent universel, ainsi que ce fond matériel sur lequel il travaille, est toujours, est par-tout, par cela même qu'il est universel: je le vois dans l'œil même qui ne le voit pas; je l'entends dans la bouche qui le nie; et quant à ses opérations élémentaires, ce qu'il fait, dans un temps et dans un lieu, il le

---

(*) Je ferai voir, dans une autre note, que la subdivision des parties de la matière, opérant par cinq causes ou circonstances, dont une a échappé à Descartes et à Newton, rétablit sans cesse le mouvement sans cesse détruit par cette multitude innombrable de chocs qu'essuient les corps flottant dans l'immensité de l'espace, et qu'elle est le véritable remontoir de la machine de l'univers.

fait dans tout autre temps et dans tout autre lieu; ce qu'il a fait, il le refait sans cesse, pour le défaire et le refaire encore dans l'immensité des espaces et l'éternité des temps : il ne fait rien en petit, qu'il ne fasse en grand; rien, invisiblement, qu'il ne fasse visiblement, pour qui, dans les effets mêmes, sait lire les causes. En un mot, chaque point de l'univers contient en petit ce qui est en grand dans le tout. Ainsi, ce que nous ignorons, tient, ressemble . . . . . que dis-je! est dans ce que nous savons. Mais, si la science qui nous manque est dans la science même que nous possédons, c'est seulement dans cette science mieux approfondie ; et il faut savoir l'y découvrir, à l'aide de *l'analyse et de l'analogie, les deux yeux du génie.* C'est cet art de lire l'invisible dans le visible, l'inconnu dans le connu, que Bacon veut nous apprendre, après nous avoir appris que notre prétendue science n'est que routine et étalage. Car ces faits qu'il a rangés dans les trois tables qui font partie du second livre, sont presque tous assez communs; mais ce qui ne l'est pas, c'est le résultat et la méthode qui y conduit. Les opérations de la nature sont une sorte de chiffre dont le *novum organum* donne la clef; et les mots qu'on déchiffre successivement, par le moyen de cette clef, aident à déchiffrer les autres.

CHAPITRE II.

Énumération et analyse des principales espèces d'erreurs et de préjugés.

XXXVIII.

Non-seulement les fantômes ou les notions fausses qui ont déja pris pied dans l'entendement humain, et y ont jeté de si profondes racines, obséderont tellement les esprits, que la vérité aura peine à s'y faire jour ; mais, le passage une fois ouvert, ils accourront de nouveau dans la restauration des sciences, et feront encore obstacle, si les hommes ne sont bien avertis de s'en défier, et de prendre contre eux toutes sortes de précautions.

XXXIX.

Ces *fantômes* qui obsèdent l'esprit humain, nous avons cru devoir (toujours pour nous faire mieux entendre) les distinguer par les quatre dénominations suivantes : *fantômes de race* (préjugés de l'espèce); *fantômes de l'antre* (préjugés de l'individu); *fantômes de commerce* (préjugés de langage); *fantômes de théâtre* (préjugés d'école) (1).

---

(1) J'ai rencontré des gens de lettres, de talens assez distingués, qui s'extasioient devant cette nomenclature qui nous paroît à nous de mauvais goût, et de plus, assez inutile; car nous ne voyons pas bien nettement en quoi elle peut aider à *interpréter* et à *imiter* la nature. Une *erreur*, un *préjugé* et un fantôme de l'esprit, ou une idée fantastique, ne sont pas précisément la même chose; une erreur est une opinion fausse; un *préjugé* est un jugement, vrai ou faux, porté avant l'examen; et un fantôme, une chimère, une idée fantastique ou chimérique, est une idée, et le plus souvent une image qui ne correspond à aucun objet réel, ou qui n'est point conforme à l'objet réel qu'elle doit représenter. Cependant, comme le but de ce premier livre est de préparer les esprits, en détruisant toutes les préventions, à ce mot *fantôme* qui pourroit déplaire à la plupart de nos lecteurs, nous substituerons (autant que le sens de l'original le permettra), le mot *préjugé*, qui, dans le langage reçu, a une signification beaucoup plus

XL.

Quoique le plus sur moyen pour bannir à perpétuité tous ces fantômes, soit de ne former les notions et les axiômes que d'après les règles de la véritable induction, l'indication de ce genre d'erreurs ne laisse pas d'être d'une grande utilité. Car la doctrine qui a pour objet ces fantômes, est, à l'interprétation de la nature, ce que la doctrine, qui a pour objet les sophismes, est à la dialectique ordinaire (1).

XLI.

Les *fantômes de race* ont leur source dans la nature même de l'homme ; c'est

---

étendue que celle que je lui donne ici, en tirant sa définition de son étymologie ; on le substitue assez généralement à celui d'erreur.

(1) La première de ces deux doctrines a pour objet les erreurs qu'on peut commettre, en formant les notions ou les principes ; et la seconde, celles où l'on peut tomber, en appliquant ces principes qu'elle admet tels qu'ils sont, et dont elle apprend seulement à tirer des conséquences.

un mal inhérent à la race humaine ; un vrai mal de famille : car rien n'est plus dénué de fondement que ce principe : *Le sens humain est la mesure de toutes les choses* (1). Il faut dire au contraire, que toutes les perceptions, soit des sens, soit de l'esprit, ne sont que des *relations à l'homme*, et non des *relations à l'univers* (a). L'entendement humain, semblable à un miroir faux, fléchissant les rayons qui jaillissent des objets, et mêlant sa propre nature à celle des choses, tache, tord, pour ainsi dire, et défigure toutes les images qu'il réfléchit (2).

―――――――――――

(1) Ceux qui ont prétendu que nos sens sont la mesure de tout, n'ont pas précisément voulu dire qu'on doit, par choix, se servir des sens pour tout mesurer; mais que, n'ayant pas au fond d'autre mesure que celle-là, on est forcé de l'appliquer sur tous les êtres ; opinion fort vraisemblable, et qui n'est qu'une conséquence de cet axiôme si bien développé par Locke : *il n'est rien dans l'entendement qui n'ait d'abord été dans le sens.*

(2) L'ame humaine n'ayant de commerce avec les corps extérieurs que par l'entremise de celui

XLII.

Les *fantômes de l'antre* sont ceux de l'homme individuel; car, outre les aberrations de la nature humaine prise en général, chaque homme a une sorte de caverne, d'antre individuel qui rompt et corrompt la lumière naturelle, en vertu de différentes causes; telles que la nature propre et particulière de chaque individu; l'éducation, les conversations, les lectures, les sociétés, l'autorité des personnes qu'on admire et qu'on respecte; enfin, la diversité des impressions que peuvent faire les mêmes choses, selon qu'elles rencontrent un esprit préoccupé, et déja vivement affecté par

---

auquel elle est unie, attribue naturellement à l'univers les qualités de ce milieu à travers lequel elle le contemple: l'homme croit voir sur les objets la tache que le vice a mise dans son œil; et l'erreur n'est le plus souvent qu'une maladie du cœur qui s'est jetée sur la vue. Pour voir nettement les objets, il faut, en épurant ce cœur, nettoyer ainsi le verre de sa lunette.

d'autres objets, ou qu'elles trouvent un esprit tranquille et reposé; ensorte que, rien n'étant plus inégal, plus variable, plus irrégulier que la disposition naturelle de l'esprit humain, considéré dans les divers individus, ses opérations spontanées sont presqu'entièrement le produit du hazard : et c'est ce qui a donné lieu à cette observation si juste d'Héraclite : *Les hommes vont cherchant les sciences dans leurs petits mondes particuliers, et non dans le monde universel;* c'est-à-dire, *dans le monde commun à tous.*

XLIII.

Il est aussi des fantômes de convention et de société, dont la source est cette communication qui s'établit entre les différentes familles du genre humain. C'est à ce commerce même, et aux associations de toute espèce, que fait allusion ce nom par lequel nous les désignons; car les hommes s'associent par les discours; et ces noms qu'on impose aux différents objets d'échange, on les proportionne à l'intelligence des moindres esprits; de là tant de nomenclatures inexactes, d'expressions impropres qui font obstacle aux opérations de l'esprit. Et c'est en vain que les savans, pour prévenir ou lever les équivoques, multiplient les définitions et les explications : rien de plus insuffisant qu'un tel remède; quoi qu'ils puissent faire, ces mots font violence à l'entendement.

XLIV.

Il est enfin des fantômes originaires de ces dogmes dont les diverses philosophies sont composées, et qui, de là, sont venus s'établir dans les esprits : ces derniers, nous les appellons *fantômes* de *théâtre*. Car tous ces systêmes de philosophie qui ont été successivement inventés et adoptés, sont comme autant de piéces de théâtre que les divers philosophes ont mises au jour, et sont venus jouer chacun à leur tour; piéces qui présentent à nos regards autant de mondes imaginaires, et vraiment faits pour la scène. Nous ne parlons pas seulement ici des opinions philosophiques, et des sectes qui ont régné autrefois; mais, en général, de toutes celles qui ont pu ou peuvent encore exister, attendu qu'il est encore assez facile de composer une infinité d'autres piéces du même genre, les erreurs les plus opposées ayant presque toujours des causes toutes semblables (1).

---

(1) Ces causes se réduisent presque toutes à une seule, savoir *l'exagération*. L'homme ne regarde chaque objet que de profil : il veut juger du tout, par la seule face qu'il connoît, ou veut envisager ; et selon que cette face lui plaît ou lui déplaît excessivement, il aime ou hait, estime ou méprise ce tout. De cette manie de juger un tout dont on ne voit ou ne montre que la moitié, est né l'art du paradoxe, que possédoient si éminemment Rousseau et Linguet, sorte de *Rousseau travesti*. Tout leur secret consistoit à détourner l'attention du public de la face qu'il étoit accoutumé à considérer dans chaque sujet, et de ne lui présenter que la face opposée; de montrer le côté droit à qui ne voyoit que le côté gauche, et le

Enfin, ce que nous disons, il ne faut pas l'entendre seulement des systêmes pris en totalité, mais même d'une infinité de principes et d'axiômes reçus dans les sciences ; principes que la crédulité, en les adoptant sans examen, et les transmettant de bouche en bouche, a accrédités. Mais nous allons traiter plus amplement et plus en détail, de ces diverses espèces de fantômes, afin d'en garantir plus sûrement l'esprit humain.

XLV.

L'entendement humain, en vertu de sa constitution naturelle, n'est que trop porté à supposer dans les choses plus d'uniformité, d'ordre et de régularité,

---

côté gauche à qui ne voyoit que le côté droit, et de retourner, pour ainsi dire, chaque sujet. Tel est le méchanisme de cet art si cultivé de notre temps; et le remède indiqué par ce méchanisme même, est de compléter le sujet, en montrant au public la face que le charlatan ne montre pas, et en réunissant, dans un même discours, les deux moitiés.

qu'il ne s'y en trouve en effet; et quoiqu'il y ait dans la nature une infinité de choses extrêmement différentes de toutes les autres, et uniques en leur espèce, il ne laisse pas d'imaginer un parallelisme, des analogies, des correspondances, et des relations qui n'ont aucune réalité. De là cette supposition chimérique : *que tous les corps célestes décrivent des cercles parfaits*, espèce de conte physique qu'on n'a adopté qu'en rejetant tout-à-fait les lignes spirales et les dragons (1), (aux noms près qu'on a conservés). De là aussi celle du feu élémentaire (2), et de sa forme orbicu-

---

(1) La ligne que décrit en apparence le soleil dans l'espace d'une année, est une *spirale*, ou, si l'on veut, une *hélice* (forme d'un tireboure), qui commence à l'un des tropiques, et se termine à l'autre. On a donné le nom de *dragons* à certaines lignes tortueuses que paroissent décrire plusieurs astres.

(2) Pour bien entendre ce passage, il faut savoir d'avance que Bacon ne regarde point le feu comme une certaine *espèce de matière*, mais com-

laire (1), laquelle n'a été introduite que pour faire, en quelque manière, la *partie quarrée* (le quadrille) avec les trois autres élémens qui tombent sous les sens.

---

me une certaine *espèce de mouvement*; opinion qui n'est rien moins qu'absurde; car on peut prouver l'existence de la *terre* et de *l'eau*, en les *montrant*; puis celle de l'air, par le souffle même de celui qui nie sa réalité. Mais qui a jamais vu le feu séparé de son aliment ? Or, tant qu'on ne pourra pas le présenter aux sens, entièrement ou presque isolé, on ne saura jamais au juste si c'est une *substance*, ou un *mouvement*. Au reste, et ceux qui prétendent que le *feu* est un *mouvement*, et ceux qui le regardent comme une *substance*, n'ont pas manqué, dans cette question, comme dans toutes les autres, de se servir des mêmes faits pour défendre ces deux opinions si différentes.

(1) Quelques systématiques anciens croyoient que la terre étoit au centre du monde, et qu'elle étoit enveloppée des trois autres élémens, sous la forme d'*orbes* (ou sphères creuses) concentriques et dans cet ordre, un orbe d'eau, un orbe d'air et un orbe de feu ; ce qui démentoit manifestement l'observation : en levant les yeux, nous ne voyons qu'un espace immense qui paroît vuide, et quelques soleils assez éloignés les uns des autres.

On a été encore plus loin : on a imaginé je ne sais quelle proportion ou progression décuple, qu'on attribue à ce qu'on appelle les *élémens*; supposant que leur densité va croissant dans ce rapport (1), et mille autres rêves de cette

---

(1) *Fuld*, d'après quelques anciens, ou ses propres rêves, a avancé que la terre est dix fois plus dense que l'eau; l'eau, dix fois plus dense que l'air; et l'air, dix fois plus dense que le feu. La vérité est que les expériences font l'eau au moins huit cents fois plus dense que l'air, et qu'il n'est point de substance connue qui soit précisément dix fois plus dense que l'eau; sinon l'argent, dont la pesanteur spécifique approche de ce rapport : mais alors, si nous regardons les *métaux* comme des *terres*, que ferons-nous de l'or, dont la pesanteur spécifique est à celle de l'eau, à peu près comme 19. 6 à 1? D'autres systématiques, et dans le même esprit, ont supposé que les distances des sept planetes entr'elles sont en même raison que les sept divisions du *monocorde*, qui donnent les sept degrés ou intervalles de l'octave dans le mode majeur; proportion d'où naissoit probablement cette douce harmonie des sphères célestes, entendue par certains disciples de Pythagore

espèce. Or, les inconvéniens de cette promptitude à faire des suppositions, ne se font pas seulement sentir dans les opinions, mais même dans les notions simples et élémentaires ; elle falsifie tout.

XLVI.

L'entendement une fois familiarisé avec certaines idées qui lui plaisent, soit comme généralement reçues, soit comme agréables en elles-mêmes, s'y attache obstinément ; il ramène tout à ces idées de prédilection ; il veut que tout s'accorde avec elles ; il les fait juges de tout ; et les faits qui contredisent ces opinions favorites, ont beau se présenter en foule, ils ne peuvent les ébranler dans son esprit : ou il n'apperçoit point ces faits, ou il les dédaigne, ou il s'en débarrasse à l'aide de quelques frivoles distinctions, ne souffrant jamais qu'on manque de res-

---

et de Platon. Que de sottises ont fait fortune ! Eh ! doit-on s'en étonner? Ce qui nous détrompe, nous ennuie ; et ce qui nous abuse, nous amuse.

pect à ces premières maximes qu'il s'est faites; elles sont pour lui comme sacrées et inviolables ; genre de préjugés qui a les plus pernicieuses conséquences. C'étoit donc une réponse fort judicieuse que celle de cet ancien, qui, voyant suspendus dans un temple des portraits de navigateurs, qui, ayant fait un vœu durant la tempête, s'en étoient ainsi acquittés, après avoir échappé au naufrage ; et pressé par cette question de certains dévots : *Eh bien, reconnoissez-vous actuellement qu'il y a des Dieux ?* répondit sans hésiter : *A la bonne heure; mais montrez-nous aussi les portraits de ceux qui, ayant fait un vœu, n'ont pas laissé de périr.* Il en faut dire autant de toutes les opinions ou pratiques superstitieuses, telles que les rêves de l'astrologie judiciaire, les interprétations de songes, les présages, les némésis (1),

----

(1) Ce n'est pas au hazard qu'il dit les *némésis*; car les poëtes anciens ne sont point d'accord sur cette sorte de divinité. Chez les uns, c'est la

et autres. Les hommes infatués de ces chimères, ont grand soin de remarquer les événemens qui quadrent avec la prédiction; mais, quand la prophétie tombe à faux, ils ne daignent pas même y faire attention. Ce genre de préjugés serpente et s'insinue encore plus subtilement dans les sciences et la philosophie : là, ce dont on est une fois engoué, tire tout à soi, et donne sa teinte à tout le reste, même à ce qui en soi-même a plus de vérité et de solidité. Je dis plus : abstraction faite de cet engouement et de ces puériles préventions dont nous venons de parler, c'est une illusion propre et inhérente à l'esprit humain, d'être plus affecté et

---

déesse de la vengeance, mais d'une juste vengeance; d'autres feignent qu'elle récompense les bienfaits comme elle venge les injures; d'autres encore, en ayant à peu près l'idée que nous avons de la providence divine, lui attribuent la double fonction de punir le crime et de récompenser la vertu; d'autres enfin la confondent avec la fortune aveugle, et lui donnent les mêmes attributs. Voy. note (*b*).

plus excité par les preuves affirmatives que par les négatives; quoique, suivant les principes de la droite raison, il dût se prêter également aux unes et aux autres, et les peser toutes avec le même soin. On peut même tenir pour certain, qu'au contraire, lorsqu'il est question d'établir ou de vérifier un principe, l'exemple négatif a beaucoup plus de poids (c).

XLVII.

Ce qui remue le plus fortement l'entendement humain, c'est ce que l'esprit conçoit aisément, et qui le frappe aussitôt; en un mot, ce qui se lie aisément aux idées dont l'imagination est déja remplie et comme enflée. Quant aux autres idées, par l'effet naturel d'une prévention dont il ne s'apperçoit pas lui-même, il les contourne, il les façonne, il les suppose tout-à-fait semblables à celles dont la mémoire est déja comblée. Mais faut-il passer rapidement de ces idées si familières à des faits très éloignés et très différens de ceux qu'il connoît ; genre de faits qui sont, pour les axiômes, comme l'épreuve du feu ; l'esprit ne se traîne plus qu'avec peine, et ne peut franchir cette grande distance, à moins qu'on ne lui fasse violence à cet égard, et qu'il n'y soit forcé par la plus impérieuse nécessité (1).

XLVIII.

L'entendement humain ne sait point s'arrêter, et semble haïr le repos : il veut aller toujours en avant ; et trop souvent c'est en vain qu'il le veut. Par exemple,

---

(1) Nous ne sommes que trop portés à prendre la facilité pour l'évidence : or, une erreur qu'on a souvent redite soi-même, ou entendu redire, semble plus facile à concevoir, qu'une vérité un peu composée, qu'on entend pour la première fois, quoiqu'au fond elle ne soit que plus facile à répéter. Rien n'influe si souvent et si puissamment sur nous, que cette évidence de *répétition*, de *facilité*, et pour trancher le mot, de *paresse* : ce qu'on a souvent fait, on le refait plus aisément ; et ce qu'on fait aisément, on croit le bien faire.

on a beau vouloir imaginer les extrémités de l'univers, on n'en peut venir à bout; et quelques limites qu'on y veuille supposer, on conçoit toujours quelque chose au-delà (*d*). Il n'est pas plus facile d'imaginer comment l'éternité a pu s'écouler jusqu'à ce jour; car cette distinction qu'on fait ordinairement d'un infini *à parte ante* (antérieur en temps) et d'un infini *à parte post* (postérieur en temps), est tout-à-fait insoutenable. De cette double supposition il s'ensuivroit qu'il existe un infini plus grand qu'un autre infini; que l'infini peut s'épuiser, qu'il tend au fini, etc. Telle est aussi cette subtile recherche qui a pour objet la divisibilité de certaines lignes à l'infini; recherche qui fait bien sentir à l'esprit sa foiblesse (1); mais cette foiblesse

---

(1) L'homme ne peut comparer l'infini, parce qu'il ne peut le concevoir; il ne peut le concevoir, parce qu'il ne peut l'embrasser; il ne peut l'embrasser, parce qu'il est lui-même fini; et par la même raison qu'un muid ne peut entrer dans une

se fait sentir d'une manière tout autrement préjudiciable, dans la recherche des causes; car, quoiqu'il doive y avoir, et qu'il y ait en effet dans la nature des *universaux positifs et réels* (1), qui au fond sont tout-à-fait inexplicables; néanmoins l'entendement humain qui ne sait

---

pinte. Comme ces questions sur l'infini sont aussi frivoles qu'insolubles, la vraie manière de les terminer, c'est de s'occuper d'autre chose; car un oisif occupé de semblables questions, ressemble fort à cet ange de St. Augustin, qui vouloit faire entrer la mer dans un petit trou. Il est bon cependant d'y donner de temps à autres quelques momens d'attention, ne fût-ce que pour se convaincre par soi-même de cette foiblesse dont parle ici Bacon, et pour apprendre à douter; ce qui est le commencement de toute véritable science. Voyez la note (*e*).

(1) Des *universaux*, c'est-à-dire, non des *considérations générales*, comme celles auxquelles les scholastiques donnoient ce nom, et dont ils vouloient faire des *êtres*, ni même des *manières d'être universelles*; mais des *êtres réellement existans*, des *substances qui existent toujours et par-tout.*

point s'arrêter et qui hait le repos, demande encore quelque chose de plus connu pour les expliquer (*f*) : mais alors pour avoir voulu aller trop loin, il retombe dans ce qui le touche de trop près, dans les *causes finales* qui tiennent infiniment plus à la nature de l'homme qu'à celle de l'univers (*g*). C'est de cette source qu'ont découlé tant de préjugés dont la philosophie est infectée ; et c'est également le propre d'un esprit superficiel et peu philosophique, de demander la cause des faits les plus généraux, et de ne rien faire pour connoître celle des faits inférieurs et subordonnés à ceux-là.

XLIX.

L'œil de l'entendement humain n'est rien moins qu'un œil sec, mais au contraire un œil humide, et, en quelque manière, détrempé par les passions et la volonté; ce qui enfante des sciences arbitraires et toutes de fantaisie : car plus l'homme souhaite qu'une opinion soit vraie, plus il la croit aisément. Il rejette donc les choses difficiles, parce qu'il se lasse bientôt d'étudier; les opinions modérées, parce qu'elles rétrécissent le cercle de ses espérances; les profondeurs de la nature, parce que la superstition lui interdit ces sortes de recherches; la lumière de l'expérience, par mépris, par orgueil, et de peur de paroître occuper son esprit de choses basses et périssables; les paradoxes, parce qu'il redoute l'opinion du grand nombre (1). Enfin, c'est en mille manières, quelquefois imperceptibles, que les passions modifient l'entendement humain, en teignent, pour ainsi dire, et en *pénètrent* toute la substance.

---

(1) Un paradoxe est presque toujours une erreur, et plus souvent encore une affectation, comme je l'ai fait voir dans une des notes précédentes; cependant un paradoxe peut quelquefois être une vérité. Ce mot signifie seulement une opinion contraire aux opinions reçues, ou qui en diffère beaucoup; et lorsque l'opinion publique s'éloigne beaucoup de la vérité, en s'éloignant beaucoup de cette opinion, on s'éloigne d'une erreur, et il se peut qu'alors on se rapproche de la vérité.

L.

Mais le plus grand obstacle et la plus grande *aberration* de l'entendement humain, a pour cause la *stupeur*, l'incompétence et les illusions des sens. Nous sommes constitués de manière que les choses qui frappent immédiatement nos sens, l'emportent dans notre esprit sur celles qui ne les frappent que médiatement, quoique ces dernières méritent la préférence. Ainsi, dès que notre oeil est en défaut, toutes nos réflexions cessent à l'instant; on n'observe que peu ou point les choses invisibles (1). Aussi toutes ces actions si diversifiées qu'exercent les *esprits renfermés dans les corps tangibles*, ont-elles échappé aux hommes, et leur sont-elles entièrement inconnues (2).

---

(1) Par leurs effets visibles.

(2) Il parle souvent de ces esprits renfermés dans les corps tangibles, et ne pense jamais à prouver leur existence. Mais, sans remonter à l'origine des choses et à la formation de l'univers, comme Descartes, on conçoit aisément que, de

Car, lorsque quelque transformation

la multitude innombrable de chocs qu'essuient les corps de toute espèce qui se frottent et se liment, pour ainsi dire, réciproquement; limes qui deviennent de plus en plus fines, à mesure que ces corps se divisent et se subdivisent, doit à la longue résulter un fluide assez subtil pour pénétrer tous les composés, suivant toutes les directions, et que sa subtilité même rend actif, comme je le ferai voir dans une autre note. La plupart des philosophes ont supposé l'existence de ce fluide, sous différens noms, tels que ceux de matière subtile, d'agent universel, d'esprit, de *char* ou de *véhicule*, de fluide électrique, de fluide magnétique, de dieu, etc. Il est naturel à un sauvage qui considère une montre dont il ne peut et dont il veut pourtant expliquer le mouvement, d'y supposer une petite ame, un petit être qu'il ne connoît pas mieux que ce qu'il veut expliquer, et auquel il confère la faculté de produire l'effet dont il veut rendre raison : chaque systématique est ce sauvage; ne pouvant expliquer certaines propriétés de la matière, il la subtilise à l'infini par la pensée, afin de dérober aux objections le sujet de ses raisonnemens, et de rendre son ignorance impalpable comme cette matière. Par ce moyen, lorsqu'il tombe dans quelque méprise, on ne peut le prendre sur le fait; et moi-même, je ne m'excepte pas.

(1) imperceptible a lieu dans les parties de composés assez grossiers (genre de changement qu'on désigne communément par le mot d'*altération*, quoiqu'au fond ce ne soit qu'un mouvement de *transport*, qui a lieu dans les plus petites parties) ; la manière dont s'opère ce changement est également inconnue. Cependant si ces deux sujets-là ne sont bien éclaircis et mis dans le plus grand jour, ne nous flattons pas qu'il soit possible de faire rien de grand dans la nature, quant à l'exécution ; et ce n'est pas tout : la nature de l'air commun, et de toutes les substances dont la densité est encore moindre (et combien n'en est-il pas !) ; cette nature, dis-je, n'est pas mieux

---

(1) *Meta-schematismus* : j'invite le lecteur à fixer son attention sur ce mot, qui reparoîtra de temps en temps ; il est défini en cet endroit par la manière dont il est placé et par ceux qui l'environnent : *schematismus* seul, signifie la forme, la texture ou la configuration ; et *meta-schematismus*, le passage d'une forme à une autre. Voyez la note (*h*)

connue; car le sens est par soi-même quelque chose de bien foible, de bien trompeur (1); et tous ces instrumens que nous employons, soit pour aiguiser nos sens, soit pour en étendre la portée, ne remplissent qu'imparfaitement ce double objet. Mais toute véritable interprétation de la nature ne peut s'effectuer qu'à l'aide d'observations et d'expériences convenables et appropriées à ce dessein, sans perdre jamais de vue cette distinction si importante, que le sens ne doit être fait juge que de l'expérience, et que c'est l'expérience seule

---

(1) Toutes nos connoissances sont originaires des sensations, et il n'est pas vrai que les sens nous trompent; ce qui nous trompe, ce sont les jugemens précipités que nous portons d'après la seule sensation actuelle, et d'après une seule espèce de sensations. Mais, en comparant ensemble avec soin, et les différentes espèces de sensations que nous éprouvons dans un même temps, et celles que nous avons éprouvées en différens temps, nous saisissons enfin la vérité, c'est-à-dire, ce qu'il y a de commun et de constant dans nos sensations.

qui doit juger de la nature, de la chose même.

LI.

L'entendement humain, en vertu de sa nature propre et particulière, n'est que trop porté aux abstractions; il est enclin à regarder comme constant et immuable ce qui n'est que passager. Mais au lieu d'*abstraire la nature*, il vaut mieux l'*analyser*, et, en quelque manière, la disséquer (1), à l'exemple de Démocrite et de ses disciples; école qui a su, beaucoup mieux que toutes les autres, y pénétrer et l'approfondir. Le sujet auquel il faut principalement s'attacher, c'est la *matière* même, ainsi que ses *différentes* textures et ses transformations. C'est sur l'*acte pur* qu'il faut fixer toute son attention. Car les *formes*

---

(1) Il veut dire qu'au lieu de se hâter de généraliser les notions acquises en observant, il vaut mieux s'attacher plus constamment à l'observation, et décomposer avec soin tous les sujets réels, avant de hazarder des conclusions.

ne sont que des productions de l'esprit humain, de vraies fictions; à moins qu'on ne veuille donner ce nom de *formes aux loix mêmes de l'acte* (1).

LII.

Tels sont les préjugés que nous comprenons sous cette dénomination : *fantômes de race* (ou préjugés de l'espèce), lesquels ont pour causes ou l'*égalité de la substance de l'esprit humain* (2), ou

---

(1) Les scholastiques, à l'exemple d'Aristote, distinguoient dans un sujet trois espèces de manières d'être ou de modes; savoir : la *puissance* ou *faculté*, *l'acte* et *l'habitude*; c'est-à-dire, ce qui *peut être*, ce qui *est actuellement*, et ce qui *est continuellement*. Il veut dire qu'il faut fixer son attention, non sur ce qui *peut* ou *doit être*, mais sur ce qui *est* en effet; non sur le droit, mais sur le fait, c'est-à-dire, *observer* au lieu de *raisonner*. Voyez la note (*i*).

(2) La *tendance de l'esprit humain à l'uniformité*; traduction motivée par l'aphorisme XLV, où il est parlé, non de l'uniformité de l'esprit humain, mais de celle qu'il est naturellement porté à supposer dans l'univers.

sa préoccupation, ou ses étroites limites, ou sa turbulence, ou l'influence des passions, ou l'incompétence des sens, ou enfin la manière dont nous sommes affectés par *les objets*.

LIII.

Les *fantômes de l'antre* (ou préjugés de l'individu) ont leur source dans la nature propre de l'ame et du corps de chaque individu. Il faut compter aussi pour quelque chose l'éducation, l'habitude, et une infinité d'autres causes ou de circonstances fortuites. Ce *genre* de fantômes se divise en un grand nombre d'*espèces*. Cependant nous ne parlerons ici que de celles qui exigent le plus de précautions, et qui ont le plus de force pour altérer la pureté de l'entendement.

LIV.

La plupart des hommes ont une prédilection marquée pour telles ou telles sciences et spéculations particulières, soit parce qu'ils se flattent d'y jouer le rôle d'inventeurs ; soit parce qu'ils y ont déja fait des études pénibles, et se sont ainsi familiarisés avec ces genres. Or, quand les hommes de ce caractère viennent à se tourner vers la philosophie et les sujets les plus généraux, ils les tordent, pour ainsi dire, et les moulent sur ces premières imaginations. C'est ce qu'on observe sur-tout dans Aristote, qui a assujetti toute sa philosophie à sa logique, et cela au point de la rendre toute contentieuse et presque inutile. Quant aux chymistes, d'un petit nombre d'expériences faites à l'aide de leurs fourneaux, ils ont bâti je ne sais quelle philosophie toute phantastique, et qui n'embrasse qu'un objet très limité. Il n'est pas jusqu'à Gilbert, qui, après s'être long-temps fatigué dans la recherche de la nature et des propriétés de l'aimant, a forgé aussi-tôt un systême de philosophie tout-à-fait analogue à son sujet favori.

LV.

La différence la plus caractéristique

et la plus marquée qu'on observe entre les esprits, différence vraiment radicale, c'est celle-ci : les uns ont plus de force et d'aptitude pour observer les différences des choses; les autres, pour saisir les analogies. Car les esprits qui ont de la pénétration et de la tenue, appuyant davantage sur chaque sujet, et s'y attachant plus constamment, sont, par cela même, plus en état d'y démêler les nuances les plus légères. Mais les génies qui ont plus d'étendue, d'élévation et d'essor, n'en sont que plus capables de saisir les analogies les plus imperceptibles, de généraliser leurs idées, et de les réunir en un seul corps. Ces deux sortes d'esprits donnent aisément dans l'excès, en voulant ou pincer des infiniment petits, ou embrasser de vastes chimères (1).

---

(1) Il est un degré d'exactitude et de précision minutieuse, qui est non-seulement inutile, mais même nuisible, en occasionnant une grande perte de temps et en multipliant les sensations pénibles.

LVI.

Il est des hommes qui s'extasient devant l'antiquité; d'autres sont amoureux de leur siècle, et embrassent toutes les nouveautés. Il en est peu qui soient de tempérament à garder quelque mesure, et à tenir le juste milieu entre

---

C'est assez de bien choisir son pain et son épouse; mais il ne faut considérer ni l'un ni l'autre avec une loupe, de peur d'apprendre ce qu'il vaut mieux ignorer. D'un autre côté, il ne semble pas très nécessaire de pointer sa lunette sur Saturne, pour savoir s'il faut saler sa soupe; et avant de voyager dans l'univers, il est bon d'apprendre d'abord à vivre chez soi. Mais ces deux genres d'esprit sont utiles, et l'un à l'autre et à la société : ils se balancent réciproquement; et chacun des opposés, tirant l'autre à lui, le tire par cela même vers le milieu auquel ils doivent tendre tous d'eux. L'auteur de la balance naturelle et de la méchanique morale est entré dans de grands détails sur les causes physiques et morales de cette opposition naturelle des esprits, et sur les moyens d'augmenter ou de diminuer à volonté, en soi ou dans les autres, l'une ou l'autre de ces deux facultés opposées.

ces deux extrêmes; arracher ce que les anciens ont planté de meilleur, ou dédaigner ce que les modernes proposent de plus utile. Ces prédilections font un tort infini aux sciences et à la philosophie, et c'est plutôt prendre parti pour les anciens ou les modernes, que les juger. Si jamais on parvient à découvrir la vérité, ce ne sera pas au bonheur particulier de tel temps ou de tel autre, chose tout-à-fait variable, qu'on devra un si grand avantage; mais à la seule lumière de la nature et de l'expérience, lumière éternelle. Renonçons donc une fois à toutes ces partialités, de peur qu'elles ne subjuguent notre entendement, et n'asservissent nos opinions.

LVII.

Les méditations sur la nature et sur les corps considérés dans leur état de simplicité, semblent briser l'entendement, et le morceler comme le sujet qu'il considère. Au contraire, les méditations sur la nature et sur les corps envisagés dans leur état de composition et dans leur configuration, étonnent l'esprit, l'engourdissent et détendent ses ressorts. C'est une différence qu'on apperçoit au premier coup d'œil, en comparant l'école de Démocrite avec les autres. La première est toujours tellement perdue dans les atômes, qu'elle en oublie les ensembles et les composés. Les autres, tout occupées à considérer les assemblages, restent si étonnées à cette vue, qu'elles en deviennent incapables de saisir ce que la nature a de simple et d'élémentaire. Il faut se partager entre ces deux espèces de méditations, et les faire se succéder alternativement, afin que l'entendement acquière tout à la fois de la pénétration et de l'étendue; afin aussi d'éviter les inconvéniens dont nous venons de parler, et les préventions dont ils sont la source.

LVIII.

Sachons donc user de ces sages précautions, pour bannir à jamais les préjugés individuels (ou fantômes de l'antre); préjugés qui ont pour principe, ou la prédominance de certains goûts, ou un penchant excessif à composer ou à diviser, ou la prédilection pour certains siècles, ou enfin les trop grandes ou les trop petites dimensions des objets que l'on considère. Généralement parlant, tout homme qui étudie la nature, doit tenir pour suspect tout ce qui flatte son entendement et fixe trop son attention. Plus un tel goût est vif, et plus il faut redoubler de précautions pour maintenir l'entendement dans toute sa pureté et son impartialité.

LIX.

Mais de tous les fantômes les plus incommodes, ce sont ceux qui, à la faveur de l'alliance des mots avec les idées, se sont insinués dans l'entendement. Les hommes s'imaginent que leur raison commande aux mots. Mais qu'ils sachent que les mots se retournant, pour ainsi dire, contre l'entendement, lui rendent les erreurs qu'ils en ont reçues ; et telle est la principale cause qui rend sophistiques et inactives les sciences et la philosophie. Dans l'imposition des noms, on a égard le plus souvent au peu d'intelligence du vulgaire; à l'aide de ces signes, on ne divise les objets que par des traits grossiers et sensibles pour les vues les plus foibles. Mais survient-il un esprit plus pénétrant ou un observateur plus exact qui veuille changer ces divisions, les mots s'y opposent à grand bruit. Qu'arrive-il de là? que les plus grandes et les plus imposantes disputes des savans, dégénèrent presque toujours en disputes de mots; discussions par lesquelles il vaudroit mieux commencer, en imitant, à cet égard, la sage coutume des mathématiciens (1), et qu'on pourroit peut-être terminer par des définitions prises dans la nature et dans les choses matérielles. Encore ce

---

(1) Qui ont soin de placer en tête de leurs traités la définition des termes qu'ils doivent employer le plus souvent.

remède même seroit-il insuffisant ; car les définitions elles-mêmes sont aussi composées de mots; et ces derniers ayant également besoin d'être définis, les mots enfanteroient d'autres mots sans fin et sans terme (1). Ensorte qu'il faut tou-

---

(1) Il est faux que, même en descendant des idées et des propositions générales, aux sensations les plus simples et les plus familières, par des définitions graduées et analytiques dont les idées et les termes vont en se particularisant de plus en plus, on tombe dans une suite de définitions sans fin et sans terme. Car, une fois qu'on est arrivé aux objets sensibles, on n'est plus obligé, pour déterminer la signification des mots, d'en donner des définitions; il suffit alors, pour se faire bien entendre, de rappeller ces objets à ceux qui les connoissent, et de les montrer aux sens de ceux qui ne les connoissent pas. Mais, puisqu'il faut, pour compléter la définition des termes généraux, finir par rappeller, ou faire faire des observations ou des expériences, autant vaut commencer par là, comme il le prescrit, et par la raison qu'il faut procéder du simple au composé, les idées et les propositions générales n'étant, en dernière analyse, que des énoncés collectifs de sensations du même genre, ou de sensations généralisées.

jours en revenir aux faits particuliers, à leur suite et à leur enchaînement, comme nous le montrerons bientôt, quand nous traiterons de la manière de former les notions et les principes.

LX.

Les préjugés que les mots introduisent dans l'esprit humain, sont de deux espèces. Ou ce sont des noms de choses qui n'existent point; car, de même qu'il y a des choses qui manquent de noms, parce qu'on ne les a pas encore apperçues ou suffisamment observées, il y a aussi des noms qui manquent de choses qu'ils puissent désigner, parce que ces choses-là n'existent que dans la seule imagination qui les suppose : ou ce sont des noms de choses qui existent réellement; mais confus, mal déterminés, n'ayant rien de fixe, et ne désignant que des notions hazardées. Il faut ranger dans la première classe la fortune, le premier mobile, les orbites des planètes, l'élément du feu, et cent autres dénominations semblables et sans objet réel, auxquelles des théories fausses ou hazardées ont donné cours. Mais cette sorte de fantômes est facile à bannir; car on peut, en abjurant une bonne fois, et en biffant, pour ainsi dire, toutes les théories, s'en défaire et les expulser pour toujours.

Mais une autre espèce de préjugés plus compliqués et plus profondément enracinés, ce sont ceux qui ont pour principe des abstractions inexactes ou hazardées. Choisissez tel mot que vous voudrez; par exemple celui d'*humidité*, et voyez actuellement si toutes les significations qu'on lui donne sont bien d'accord entr'elles. Tout bien examiné, vous trouverez que ce mot *humidité* (1) n'est qu'un signe confus d'actions diverses,

---

(1) M. de Luc, genevois, a tenté de réduire et de fixer la signification de ce mot, et il nous paroît y avoir assez bien réussi; il y substitue celui d'*humor*, qui comprend l'humidité aqueuse, l'humidité huileuse, etc.

qui n'ont rien de fixe, rien de commun; et qu'il est impossible de ramener à une seule idée générale, à un seul chef; car, dans la langue commune, il signifie, et ce qui se répand aisément autour d'un autre corps, et ce qui est en soi *indéterminable* (1) et n'a point de consistance; et ce qui cède aisément, selon toutes les directions; et ce qui est aisé à diviser, à disperser; et ce qui se réunit ou se rassemble aisément; et ce qui est très-fluide, très-mobile. Il signifie encore ce qui adhère aisément à un autre corps et le *mouille;* enfin, ce qui passe aisément de l'état de solide à l'état de fluide; en un mot, ce qui se liquéfie aisément. Actuellement s'agit-il d'em-

---

(1) Bacon emploie souvent ce mot d'*indéterminable*, qu'il applique toujours aux fluides, et dont la signification est indiquée par son étymologie même; il signifie ce à quoi l'on ne peut assigner de terme fixe, de limites constantes, donner des dimensions invariables, un volume toujours le même.

ployer ce mot, et de l'appliquer à quelque sujet : si vous préférez telle de ces significations si différentes, la flamme sera humide; ou bien prenez telle autre, l'air ne le sera pas; une autre encore, et la poussière très-fine sera humide; telle autre enfin, et le verre même en poudre le sera. Ensorte qu'il est aisé de voir que cette notion-là est tirée de celle de l'eau tout au plus, et de quelques autres liquides fort communs, sans qu'on ait pris la peine de la vérifier et de suivre quelque méthode, en faisant l'abstraction qu'elle suppose.

Cette inexactitude et cette *aberration* des nomenclatures a ses degrés : l'espèce de mots la moins vicieuse, ce sont les noms de substances particulières, surtout ceux des espèces inférieures et bien déduites (*k*). La notion de *craie* et celle de *limon*, par exemple, peuvent passer pour bonnes; celle de *terre* est mauvaise : des notions encore pires, ce sont celles de certaines actions comme celles-ci : *engendrer, corrompre, altérer.* Les pires de toutes sont celles des qualités, telles que *pesanteur, légèreté, densité,* etc. Cependant il faut convenir que, parmi ces notions mêmes que nous réprouvons, il peut s'en trouver qui soient un peu meilleures que les autres ; et c'est ce qu'on peut dire de celles dont les objets tombant plus fréquemment sous les sens, et ayant été mieux observés, sont, par cette raison même, beaucoup plus connus.

LXI.

Quant aux fantômes de théâtre, ce n'est point clandestinement qu'ils se sont insinués dans l'entendement, mais étant partis des théories phantastiques, et des fausses méthodes de démonstration, ils y ont, pour ainsi dire, fait leur entrée en plein jour et publiquement. Or, ces théories et ces méthodes, entreprendre ici de les réfuter, ce seroit oublier ce que nous avons dit à ce sujet, et tomber en contradiction avec nous-mêmes ; car dès que nous ne sommes pas d'accord sur les principes ni sur les formes de démonstration, il n'y a plus moyen d'argumenter. Quoi qu'il en soit, rendons aux anciens l'honneur qui leur est dû; et puisse cette déférence contribuer au succès de notre entreprise! Au fond, nous ne leur ôtons rien, puisqu'il ne s'agit, entr'eux et nous, que de la méthode. Car on l'a dit souvent : *un boiteux qui est dans le vrai chemin, devance aisément un bon coureur qui est hors de la route :* à quoi l'on peut ajouter, que *plus celui qui est hors de la route est léger à la course, et plus il s'égare.*

Au reste, notre méthode d'invention laisse bien peu d'avantage à la pénétration et à la vigueur des esprits; l'on peut dire même qu'elle les rend tous presque égaux. Car lorsqu'il est question de tracer une ligne bien droite, ou de décrire un cercle parfait, si l'on s'en fie à sa main seule, il faut que cette main-là soit bien sûre et bien exercée; au lieu que si l'on fait usage d'une règle ou d'un compas, alors l'adresse devient tout-à-fait ou presque inutile : il en est absolument de même de notre méthode. Or, quoique les réfutations proprement dites ne puissent avoir lieu ici, nous ne laisserons pas de faire en passant quelques observations sur ces sectes et ces théories fausses ou hazardées. Peu après nous indiquerons les *signes extérieurs* auxquels on peut reconnoître qu'elles sont mal constituées; et nous viendrons enfin aux causes d'un si durable, si unanime et si pernicieux accord dans l'erreur, afin qu'ensuite la vérité se fasse jour dans les esprits avec moins de violence, et que l'entendement humain consente plus aisément à se laisser délivrer, et, pour ainsi dire, purger de tous ses fantômes.

LXII.

Les fantômes de *théâtre* (ou de théories) sont déja presque innombrables ; cependant leur nombre peut croître encore, et c'est ce qui arrivera peut-être un jour. Car, si les esprits, durant tant de siècles, n'eussent pas toujours été presque uniquement occupés de religion et de théologie ; et que les gouvernemens eux-mêmes, sur-tout dans les monarchies, n'eussent pas témoigné une si grande aversion pour les nouveautés de ce genre, et même pour toutes les spéculations qui tendent indirectement au même but ; aversion telle, que si quelques écrivains s'en occupent encore de notre temps, ce n'est qu'aux risques et au détriment de leur fortune, qu'ils osent le faire ; trop assurés d'être, en le faisant, non-seulement frustrés des récompenses auxquelles ils pourroient prétendre, mais même sans cesse exposés à l'envie ou au mépris : sans ces obstacles, dis-je, nul doute que de nos jours on n'eût vu naître une infinité de sectes et de systêmes philosophiques, tout semblables à ceux qu'on vit autrefois dans la Grèce, où les esprits étoient plus libres, se multiplier et se diversifier si prodigieusement. Car, de même que sur les phénomènes célestes, on peut imaginer différentes hypothèses ; on peut aussi, sur les phénomènes qui sont l'objet de la philosophie, bâtir une infinité de dogmes et de systêmes. Or, ces piéces, que les philosophes viennent ainsi jouer successivement, productions vraiment théâtrales, ressemblent fort à celles qui paroissent sur le théâtre des poëtes; et ont, avec ces dernières, cela de commun, qu'étant destinées à produire de l'effet sur la scène, et à plaire aux spectateurs, elles sont plus artistement composées et plus agréables que les narrations simplement historiques; parce que, tous ces objets qu'elles représentent, elles les font paroître tels qu'on souhaiteroit qu'ils fussent (1).

---

(1) Et de cette cause même naît leur plus grand inconvénient : en offrant à notre imagination des objets beaucoup plus parfaits, ou plus agréables que les objets réels, et dont elles nous donnent le besoin en nous en donnant l'idée, elles font que nous ne savons plus vivre de ce que nous avons, et que, cherchant toujours dans la nature ce qu'il est impossible d'y trouver, nous sommes toujours mécontens et malheureux. L'art semble nous en-

Généralement parlant, quand il s'agit de rassembler des matériaux pour la philosophie, où il y a peu à prendre, on prend beaucoup ; et où il y auroit beaucoup à prendre si l'on vouloit, on prend fort peu ; ensorte que, soit qu'on prenne d'une part ou de l'autre, ce corps d'expérience et d'histoire naturelle, sur lequel on veut asseoir la philosophie, forme une base trop étroite. La *tourbe* des *philosophes rationels* se contente d'effleurer l'expérience, prenant ça et là quelques observations triviales, sans avoir pris la peine de les constater, de les analyser, de les peser ; puis ils s'imaginent qu'il ne leur reste plus autre chose à faire qu'à tourner leur esprit dans tous les sens, et à rêver à l'aventure.

Il est une autre espèce de philosophes, qui, n'embrassant qu'un sujet très limité, et s'attachant à un petit nombre d'ex-

---

richir en multipliant nos jouissances ; mais il ne fait réellement que nous appauvrir ; il nous donne cent fois plus de besoins qu'il n'en satisfait.

périences, n'y ont, à la vérité, épargné ni temps ni soins; mais le mal est qu'ensuite ils ont osé entreprendre de former, avec ce peu de matériaux, des théories complettes, et figurer un corps entier de philosophie, tordant tout le reste avec un art merveilleux, et le ramenant à ce peu qu'ils savoient (1).

Vient enfin la troisième classe : ce sont ceux qui mêlent dans leur physique, aux observations et aux expériences, la théologie et les traditions consacrées par la foi et la vénération publique. Il en est même qui ont porté l'extravagance jusqu'au point de vouloir tirer les sciences directement des esprits et des génies, comme pour les tenir de la première main (2). Ensorte que la tige des er-

---

(1) Tous les systématiques ressemblent à l'arpenteur qui, avec une base d'un pouce et un instrument défectueux, veut mesurer une ligne de mille toises; la base est trop petite et l'équerre est fausse.

(2) Il s'agit ici du système émanatif, dans lequel de grands philosophes, et Socrate lui-même

reurs et de la fausse philosophie, se partage en trois branches ; savoir : la *branche sophistique*, *l'empirique*, *et la superstitieuse*.

LXIII.

Cherchons-nous un exemple de la première espèce ; nous en trouvons un très frappant dans Aristote, qui a sophistiqué sa philosophie naturelle par sa dia-

---

(témoin son génie familier), donnoient quelque peu. Comme ce sentiment de modestie et d'humilité qu'exige la religion, est aussi la meilleure disposition pour philosopher, parce qu'il fait naître le doute, principe de toute sagesse, et facilite toutes les opérations de l'esprit en assouplissant l'organe de la pensée ; les philosophes, étonnés de cette facilité qu'ils éprouvent dans les courts momens où ils parviennent à se défaire de leur vanité, qui, dans tout autre temps, tient leurs fibres trop tendues, s'imaginent aisément qu'ils sont inspirés ; qu'un ange, un génie, Dieu même, ou ce qu'ils appellent l'esprit, leur parle, et qu'il leur suffit de le laisser dire. Comme j'ai fait par moi-même l'épreuve de ce genre d'illusions, je puis, mieux que tout autre, en donner l'idée et en indiquer les causes.

lectique. Ne l'a-t-on pas vu bâtir un monde avec ses cathégories, expliquer l'origine de l'ame humaine (cette substance de si noble extraction) par les mots de *seconde* intention ; trancher de même la question qui a pour objet la *densité* ou la *rareté* (c'est-à-dire, les deux qualités en vertu desquelles un corps prend de plus grandes ou de plus petites dimensions), et se tirer d'affaire par cette froide distinction de *l'acte* et de la *puissance*; soutenir qu'il y a dans chaque corps un mouvement propre et unique ; et que s'il participe de quelqu'autre mouvement, ce dernier est produit par quelque cause extérieure : assertions auxquelles il en joint une infinité d'autres qui ne valent pas mieux, imposant à la nature même ses opinions comme autant de loix ; et plus jaloux, en toute question, d'imaginer des moyens pour n'être jamais court, et alléguer toujours quelque chose de positif, du moins en paroles, que de pénétrer dans la nature intime des choses, et de saisir la vérité. C'est ce dont on sera encore mieux convaincu en comparant sa philosophie avec la plupart de celles qui furent célèbres chez les Grecs. Car du moins l'on trouve dans ces dernières, des hypothèses plus supportables, telles que les *homoïomères* d'Anaxagore (1) ; les atômes de Leucippe et de Démocrite ; le ciel et la terre, de Parménide (2) ; la

---

(1) C'est-à-dire, des parties toutes semblables entr'elles et au tout dont elles sont parties : selon lui, l'homme est un composé de petits hommes ; l'éléphant, un assemblage de petits éléphans ; l'arbre, un amas de petits arbres, etc. opinion qui a quelque rapport avec l'hypothèse des germes préexistans, et que les philosophes qui l'ont soutenue, n'ont embrassée que faute d'une certaine étendue d'esprit qui les mît en état de concevoir d'abord la possibilité de la production de toutes les formes diverses, par la seule action des forces connues et la seule diversité des combinaisons ; puis leur reproduction, à l'aide de cette force qui moule de nouveau la même espèce de matière dans les formes déja produites.

(2) Selon toute apparence, Parménide entendoit par le *ciel*, le *principe actif*, celui qui *meut* les corps, en les écartant les uns des autres (ce

discorde et l'amitié, d'Empédocle (1); la résolution des corps dans la nature in-

---

qui facilite encore le mouvement), le feu, en un mot; et par la *terre, le principe inerte,* dont les parties tendent à se réunir, et par conséquent à rester en repos les unes à l'égard des autres.

(1) C'est encore et sous deux autres noms, l'hypothèse de la force attractive combinée avec la force répulsive. Voyez la *balance naturelle,* ouvrage où il est dit, et peut-être prouvé, qu'il est impossible d'expliquer, par la seule combinaison de la force attractive et de la force projectile, la variété des phénomènes, et sur-tout la succession perpétuelle et alternative des phénomènes diamétralement opposés; qu'il faut absolument supposer deux forces, dont les directions soient aussi diamétralement opposées (savoir, l'une agissant de la circonférence au centre; l'autre, du contre à la circonférence), et qui prédominent alternativement; prédominance alternative qui a pour causes ces deux forces mêmes, dont chacune, lorsque l'effet de son action croît au-delà d'un certain point, diminuant, par cela seul, les conditions nécessaires à cette action, se fait ainsi obstacle à elle-même, favorise l'action de son opposée, et la rend enfin supérieure. C'est ce méchanisme qui conserve l'ordre que nous voyons, et qui empêche

LIV. I. CHAP. II. 153

différente du feu, et leur retour à l'état de corps dense (1). Or, dans toutes ces opinions-là, on voit une certaine teinte de

que toute la matière de l'univers ne soit réduite à une poussière incohérente, à un véritable chaos ; ce qui seroit tôt ou tard l'effet de la force répulsive, si elle agissoit seule, ou devenoit trop supérieure : ou que toute cette matière ne formât plus qu'un seul bloc immobile ; ce qui seroit à la longue l'effet de la force attractive, si elle agissoit seule ou devenoit trop prédominante. Cette vérité a été tellement sentie par Newton, que, sur la fin de sa vie, il fut obligé de supposer aussi des forces répulsives, entr'autres dans les conjectures qui se trouvent à la fin de son optique.

(1) Héraclite pensoit que la matière qui forme, pour ainsi dire, le fonds de l'univers, est indifférente à telle ou telle forme, et susceptible de toutes ; que, selon qu'elle est plus rare ou plus dense, elle devient *feu*, air, eau, terre, et reprend ensuite les formes qu'elle a quittées : il lui donne le nom de *feu*. Cependant s'il est vrai que la matière prenne successivement ces différentes formes, il n'y a aucune raison pour lui donner plutôt le nom d'une de ces formes, que celui d'une autre ; et il eût mieux fait de lui laisser celui de matière, qui remplissoit mieux son objet.

physique; on y reconnoît quelque peu de la nature et de l'expérience; cela sent le corps et la matière : au lieu que la physique d'Aristote n'est qu'un fracas de termes de dialectique; et cette dialectique, il l'a remaniée dans sa métaphysique sous un nom plus imposant, et pour paroître s'attacher plus aux choses-mêmes qu'à leurs noms (1). Que si dans ses livres sur les animaux, dans ses problêmes et dans quelques autres traités, il est souvent question de l'expérience, il ne faut pas s'en laisser imposer par le petit nombre de faits qu'on y trouve : ses opinions étoient fixées d'avance; et ne croyez pas

---

(1) *Magis realis quàm nominalis.* Ce passage fait allusion à la fameuse dispute des *réistes* et des *nominaux.* Les derniers soutenoient que tous les objets, variant sans cesse dans l'univers, et ne demeurant pas deux instans de suite dans le même état, à proprement parler, on ne peut jamais dire d'aucun : *cela est*, et qu'il n'y a de fixe que les noms qu'on leur donne. Le sentiment des premiers étoit à peu près conforme à l'opinion reçue. Voyez la note (*l*).

qu'il eût commencé par consulter l'expérience, comme il l'auroit dû, pour établir ensuite ses principes et ses décisions : mais au contraire ; après avoir rendu arbitrairement ses décrets, il tord l'expérience, il la moule sur ses opinions et l'en rend esclave ; ensorte qu'à ce titre il mérite encore plus de reproches que ses modernes sectateurs ; je veux parler des scholastiques qui ont entièrement abandonné l'expérience.

LXIV.

Mais la philosophie empirique enfante des opinions encore plus étranges et plus monstrueuses que la philosophie raisonneuse et sophistique. Car ce n'est rien moins qu'à la lumière des notions vulgaires qu'elle ose marcher; lumière qui, toute foible et toute superficielle qu'elle est, ne laisse pas d'être, en quelque manière, universelle, et d'éclairer un grand nombre d'objets ; ce n'est pas, dis-je, sur ce fondement assez solide qu'elle s'établit, mais sur la base étroite d'un petit nombre d'expériences; et telle est la foible lueur dont elle se contente. Aussi ce genre de systêmes qui semblent si probables et si approchant de la certitude à ceux qui rebattent continuellement ce petit nombre d'expériences qui les appuient, et qui en ont l'imagination frappée, paroissent-ils à tout autre incroyables et vuides de sens. C'est ce dont on voit un exemple frappant dans les chimistes et leurs règles chimériques; car, de nos jours, il seroit peut-être difficile d'en trouver ailleurs, si ce n'est peut-être dans la philosophie de Gilbert; mais ce n'est point une raison pour négliger toute espèce de précaution à cet égard. Car nous prévoyons déja, et pouvons prédire que si les hommes, éveillés par nos avertissemens, s'appliquent sérieusement à l'expérience, en bannissant toutes les doctrines sophistiques, alors enfin par l'effet de cette précipitation naturelle à l'entendement, et de son penchant à s'élancer du premier vol, aux propositions générales, et aux principes des choses, il est à craindre qu'on ne voie ces systématiques se multiplier. Or, cet inconvénient que nous prévoyons de si loin, notre devoir étoit de tout faire pour le prévenir.

LXV.

Mais cette dépravation de la philosophie, qui résulte de son mélange avec la théologie et les opinions superstitieuses, étend bien autrement ses ravages, et attaque ou les théories toutes entières, ou leurs parties ; l'entendement humain n'étant pas moins susceptible des impressions de l'imagination, que de celles des notions vulgaires. Une philosophie contentieuse et sophistique enlace l'entendement ; mais cet autre genre de philosophie, fantastique, enflé, et en quelque manière poétique, le flatte davantage. Car si la volonté de l'homme est ambitieuse, l'entendement humain a aussi son ambition ; et c'est ce qu'on observe surtout dans les génies profonds et élevés.

L'exemple le plus éclatant en ce genre

parmi les Grecs, c'est la philosophie de Pythagore, qui, à la vérité, étoit alliée à une superstition grossière, choquante et sensible pour les moindres yeux. Mais une superstition moins facile à appercevoir, et par cela même plus dangereuse, c'est celle de Platon et de son école. On la retrouve encore dans certaines parties des autres systèmes de philosophie ; on y introduit je ne sais quelles formes abstraites, des causes finales, des causes premières, en parlant à peine des causes secondes ou moyennes, et une infinité d'autres suppositions de cette espèce. C'est de tous les abus celui qui exige les plus grandes précautions. Car il n'est rien de plus pernicieux que l'apothéose des erreurs ; et c'est un vrai fléau pour l'entendement que cet hommage rendu à des chimères imposantes. Certains philosophes parmi les modernes, se sont tellement livrés à leur engouement pour ces puérilités, qu'ils ont fait mille efforts pour établir la physique sur le premier livre de la Genèse, sur celui de Job, et sur les autres livres sacrés (1). Ce qui est (s'il est permis d'employer le langage des saintes écritures), chercher les choses mortes parmi les vivantes (2); et l'on

---

(1) D'autres ont cru appercevoir dans Homère ou dans Virgile, les principes de toutes les sciences; ils vouloient dire apparemment les principes de celles qu'ils possédoient eux-mêmes; c'est-à-dire, fort peu de chose. Il entre pourtant dans ce préjugé, comme dans beaucoup d'autres, un peu de vérité. Les poëtes et les prophètes, jaloux d'entasser les métaphores et les similitudes, comparant beaucoup, et des objets de toute espèce, saisissent quelquefois des rapports très réels, mais à leur insu, ils donnent ainsi à un lecteur judicieux des leçons de physique, dont ils ne profitent pas eux-mêmes; et comme ils empruntent à la physique des rapports poétiques, on peut tirer de leurs similitudes poétiques, des analogies vraiment physiques, dont ensuite, en en ôtant la broderie et l'exagération, on fera des vérités.

(2) Dans le langage de l'écriture sainte, les choses *mortes*, c'est tout ce qui tient aux sens, à la matière, aux intérêts du corps; les choses *vivantes*, sont celles qui tiennent à l'esprit, aux intérêts de l'ame, à la religion purifiée de toute idolâtrie.

doit faire d'autant plus d'efforts pour préserver les esprits de cette manie, que ce mélange indiscret des choses humaines avec les choses divines, n'enfante pas seulement une philosophie toute phantastique et imaginaire, mais de plus l'hérésie. Ainsi rien de plus salutaire que la circonspection en traitant de tels sujets ; et c'est assez de rendre à la foi ce qui appartient à la foi.

LXVI.

Voilà ce que nous avions à dire sur cette autorité qu'usurpent les philosophies fondées, ou sur les notions vulgaires, ou sur un petit nombre d'observations et d'expériences, ou enfin sur des opinions superstitieuses. Parlons maintenant du choix peu judicieux de cette matière même, sur laquelle travaillent les esprits, sur-tout dans la philosophie naturelle. L'entendement est quelquefois infecté de certaines préventions qui viennent uniquement de ce qu'étant trop familiarisé avec certains procédés, certaines manipulations des arts méchaniques, où l'on voit les corps prendre successivement cent formes différentes par voie de combinaison ou de séparation, il est ainsi porté à imaginer que la nature fait quelque chose de semblable dans la totalité de l'univers. De là cette chimérique hypothèse des quatre élémens, et de leur concours auquel on attribuoit la formation des corps naturels. Au contraire, lorsque l'homme envisage la nature comme libre dans ses opérations, il tombe souvent dans l'hypothèse de *la réalité* des espèces, soit d'animaux, de végétaux ou de minéraux; ce qui ne mène que trop aisément à cette autre supposition : *qu'il existe des formes originelles de toutes choses, des moules primitifs* (1) *que la*

---

(1) Des moules intérieurs, des germes préexistans. Quand on demande à un germinaliste comment se sont formés les divers corps organisés, on en obtient cette réponse très satisfaisante : *ils étoient tout faits, et la génération ne fait que les développer;* c'est-à-dire, après avoir fait une

nature tend à reproduire sans cesse; et que tout ce qui s'en éloigne vient des aberrations de la nature, ou des obstacles qu'elle rencontre dans le cours de

---

première supposition très gratuite, j'en fais une seconde non moins gratuite, pour aider la première. D'ailleurs, il y a une équivoque dans ce mot de développement : il peut signifier, ou une simple augmentation de volume, ou un changement de situation des parties qui, étant d'abord repliées les unes sur les autres, ou entrelacées les unes dans les autres, se dégagent, s'écartent, se redressent, s'alongent, etc. La dernière espèce de développement est un vrai changement de forme ; car la *forme* d'un composé n'étant autre chose que *le résultat des situations respectives de ses parties*, sitôt que ces *situations* changent, la *forme* change aussi. Au reste, Harvée, anatomiste anglois, qui a fait tant d'expériences et d'observations sur la génération des animaux, pense que non-seulement les parties du fœtus se forment successivement, soit par une sorte de *juxta-position*, soit en sortant les unes des autres, mais même que la nature commence par former l'enveloppe de l'embryon; supposition ou plutôt observation diamétralement opposée à l'hypothèse des germes préexistans.

ses opérations, ou du conflit des espèces diverses, ou de la transplantation, de la greffe d'une espèce sur l'autre. Or, c'est de la première de ces deux suppositions qu'est née l'hypothèse des *qualités primaires* ou élémentaires (*m*) ; et c'est à la seconde que nous devons celle des *qualités occultes* et des *vertus spécifiques*; deux inventions qui ne sont au fond que deux *simplifications ;* que deux manières d'abréger le travail de l'esprit ; simplifications sur lesquelles il se repose, et qui le détournent de l'acquisition de connoissances plus solides. Mais les médecins ont travaillé avec plus de fruit, en observant les qualités et les actions secondaires, telles que l'*attraction*, la *répulsion*, l'*atténuation*, l'*incrassation*, la *dilatation*, l'*astriction*, la *discussion*, la *maturation* (1) et autres semblables. Et si, trop séduits par ces deux espèces de sim-

---

(1) Il est impossible de traduire ce passage avec précision, sans forger deux ou trois mots qui ne reparoîtront plus.

plifications dont je viens de parler, je veux dire les qualités élémentaires et les vertus spécifiques, ils n'eussent sophistiqué leurs excellentes observations sur les qualités secondaires, en s'efforçant de les ramener aux qualités primaires, et de prouver qu'elles n'en sont que des combinaisons délicates et incommensurables, ou en n'étendant pas ces premières observations par d'autres observations du même genre, encore plus exactes et plus réitérées, jusqu'aux qualités du troisième et du quatrième ordre (1); au lieu de s'arrêter à moitié chemin, comme ils l'ont fait, ils auroient pu tirer un tout autre parti de ces excellentes vues qui les auroient menées fort loin de ce côté-là; et les propriétés de ce genre (je ne dis pas précisément les mêmes, mais seulement des propriétés analogues), ce n'est pas assez de les remarquer dans les remèdes administrés au

---

(1) Voyez Boërrhave, *de viribus medicis*, CH. VII.

corps humain, il faut aussi les observer dans les autres corps naturels et dans leurs variations.

Mais une omission encore plus nuisible que toutes ces simplifications hypothétiques, c'est qu'on va recherchant et considérant uniquement les principes *quiescens* de toutes choses, et non leurs *principes mouvans* (ou forces motrices); c'est-à-dire ce *dont elles sont faites*, et non *ce qui les fait :* car il ne faut pas attacher tant d'importance à ces distinctions introduites dans la physique vulgaire, pour différencier les actions et les mouvemens comme celles de *génération*, de *corruption*, d'*augmentation*, de *diminution*, de *transport;* car voici à peu près ce que signifient ces dénominations : selon eux, si un corps change seulement de *lieu*, sans éprouver d'autre changement, c'est un mouvement de *transport;* si le *lieu* et l'*espèce*, demeurant *les mêmes*, la *qualité* seule est *changée*, c'est une *altération;* mais si, par l'effet du changement, l*. masse ou la quantité de* *matière* ne demeurent pas les mêmes, alors c'est un mouvement d'*augmentation* ou de *diminution*. Enfin, si la variation va jusqu'à changer l'*espèce* même et la *substance* du sujet, et qu'il en résulte une véritable *transformation*, c'est *génération* et *corruption*; voilà ce qu'ils entendent par ces mots : mais qu'est-ce que tout cela ? sinon des distinctions populaires et triviales, qui sont loin de pénétrer dans la nature intime des choses; ce ne sont tout au plus que des *mesures* ou des *périodes*, et non des *espèces* de *mouvement*; elles indiquent le *combien*, et non le *comment* ou le *pourquoi* (c'est-à-dire la *quantité* et non le *mode*, ou la *cause formelle*). Ils ne parlent ni de l'*appétit naturel* (tendance, force, effort) des corps, ni des secrets mouvemens de leurs parties. Mais voici tout ce qu'ils font. Lorsque ce mouvement dont nous parlons occasionne dans l'extérieur et l'apparence du sujet, quelque changement grossier et très sensible, ils s'en tiennent là; et c'est de ces différences superficielles qu'ils tirent leurs divisions (1). De plus, veulent-ils donner quelques indications sur les causes des mouvemens, et les ranger sous quelques divisions, ils se contentent de cette puérile distinction de *mouvement naturel* et de *mouvement violent;* distinction originaire elle-même d'une notion vulgaire et triviale. Car un mouvement, quelque violent qu'il puisse être, n'en est pas moins naturel ; et, s'il a lieu, c'est parce que la cause efficiente fait agir la nature d'une autre manière toute aussi naturelle que la précédente.

---

(1) Ce passage fait sentir la nécessité, pour chaque nation, d'avoir au moins deux langues : il faut des mots pour exprimer les grossières différences que le vulgaire apperçoit ; et il en faut d'autres pour désigner les nuances qu'il est incapable et peu jaloux d'appercevoir. Tel est le vrai motif de ce grand nombre de définitions (soit en parenthèse, soit en note), qu'on trouve dans cette traduction. Les personnes qui exercent des professions actives, ne sont point tenues de connoître le jargon d'un savant anglois qui écrivoit il y a deux siècles.

Mais si, laissant de côté ces grossières distinctions, l'on nons disoit qu'il existe dans les corps un appétit naturel pour leur contact mutuel (une tendance naturelle à se toucher réciproquement) et en vertu duquel ils ne souffrent pas que l'unité ou la continuité de la nature étant interrompue, et, en quelque manière, coupée, le vuide ait lieu (*n*); ou bien encore, si l'on disoit que tous les corps tendent à rentrer dans leurs limites naturelles, de manière que si l'on vient à les porter en deçà de ces limites par la compression, ou en delà par la distension, ils font effort aussi-tôt pour recouvrer leurs premières dimensions et le volume qui leur est propre; ou enfin, si l'on disoit qu'il existe aussi dans les corps une tendance à se réunir à la masse de leurs *congénères* ou analogues; tendance en vertu de laquelle les corps denses se portent vers le globe terrestre; et les corps rares ou ténus, vers la circonférence ou vers les cieux. Si l'on disoit cela, ou quelque chose de semblable, alors nous dirions, nous : ce sont-là des mouvemens physiques et très réels (1). Quant à ces autres dont nous parlions plus haut, nous disons que ce sont des mouvemens purement *logiques; des notions toutes scholastiques;* comme il est facile de s'en assurer par la comparaison même que nous venons d'en faire.

Un autre abus non moins dangereux, c'est que, dans les recherches philosophiques, on va toujours s'élançant jusqu'aux principes des choses, jusqu'aux degrés extrêmes de la nature (aux maximum et aux minimum (2)); on ne s'oc-

---

(1) Et le traducteur diroit : ce sont là des chimères substituées à d'autres, et que nous n'adopterons pas plus que nous ne rejetterons les utiles vérités qui les environnent.

(2) Nous aurons souvent besoin de ces deux mots qui abrègent et simplifient l'expression; mais nous ne dirons pas, à l'exemple des géomètres, les *maxima* et les *minima;* les mots tirés d'une langue étrangère ne devant pas se décliner dans la langue maternelle; parce que ceux qui ne savent que cette dernière, ignorant quelles sont,

cupe que de cela ; on ne parle d'autre chose ; quoique toute véritable utilité et toute vraie puissance dans l'exécution, ne puisse résulter que de la connoissance des choses moyennes (1). Mais

---

dans la première, les différences des cas, et celle du pluriel au singulier, ne pourroient faire usage de ces mots ; sans compter que les déclinaisons formeroient quelquefois des phrases assez ridicules : *un des principaux avantages de la fréquente considération des maximorum et des minimorum, c'est de rendre plus sensibles les différences et les causes des phénomènes, lesquelles sont moins faciles à saisir dans les minimis et les mediis;* qui oseroit parler ainsi? J'appuie fréquemment sur le choix des dénominations, par la même raison qui a fait dire à l'abbé de Condillac, que l'art de raisonner consiste presque uniquement dans celui de bien faire la langue avec laquelle on raisonne.

(1) Par cela même que certains effets sont *très grands* ou *très petits*, ils sont *rares;* et si ces rares effets deviennent nos seuls moyens, il s'ensuit qu'en nous bornant à ces effets, nous serons rarement puissans et rarement contens. Le plus puissant et le plus heureux des mortels, c'est celui qui place ses affections et son bonheur dans les cho-

LIV. I. CHAP. II. 171

qu'arrive-t-il de là ? Qu'on ne cesse d'abstraire la nature (de substituer aux êtres réels de simples abstractions), jusqu'à ce qu'on soit arrivé à une matière purement *potentielle* (1) et destituée de toute forme déterminée, ou qu'on ne cesse de diviser la nature (de diviser et subdiviser les corps par la pensée), jusqu'à ce qu'on soit arrivé aux atômes; toutes choses qui, même en les supposant vraies, ne contribueroient presqu'en rien à adoucir la condition humaine.

---

ses les plus communes; car dès-lors il trouve toujours sous sa main ce qu'il desire ; ne voulant jamais que ce qu'il peut, il peut toujours, par cela même, tout ce qu'il veut, et il est toujours content. C'est parce que nous aspirons aux choses rares, que la science, la puissance et la félicité ne sont pas communes.

(1) Terme scholastique : il signifie *qui n'est pas* actuellement ceci ou cela, mais qui peut le devenir ; ou encore qui n'a pas nécessairement et constamment telles ou telles formes, mais qui peut les revêtir successivement. Voyez la note (*o*).

LXVII.

Il faut aussi préserver l'entendement de la précipitation à accorder ou à refuser son assentiment; ce sont les excès en ce genre qui semblent fixer les fantômes, et qui les perpétuent au point qu'il devient impossible de les bannir. Ce genre d'excès se divise en deux espèces, de natures opposées : l'une est propre à ceux qui, en prononçant trop aisément, rendent les sciences dogmatiques et magistrales; l'autre l'est à ceux qui, en introduisant l'acatalepsie, amènent ainsi des spéculations vagues, sans fin et sans terme. Le premier de ces deux excès dégrade et abat l'entendement; l'autre l'énerve. Car la philosophie d'Aristote, à l'exemple des sultans qui, en montant sur le trône, égorgent d'abord tous leurs frères, commence par exterminer toutes les autres philosophies, à force de réfutations et d'assauts; puis le *maître*, débarrassé de tous ces adversaires, prononce sur chaque sujet : à ces questions, qu'il a ainsi tranchées, il en substitue d'autres arbitrairement, et les décide d'un seul mot, afin que tout paroisse certain et comme arrêté : méthode qu'on n'a que trop suivie dans les philosophies qui ont succédé à celle-là, et qui n'est aujourd'hui que trop en vogue.

Quant à l'école de Platon, qui introduisit *l'acatalepsie*, ce fut d'abord par ironie, comme en se jouant, et en haine des anciens sophistes, tels que *Protagoras, Hippias* et quelques autres, qui tous ne craignoient rien tant que de paroître douter de quelque chose. Mais ensuite la nouvelle académie en fit un dogme, et la soutint *ex-professo;* manière de philosopher qui est sans doute plus honnête et plus raisonnable que la hardiesse à prononcer décisivement, vu d'ailleurs qu'ils alléguoient, pour leur défense, des raisons assez spécieuses; savoir : qu'ils ne répandoient aucun nuage sur les objets; que s'ils ne voyoient rien qu'ils pussent tenir pour absolument vrai, ils avoient du moins des probabilités sur lesquelles ils pouvoient régler leurs opinions et leur conduite. Cependant, quand une fois l'esprit humain a désespéré de la vérité, il ne se peut que toutes les études ne deviennent languissantes ; d'où il arrive que devenu désormais incapable de se soutenir dans la route difficile d'une sévère philosophie, on s'en détourne pour se jeter dans des dissertations ingénieuses, errer négligemment dans des discours agréables, et se promener, pour ainsi dire, dans les sujets divers. Au reste, qu'on se rappelle ce que nous avons dit au commencement, et que nous ne perdons jamais de vue, qu'il ne s'agit pas de déroger à l'autorité des sens ou de l'entendement, mais seulement de secourir leur foiblesse.

LXVIII.

En voilà assez sur les différens genres de fantômes et sur leur appareil : ces fantômes, il faut, par une résolution constante et solemnelle, y renoncer, les abjurer, en délivrer l'entendement, l'en purger; car la seule route ouverte à l'homme pour régner sur la nature, empire auquel il ne peut s'élever que par les sciences, n'est autre que la route même qui conduit au royaume des cieux; royaume où l'on ne peut entrer que sous l'humble personnage d'un enfant.

LXIX.

Mais les fausses méthodes de démonstration sont comme les citadelles, les forts des fantômes; l'effet de celles qu'enseigne la dialectique ordinaire, est presque toujours de rendre le monde entier esclave de la pensée humaine, et la pensée humaine, esclave des mots. Les démonstrations sont en quelque sorte des sciences et des philosophies *en puissance.* Car telles ces démonstrations, telles aussi les spéculations et les théories qui en dérivent. Or, rien de plus illusoire et de plus insuffisant dans sa totalité, que cette méthode par laquelle on veut ordinairement nous conduire des sensations et des faits particuliers aux principes et aux conclusions : méthode qui se divise en quatre parties, auxquelles répondent autant de vices qui leur sont propres. D'abord, les impressions mêmes des sens sont vicieuses; car ou les sens nous refusent leur secours, ou ils nous trompent : eh bien, on peut remédier à leur *défaut* par des *substitutions*, et à leurs *illusions* par des *rectifications*. En second lieu, rien de plus irrégulier que la manière dont on s'y prend ordinairement pour *extraire* les notions et les déduire des impressions des sens; rien de plus vague et de plus confus que ces notions. Reste donc à les mieux *déterminer* et à les *limiter* avec plus d'exactitude. En troisième lieu, cette sorte d'induction qui procède par voie de *simple énumération*, ne vaut pas mieux. Elle déduit de l'observation et de l'expérience, les principes des sciences, sans la précaution d'employer les exclusions de faits non concluans, et d'analyser suffisamment la nature; en un mot, sans choisir les faits. En dernier lieu, cette méthode d'invention et de démonstration, qui consiste à établir d'abord les principes généraux, à y appliquer ensuite les principes moyens, pour établir ces derniers; cette méthode, dis-je, est la mère de toutes les erreurs; c'est un vrai fléau pour toutes les sciences. Mais ce même sujet que nous avons déjà touché en passant, nous le traiterons plus amplement, lorsqu'après avoir achevé cette espèce d'expiation ou de purification, nous exposerons la vraie méthode à suivre dans l'interprétation de la nature.

LXX.

Mais la meilleure de toutes les démonstrations, c'est sans contredit l'expérience, pourvu qu'on ne s'attache qu'au fait même qu'on a sous les yeux. Car si, se hâtant d'appliquer les résultats des premières observations aux sujets qui paroissent analogues aux sujets observés, cette application, on ne la fait pas avec un certain ordre et une certaine méthode, rien au monde de plus trompeur. Mais cette méthode expérimentale qu'on suit de nos jours, est tout-à-fait aveugle et stupide. Aussi, comme ces physiciens vont errans dans des routes incertaines, ne prenant conseil que de l'occasion, ne font-ils que tournoyer dans un cercle immense d'objets, et en avançant fort peu : on les voit, tantôt prenant courage, hâter leur marche, tantôt se lasser et s'arrêter. Mais ce qu'ils cherchoient d'abord, ils ont beau le trouver, ils trouvent toujours quelqu'autre chose à chercher. Le plus souvent ils ne font qu'effleurer les faits et les observer comme en se jouant : ou tout au plus ils varieront un peu quelqu'expérience connue. Mais si leurs premières tentatives ne sont pas heureuses, ils se dégoûtent aussi-tôt et abandonnent la recherche commencée. Que si par hazard il s'en trouve un qui s'adonne sérieusement à l'expérience, et qui fasse preuve de constance et d'activité, vous le verrez s'attacher à une seule espèce de faits, et y rester, pour ainsi dire, cloué, comme Gilbert à l'aimant, et les chymistes à l'or; manière de procéder aussi peu judicieuse, qu'étroite et mesquine. Car en vain espéreroit-on découvrir la nature d'une chose dans cette chose même; il faut prendre plus de champ, généraliser la recherche, et l'étendre aux choses plus communes.

Si quelquefois même ils prennent à tâche d'établir sur l'expérience certains principes et quelqu'ombre de science, vous les voyez, toujours emportés par une ardeur indiscrette, se détourner de la route avant le temps, et courir à la pratique, non pas seulement pour en recueillir les fruits, mais pour se saisir d'abord de quelque procédé fructueux, comme d'un gage et d'une sorte d'assurance de l'utilité de leurs travaux ultérieurs : c'est quelquefois aussi pour se faire valoir aux yeux des autres, et attacher l'estime publique à leurs occupations. Qu'arrive-t-il de là ? qu'à l'exemple d'Atalante, se détournant de la droite route et s'arrêtant pour ramasser la pomme d'or, ils laissent ainsi échapper la victoire. Or, dans la vraie carrière de l'expérience, si l'on veut en étendre les limites par des découvertes, il faut prendre pour modèle la divine sagesse et l'ordre qu'elle a suivi dans ses ouvrages. Car nous voyons que le premier jour Dieu ne créa que la lumière ; qu'il consacra ce jour tout entier à ce seul ouvrage, et ne daigna s'abaisser à aucune œuvre matérielle et grossière. C'est ainsi qu'il faut, rassemblant une multitude de faits de toute espèce, tâcher d'abord d'en extraire la connoissance des causes et des principes. Il faut, en un mot, s'attacher d'abord aux *expériences lumineuses*, et non aux *expériences fructueuses* (*p*). Les principes une fois bien saisis et solidement établis, fournissent à la pratique de nouveaux moyens, non d'une manière étroite, serrée, et comme un à un ; mais largement et avec profusion : ils traînent après eux des multitudes et comme des armées de nouveaux procédés. Mais remettons à un autre temps ce que nous avons à dire sur les routes de l'expérience ; routes qui ne sont pas moins embarrassées, pas moins barrées que celles de l'art de juger. C'est assez pour le présent d'avoir porté nos regards sur la méthode expérimentale vulgaire, et d'avoir fait sentir combien ce genre de démonstration est vicieux. Déja l'ordre de notre sujet exige que nous traitions actuellement de ces signes dont nous parlions il n'y a qu'un instant, et par lesquels on peut s'assurer du triste état des sciences et de la philosophie. Nous y ajouterons quelques observations sur les causes d'un phénomène qui, au premier coup d'œil, paroît étrange et presqu'incroyable. Car la connoissance des *signes* prépare l'*assentiment*. Mais les causes une fois clairement exposées, le miracle s'évanouit : deux discussions préliminaires qui aideront singulièrement à extirper de l'entendement tous les fantômes, avec plus de douceur et de facilité.

Commentaire du second chapitre.

(a) *Toutes les perceptions, soit du sens, soit de l'esprit, ne sont que des relations à l'homme, et non des relations à l'univers.* Toutes les perceptions de l'esprit sont originaires des sensations. Or, qu'est-ce qu'une sensation ? c'est la perception de l'ébranlement occasionné dans l'organe du sens par le corps, soit intérieur, soit extérieur, qui le touche; et cet ébranlement varie, soit pour l'espèce, soit pour le degré, selon la disposition actuelle de l'organe touché et celle des corps qui le touchent, c'est-à-dire, selon les relations des objets sensibles à l'homme qui les perçoit. Ainsi, la sensation varie également comme ces relations ; et telle est la principale cause du peu d'accord qui règne entre les opinions des divers individus, considérés dans le même temps, ou du même individu, pris en différens temps ; car, les dispositions n'étant pas toujours les mêmes dans un même individu, encore moins dans plusieurs, il est clair que différens individus, dans le même temps, ni le même individu, en différens temps, ne doivent pas, soit quant à l'espèce, soit quant au degré, recevoir précisément les mêmes impressions, éprouver les mêmes sentimens, avoir les mêmes idées, ni se former la même opinion, à l'occasion des mêmes choses, quoique tous sans distinction, dans le même temps et le même homme, en différens temps, leur donnent les mêmes noms. Ainsi, les sensations actuelles ne peuvent nous procurer de vraies lumières sur les corps extérieurs, sur l'univers, et nous ne pouvons acquérir en ce genre de solides connoissances, que par la raison qui, comparant ces sensations diverses, en extrait ce qu'elles ont de *commun* et de *constant*, pour en former ce qu'on appelle des *notions abstraites* et *générales*, qui, par leur *union* ou leur *séparation*, forment les *principes* ou *énoncés de causes*, modèles des *moyens* dont la *pratique* est composée ; et c'est ainsi que notre négligence ou notre attention, en observant les objets, en formant les notions, et en composant les principes, remplissant notre esprit de causes, vraies ou fausses, de moyens réels ou chimériques, nous fait échouer ou réussir dans l'exécution.

(*b*) *Les Némésis*. De toutes ces Némésis, la plus révérée parmi les anciens, étoit celle qui répondoit à peu près à notre Providence divine, et dont il est fait mention dans la vie du sage Paul

Emile par le bon Plutarque; divinité à deux faces; l'une sévère, pour les heureux de ce monde; l'autre riante, pour les malheureux; divinité tout-à-la-fois jalouse et compatissante, qui, selon eux, punissoit par des revers l'insolent bonheur des premiers, et compensoit les disgraces des derniers par des prospérités; tempérant ainsi les uns par les autres les biens et les maux de cette vie. Mais, pour expliquer aisément cette vicissitude de bons et de mauvais succès qui nous tient perpétuellement suspendus entre la crainte et l'espérance, et qui fait que chacun de nous ne sait jamais au juste s'il a sujet de se réjouir ou de s'affliger, il n'est pas besoin d'en chercher la cause dans les cieux, ni de recourir à ce mot de *hazard*, qui n'explique rien; il suffit de connoître la nature humaine et ce qu'elle peut produire. Cette Némésis avec sa balance compensatrice, et cette fortune avec sa roue, fantômes emblématiques que l'homme a créés, c'est l'homme même dont la jalousie s'efforce toujours de rabaisser tout ce qui s'élève au-dessus de lui, et dont la fastueuse pitié daigne quelquefois relever ce qu'il croit trop abaissé. Notre fortune change, parce que nous changeons nous-mêmes, et que ceux dont elle dépend, changent aussi.

(c) *Lorsqu'il s'agit d'établir un principe, l'exemple négatif a plus de poids.* Dans les sciences d'observation, il faut un grand nombre de faits pour établir solidement une proposition générale affirmative; encore tous ces faits ne la prouvent-ils pas rigoureusement, parce qu'ils ne la sauvent pas des exceptions; au lieu qu'il ne faut qu'un seul fait contradictoire pour la ruiner sans ressource : par exemple, si je dis que *tous les hommes sont menteurs*, quand je montrerois *mille hommes tous menteurs*, cela ne prouveroit nullement *qu'il n'y a et qu'il ne peut y avoir d'homme véridique;* au lieu que l'exemple *d'un seul homme véridique* renverse entièrement la proposition générale affirmative; car s'il existe *un seul homme véridique, il n'est point du tout vrai que tous les hommes soient menteurs;* et dès-lors la contradictoire, *il y a quelque homme véridique*, est solidement établie : c'est même la plus sûre, la plus prompte et la plus facile méthode pour établir solidement une proposition générale ou principe; car, de quelque nombre de faits qu'on l'appuie, et sur quelque nombre de sujets qu'on le vérifie, comme il est presque toujours impossible de s'assurer qu'on a fait l'énumération complette de toutes les espèces du genre qui est le sujet de ce principe, il y reste toujours une partie incertaine, savoir, celle qui n'a pas été vérifiée. Au lieu que, si je ruine d'abord la contradictoire du principe à établir, ce que je puis faire à l'aide d'un petit nombre de faits bien choisis, et quelquefois d'un seul ; comme deux propositions contradictoires ne peuvent être fausses en même temps, dès-lors le principe est prouvé sans replique. Ainsi le vrai moyen d'abréger et d'assurer la démonstration d'un principe, c'est de faire voir d'abord que la proposition contradictoire est absurde, c'est-à-dire, diamétralement opposée à quelque proposition évidente et incontestable, soit axiôme, soit définition, ou énoncé collectif d'observations directes. Ce sujet est sans doute ennuyeux; mais comme cette méthode mène à la certitude, en épargnant des longueurs et de fréquentes méprises, ces avantages compensent abondamment l'attention et la peine qu'elle exige. Au reste, il est bon d'observer que la plupart des propositions générales affirmatives de l'ordre moral, et même la plupart de celles de l'ordre physique, ne doivent point être prises dans un sens rigoureux et dans toute leur apparente universalité; on doit entendre seulement que ce qu'elles affirment, est ce qui arrive le plus souvent et doit être attribué au plus grand nombre des espèces du genre qui en est le sujet; degré de généralité qui suffit pour donner de la solidité aux règles de la prudence ; car, au défaut d'une certitude absolue à laquelle on peut rarement parvenir, elle nous prescrit de suivre l'opinion ou le parti qui a pour soi la plus grande probabilité. Mais cet inconvénient de ne pouvoir compter que sur de simples probabilités, est attaché à la méthode qu'on suit ordinairement pour former les principes sur lesquels on règle sa conduite, je veux dire, à cette sorte d'induction qui procède *par voie de simple énumération*, ou *accumulation de faits pris au hazard*; au lieu que la méthode qui va être exposée, conduit, par une route sûre, à des principes certains d'où dérivent des règles non moins certaines, absolument sans exception et suffisantes pour épargner de fréquentes méprises, et préserver d'une des plus douloureuses maladies de l'ame, de l'irrésolution ; car tel est son double but. Mais pour arriver à la certitude, il faut passer par le doute; toute facilité est le fruit d'une difficulté vaincue ; et toute peine qu'on s'épargne actuellement, n'est que différée.

(*d*) *On a beau vouloir imaginer les extrémités de l'univers, on n'en peut venir à bout*, etc. Quelques scholastiques ont prétendu que l'univers est nécessairement fini, et doit avoir des limites ; ils le prouvoient ainsi : tout corps a nécessairement une figure, une forme quelconque ; et sans limites, point de figure. Or, l'univers, pris en totalité, est un grand corps : donc, etc. donc, etc. Mais on leur faisoit cette question : si vous étiez actuellement sur la limite de l'univers, pourriez-vous étendre le bras ? et si ce bras s'étendoit, où seroit-il ? dans l'être ou dans le néant ? A cette question on ajoutoit ce dilemme : si vous ne pouviez pas étendre le bras, il y auroit donc quelque chose au-delà de ce bras ; savoir, ce qui l'empêcheroit de s'étendre ; et alors il ne seroit pas vrai qu'il est sur la dernière limite; et si vous pouviez l'étendre, il y auroit donc encore au-delà de cette limite prétendue, tout au moins un espace où votre bras se logeroit ; et l'on pourroit faire sur la fin de cet espace le même raisonnement que nous venons de faire sur son commencement. Donc l'univers est infini, puisqu'en faisant les deux suppositions contraires, ou plutôt contradictoires, on a toujours la même conséquence ; savoir : qu'il n'a point de limites, et qu'on tombe toujours dans l'absurde, en lui en supposant : voilà ce qu'on disoit. Le fait est que nous ne pouvons imaginer ni même concevoir l'univers, ni comme fini, ni comme infini. Nous venons de nous assurer du premier point : quant au second, je dis qu'à proprement parler, nous n'avons aucune idée positive de l'infini ; nous croyons l'avoir, parce que nous employons souvent ce mot, et croyons n'avoir point de mots sans idées. Mais au fond nous ne l'avons point ; ce n'est qu'une idée négative, ou une négation d'idées, une destruction hypothétique, ou abstraction d'idées positives, c'est-à-dire, d'idées qui aient un objet réel. Or, cette idée négative, nous l'avons; ou, si l'on veut, nous cessons d'avoir l'idée contraire, quand, ne voulant plus déterminer les quantités, ni même les considérer, nous levons mentalement toutes les limites, et cessons d'y penser. Puis, ce que nous avons supposé possible, nous le supposons ensuite actuellement existant, oubliant tout-à-coup notre première supposition, et oubliant sur-tout que ces idées ne sont point des êtres, et qu'elles n'ont pas le pouvoir de réaliser leur chimérique objet. Enfin toutes nos idées viennent des sens, disent les philosophes : or, nous n'avons jamais vu, palpé, entendu, goûté, ni flairé l'infini ; donc nous n'en avons pas l'idée ; ou bien, il n'est pas vrai que toutes nos idées viennent des sens; choisissez. La conséquence pratique de cette discussion est que, pour finir, il faut abandonner toute question où entre l'infini, mot sans idée. Le citoyen Lagrange, dit-on, vient d'en purger les mathématiques. Que de sottises dites ou à dire il nous épargne ! Les mathématiques sont la science des limites, ou l'art de déterminer ou limiter les quantités. Que faisoit donc là l'infini ?

(*e*) *Qui sont tout-à-fait inexplicables, etc.* Dans le langage reçu, *expliquer* un fait, c'est le plus souvent non en indiquer la *cause*, ce qui, de tous les genres d'explications, seroit le plus utile ; mais simplement le *classer*, c'est-à-dire le *rapporter* à un autre fait *plus général*, dont on croit qu'il n'est qu'un *cas particulier*. De cette définition nous tirerons deux conséquences : l'une est qu'un fait absolument général et sans exception, si on le découvroit jamais, seroit celui qui expliqueroit tous les autres. L'autre conséquence est que ce même fait, par cela seul qu'il seroit le plus général de tous, et qu'il expliqueroit tous les autres, seroit lui-même inexplicable, et n'auroit pas besoin d'être expliqué, puisque, par la supposition, il n'y auroit point d'autre fait plus général auquel on pût le rapporter, et dont il pût être un cas particulier. Mais, comme les faits à expliquer sont en beaucoup plus grand nombre que ceux qui les expliquent, nous contractons de bonne heure l'habitude et le goût, ou plutôt la manie des explications ; puis, quand nous arrivons à un fait général, conservant cette habitude, nous demandons encore des explications, quoiqu'alors elles ne nous soient pas dues, et qu'elles ne soient pas plus possibles que nécessaires. Il nous semble qu'à la proposition qui sert de texte, on doive toujours ajouter quelque chose, même quand tout est dit. Enfin, ce fait qu'on n'a ni dû, ni pu, ni voulu expliquer, nous le traitons de *qualité occulte*, comme si ce qu'il y a d'occulte ou de caché, dans la raison d'un fait, empêchoit qu'il ne fût réel et constaté, et qu'on fût obligé de rendre raison de celui qui *est la raison* de tous les autres.

(*f*) *Mais alors, pour avoir voulu aller trop loin, il retombe dans ce qui le touche de trop près, dans les causes finales.* Voici en substance ce qu'on peut dire contre l'hypothèse des causes finales. Une cause finale, c'est un effet commode pour celui qui prononce ces deux mots, ou pour ceux qui l'ont endoctriné. Lorsqu'au bout d'une chaîne de phénomènes, se rencontre quelque propriété utile à l'espèce humaine ; si l'homme se trouve là pour profiter de cette propriété, il s'imagine que cette propriété se trouve là pour qu'il en profite. Et l'effet qui, par hazard, lui est commode, lui paroît avoir pour but sa commodité. Trop occupé de lui-même, il croit, il veut que tout s'en occupe. Tel voudroit que l'univers entier eût été fait exprès pour lui, et à force de désirer que cela soit, finit par croire que cela est. Nul d'entre nous n'a le cœur assez grand, ni l'esprit assez élevé, pour comprendre une fois combien peu de place il occupe dans l'univers, et combien peu son imperceptible existence y est importante. Il n'est guère probable que l'univers ait été organisé pour le service de l'homme, puisque tant d'autres êtres y trouvent aussi leur part, souvent meilleure que la sienne : mais l'homme amoureux de lui-même, oublie toujours que, s'il y a dans l'univers des êtres qui le nourrissent, il y en a aussi qui le mangent ; et que le requin, en dévorant son roi, avale aussi la royauté. Car le monde universel, ainsi que le monde de l'homme, se divise en deux grandes familles : l'une, d'êtres mangeans, et l'autre, d'êtres mangés. Tout bien considéré, nous ignorons la véritable fin de ce grand tout : or, non-seulement le vrai but de l'univers nous est inconnu, mais nous ne savons pas même s'il y a un but ; et c'est là le premier article de l'immense chapitre de notre ignorance. Ceux qui ont voulu moraliser le monde physique, ont fait presque autant de tort à la philosophie, que ceux qui ont voulu matérialiser le monde moral. En cherchant les causes finales qu'on ne peut trouver, on ne trouve pas les causes physiques qu'on ne cherche point, et dont la connoissance est plus nécessaire. Si vous chargez Dieu de la garde de votre valise, disoit Sénèque, vous la garderez mal, et vous la laisserez prendre ; au lieu qu'un homme qui ne compte que sur lui-même, trouve dans une tête et une main actives, un Dieu qui ne l'abandonne jamais. Qui sait étudier la matière, et tirer parti de son propre corps, en pensant assez rarement à son ame, ne laisse pas, tout en oubliant le monde moral, de vivre encore assez bien dans le monde physique, et en marchant toujours vers sa véritable fin, sans y penser beaucoup, il y arriveroit plutôt qu'en y pensant toujours, sans faire usage de ses jambes. Mais, au lieu de travailler dans *l'univers tout fait*, pour en tirer parti, l'on y rêve pour l'expliquer; on veut deviner *comment*, *pourquoi*, *par qui il a été fait*; on ose le refaire soi-même par la pensée; on se bâtit un autre monde dans son imagination, témoin la présomption de Descartes : on se crée un Dieu semblable à soi; puis l'on dit que Dieu a créé l'homme à son image; et l'on suppose que lui-même il copie cette image. C'est une assez étrange manière de raisonner que celle qui a conduit à cette hypothèse des causes finales ; l'homme, disons-nous, a des *fins*, par cela seul qu'il est *fini* ; et que, ne pouvant *endurer long-temps le même état*, il a *besoin* que tout *finisse* et *recommence* : mais ensuite nous supposons tout-à-la-fois que *Dieu* est un être *infini*, et qu'il a des *fins semblables à celles de l'être fini*, ne concevant point que, si *Dieu* est en effet la *fin de l'univers*, comme il en est *le principe*, cette fin ne peut avoir *d'autre fin qu'elle-même* ; que *l'infini* n'ayant aucune *proportion*, ni même aucune *relation* avec *le fini*, nous ne pouvons avoir *aucune idée positive, ni de l'infini, ni de Dieu*, ni de son *but*. Cependant accordons qu'il existe *un être infini*, qui est le *principe* et *la fin* de l'univers; on est du moins forcé de convenir que s'il est *par-tout*, il y est *incognito*; et, selon toute apparence, il ne *veut pas être vu*, puisqu'il *reste caché*. C'est donc une sorte *d'impiété* que de *le chercher*; et ce seroit, en quelque manière, se conformer à sa volonté, que de perdre quelquefois de vue *les causes finales*, pour mieux étudier *les effets physiques*; et de l'oublier un peu lui-même, pour mieux faire ce qu'il veut, ou pour mieux observer ce qu'il veut bien laisser voir. Telles sont les raisons alléguées par ceux qui, dans cette importante question des causes finales, soutiennent la négative ; mais l'affirmative n'est pas moins fortement appuyée par ceux qui la défendent. La recherche des causes finales, disent ces derniers, est beaucoup plus intéressante pour nous, que celle des causes physiques; et il nous importe beaucoup moins de savoir que tel agent, appliqué de telle manière à tel sujet, produit tel effet physique, dont, à la rigueur, nous pouvons nous passer, puisque dès long-temps nous possédons et le nécessaire, et l'utile, et le commode, entrelacé avec l'inutile; que de savoir s'il y a en effet un Dieu dans l'univers, si l'homme a une destination, et quelle est précisément cette destination. Nul doute, disent encore les premiers, que cette question ne soit de première utilité, pourvu, toutefois, qu'on la traite dans la morale, où est sa véritable place ; et non dans la physique, où elle ne fait que détourner du véritable objet : il ne faut pas confondre les genres. Il faut les confondre, peut-on répondre, lorsque leur confusion est plus utile que leur distinction. Or, si un philosophe, dans un traité de physique, s'éloignant un peu des matières qu'on y traite ordinairement, parvenoit à découvrir et à démontrer la réalité des causes finales ; tout son tort, en s'écartant ainsi de son objet direct, seroit de nous détourner d'une étude assez frivole, pour nous tourner vers une étude beaucoup plus nécessaire ; l'objet qu'il auroit saisi, vaudroit mieux que celui qu'il auroit manqué ; et dans cet heureux écart, l'apparente digression seroit le véritable sujet. Car, si nous pouvions persuader fortement aux hommes l'existence de ces causes finales, sur-tout celle de la première, nous formerions des hommes vertueux ; au lieu qu'en leur montrant seulement les causes physiques, nous ne formerons que des savans ; c'est-à-dire, que nous donnerons à l'orgueil humain, une arme fort dangereuse. Mais, d'ailleurs, la recherche du principe moteur, et de la destination de la totalité ou des parties d'une machine, fait certainement partie de la méchanique; et la méchanique fait partie de la physique. Ainsi la recherche des causes finales fait aussi partie de cette dernière science ; et sa véritable place est entre la physique et la morale, auxquelles elle est commune. Tout physicien qui élève un peu ses vues, si nous en croyons le chancelier Bacon, tombe tôt ou tard dans la théologie naturelle et dans la question des causes finales. Il y tombe au moment où, à force de remonter de cause en cause, il se fait enfin cette question : quel est le grand ressort de cette vaste horloge ? qui est-ce qui l'a montée, et la remonte sans cesse ? quelle est la véritable destination du tout et de ses parties dont je suis une ? est-ce la volonté d'un être immatériel qui imprima le mouvement à cette machine, et qui l'y entretient ? ou bien sont-ce des forces inhérentes à toutes les parties de la matière et éternelles comme l'univers même ? Mais à quoi bon se faire cette question, nous dira-t-on ? Le mouvement est donné, acceptez-le tel qu'il est ; et, au lieu d'en chercher le principe, contentez-vous d'en bien observer les loix. Voici en quoi importe cette question, même en physique. Si c'est la volonté d'un Dieu qui imprima le mouvement à l'univers et qui l'y entretient, le plus sûr est de ne vouloir que ce qu'il veut, de laisser le monde tel qu'il est, et d'y jouer, au physique, un rôle presque entièrement passif, en se rendant actif, seulement au moral. Mais si le principe universel d'action est une certaine matière, par exemple, un fluide, alors il se peut que l'homme soit maître de saisir par portions ce Dieu matériel, de le mettre en bouteille, de l'appliquer à différens sujets, et d'opérer, par ce moyen, quelques-uns de ces prodiges que les alchymistes promettent de si bonne foi quand leur bourse est pleine, et de si mauvaise foi quand elle est vuide; tels que transformation de corps, production de nouvelles espèces, rajeunissement, guérisons subites de maladies, etc. C'est même sur une hypothèse analogue à cette dernière, qu'ils fondent leurs rêves dorés et leurs faméliques espérances. Car voici à peu près comme ils raisonnent, ou peuvent raisonner d'après leurs principes. Il existe nécessairement dans la nature un *agent universel*; autrement cette multitude innombrable de *chocs*, selon toutes les directions, qu'essuient les corps flottans dans l'espace, tendant à *diminuer* sans cesse *le mouvement*, le réduiroient bientôt à *zéro*; et la grande machine s'arrêteroit. Il y faut donc un *remontoir continu*, une force qui lui *rende* à chaque instant le *mouvement perdu*. Cet *agent*, qui *remonte* sans cesse la machine, doit être *matériel*; car, s'il étoit *immatériel*, il ne pourroit *toucher les corps*: or, il est difficile de *pousser* un corps et de le *mouvoir* par cette impulsion, sans y *toucher*. Cette *matière* où réside la force motrice, doit aussi être un *fluide*; sans quoi elle ne pourroit agir sur les composés, à *l'intérieur* aussi bien qu'à l'extérieur, ni se porter *avec rapidité* dans toutes les directions, comme elle le fait. Ce *fluide* doit être plus *abondant, plus actif, plus à nud*, dans certaines substances, que dans d'autres, c'est-à-dire, y conserver la plus grande partie de son activité, dont il n'exerce que la moindre partie sur les molécules matérielles qui l'environnent ; et *quelques-unes de ces substances* doivent être *connues*. Ne pourroit-on pas, en travaillant ces mêmes substances, à l'aide du feu, ou par tout autre moyen, *concentrer, aiguiser*, pour ainsi dire, et *développer* encore davantage cet agent ; et à l'aide d'une liqueur qui en seroit presque entièrement composée, faire, en quelques jours, et même en quelques heures, ce que la nature n'opère qu'à force de siècles ou d'années, à l'aide de cet agent *rarifié, enveloppé* et presque *amorti*, comme il l'est par presque toutes les substances avec lesquelles il se trouve combiné ? Il importe donc à la *chymie*, et par conséquent à la *physique*, de savoir si l'agent universel est une substance immatérielle, intelligente, *insaisissable*, qui peut tout sur nous, et sur laquelle nous ne pouvons rien ; ou une substance matérielle, aveugle et *saisissable*; attendu que, dans cette dernière supposition, il seroit moins absurde et moins téméraire de tenter ces grandes opérations dont nous parlions plus haut. De plus, s'il est vrai que la *na-*

ture ait des *fins*, comme le vrai *but* de la *physique* est de procurer à l'homme des *moyens* pour arriver *à ses propres fins*, il seroit *utile* à l'homme de considérer, même *en physique*, *les fins de la nature*. Car, ayant une fois observé quelle espèce de *moyens* elle emploie ordinairement pour arriver à *des fins* qu'il a *quelquefois lui-même*, il arriveroit plus aisément *à ces fins*, en employant *ces moyens*. Et quand *les moyens* qu'elle emploie pour arriver à certaines fins, seroient *en notre disposition*, ces *fins* une fois *connues*, nous connoîtrions, par cela seul, le *véritable usage de ces moyens*. Les *physiologistes* font avec raison une infinité d'*expériences* et d'*observations* pour connoître les *fonctions* et la *véritable destination des différentes parties du corps humain*; la manière de traiter ces parties, lorsqu'elles sont ou malades, ou blessées, dépendant beaucoup de cette destination et de ces fonctions. Il en est de même de l'*univers entier*, qui, à bien des égards, est aussi un *tout organisé*, dont les parties, toutes mutuellement dépendantes les unes des autres, toutes sans cesse agissant et réagissant les unes sur les autres, sont réciproquement principes et fins, buts et moyens, les unes par rapport aux autres; ainsi la découverte, ou la démonstration des causes finales, si elle étoit possible, répandroit un grand jour sur la physique; et si ce problème doit en être exclus, ce n'est pas comme *inutile*, mais plutôt comme *impossible*. C'est faute d'avoir suffisamment senti cette vérité, que ceux d'entre les physiciens qui penchent vers l'athéisme, ont tant d'aversion pour les causes finales. Notre auteur tranche ici, d'un seul mot, cette difficile question qu'il ne discute dans aucun de ses écrits, et dont néanmoins dépend, en partie, la solution de celles qu'il se propose. Car le but propre de la physique est de connoître la marche et l'ordre de l'univers matériel. Or, si le monde étoit livré à une force aveugle, sans plan et sans but, cette marche seroit toute autre que s'il étoit gouverné par un être intelligent qui eût un plan fixe et un but éternel comme lui : dans cette dernière supposition, tous les phénomènes physiques marcheroient vers cette fin; il seroit alors utile de la connoître, et cette connoissance abrégeroit toutes les recherches. Telle est en substance la réponse de ceux qui défendent l'affirmative. Actuellement, si l'on nous demande quel est notre sentiment sur cette question, nous dirons qu'envisagée par le côté physique, elle nous semble n'être qu'une pure dispute de mots; car, si Aristote et ses imitateurs, c'est-à-dire, presque tous les physiciens de notre temps, supposent à la nature des vues, un but, un dessein, un ordre de moyens, un plan fixe, comme nous le faisons nous-mêmes en parlant de Dieu, il est clair qu'ils parlent du même être que nous; qu'après avoir, pour ainsi dire, tué Dieu, ils le ressuscitent aussi-tôt sous le nom de *nature;* qu'il ne s'agit entre eux et nous que de ce nom, et que c'est, comme nous le disions, une pure dispute de mots. Or, Aristote et ses sectateurs supposent en effet ce que nous venons de dire, lorsqu'ils prétendent que *la nature ne fait rien en vain; qu'elle choisit toujours les moyens les plus simples; qu'elle tend à reproduire sans cesse les mêmes formes, etc.* concluez. De plus, si la *nature* ou son *auteur* a réellement des *fins*, il y a donc dans l'univers des *effets constans*. Or, le vrai but de la physique est d'*observer ces effets,* afin d'en découvrir les *causes*, et de tirer de cette connoissance des *moyens* pour les *produire* soi-même au besoin et à volonté; toute la *différence* est que ces mêmes phénomènes, les uns les appellent des *fins;* et les autres, tout simplement des *effets*. Enfin, que Dieu agisse sur la matière, par l'entremise du fluide dont nous parlions plus haut, et dont nous avons démontré l'existence dans une des notes précédentes, ou que ce fluide soit la cause première, cela revient encore au même pour les chymistes et les autres physiciens. Mais notre auteur ayant souvent répété que la méthode exposée dans cet ouvrage s'applique aux questions de morale comme aux questions de physique, en donnant ici l'exclusion *à celle des causes finales*, il tombe dans une sorte d'inconséquence.

Au reste, cette question des causes finales, et *sur-tout de la première de ces causes*, la plus importante et la plus difficile question que l'homme puisse proposer à l'homme, je l'ai beaucoup plus approfondie dans un ouvrage *ex-professo;* et j'ai tant prouvé l'existence de cette première cause, qu'à la fin je suis parvenu à en douter. Si j'en crois ma seule expérience, il y a un Dieu; si j'en crois mes cent mille raisonnemens, il n'y en a point. Car tel en fut le résultat le plus clair et le plus net : *Je conçois très clairement qu'il existe un être suprême que je ne conçois point du tout; et c'est précisément parce que je ne le conçois point du tout, que son existence me paroit si certaine.* Au fond, pour la plupart des hommes, c'est *le sentiment* qui en décide : *Dieu existe pour les gens de bien qui souhaitent son existence, et n'existe point pour les méchans qui la craignent; ce sont nos vices ou nos vertus qui le tuent ou le ressuscitent dans notre opinion;* et selon qu'ils le ressuscitent ou le tuent, nous nous occupons du modeste dessein de nous transformer nous-mêmes en hommes vertueux, ou de l'ambitieux projet de transformer les corps d'une espèce en ceux d'une autre espèce.

(g) *Lorsque quelque transformation impercep-*

tible a lieu dans les petites parties d'un corps. Schematismus, comme le dit la note placée sous le texte, et répondant à celle-ci, signifie la *structure*, le *tissu*, la *texture*, la figure *totale* d'un corps considéré dans l'état de repos, c'est-à-dire, *le résultat de la situation respective de toutes les parties du composé;* et *meta-schematismus* signifie *le passage d'une figure totale à une autre figure totale*, c'est-à-dire, le mouvement, ou plutôt la *combinaison* et *la gradation de mouvemens* par lesquels s'opère ce changement de figure. Si M. de Buffon eût joint à l'exposé de son système sur la génération une explication semblable à celle-ci, peut-être fût-il parvenu à rendre intelligible cette dénomination de *moule intérieur,* qu'il employoit dans les mêmes vues, et dont il faisoit un si fréquent usage, en laissant plutôt deviner les idées qu'il y attachoit, qu'en les déterminant du moins une fois par une bonne analyse. Car si, au lieu de considérer l'assemblage, le tout résultant de la situation respective de toutes les parties solides d'un corps, nous considérons le tout, l'assemblage résultant de tous ses pores, soit intérieurs, soit extérieurs, c'est-à-dire, de tous les vuides que ses parties solides laissent entr'elles, il en résultera une figure totale à peu près semblable à celle qui résulte de l'assemblage des parties solides. Donnons à cet assemblage de pores, de trous, de vuides, ou de *filières*, le nom de *moule intérieur*. Ce nom de *moule* lui conviendra, puisqu'une matière va s'y *mouler*. La qualification *d'intérieur* lui conviendra également, puisque le *nombre des pores intérieurs* qui vont servir de *moules*, étant infiniment plus grand que celui des pores extérieurs, c'est principalement la *partie intérieure* de cet assemblage que nous allons considérer. Et il n'y aura point de *contradiction* dans les *idées*, puisque l'imagination se peint tout cela aussi aisément et aussi nettement que si l'œil le voyant actuellement, l'aidoit ainsi à le voir. Cela posé, supposons que les parties d'un fluide soient chassées dans tous ces vuides servant de moules, par une force quelconque à laquelle on donnera tel nom qu'on voudra; et de manière que chaque molécule du fluide heurtant une molécule du solide, la déloge et se mette à sa place : supposons de plus que chaque molécule nouvelle, en se logeant, adhère à l'assemblage, et qu'après la totale substitution, toutes les nouvelles molécules adhèrent les unes aux autres, qu'arrivera-t-il à la fin? que toute la *substance* de ce corps sera *renouvellée*, et que sa *forme* sera *conservée*. C'est peut-être ainsi que s'opèrent toutes les *nutritions* et toutes les *générations* d'animaux, de végétaux et de minéraux. Car, les *premiers corps* une fois *formés*, et les *filières* une fois *établies*, ces *moules* servent à en former d'autres semblables à eux ; et dès-lors on entrevoit la *raison de l'éternité des espèces*. Mais, pour concevoir nettement la *formation* de ces *premiers corps* qui furent, en quelque sorte, les *aînés* de chaque espèce, il faut quelque chose de plus : voyez la *méchanique morale*, (L. IV, *chapitre des formes*). De plus, si l'espèce et la *quantité* de la substance du composé en question demeurant *les mêmes*, la *situation* de ses parties *change*, la *figure* du tout sera *changée*. Elle le sera encore dans le cas où de nouvelles molécules viendront remplacer les anciennes, si, en les délogeant, elles ne se logent pas précisément aux mêmes places qu'elles leur ont fait quitter. Et telle est la double signification que Bacon attache à ce mot de *transformation* (*meta-schematismus*), qui reparoîtra de temps en temps. Le lecteur judicieux qui aura fait quelque attention à nos observations préliminaires, ne sera pas étonné que nous l'arrêtions un peu sur ces définitions. Il sait que toute peine qu'on s'épargne, quoique nécessaire, n'est que différée. Un seul mot mal défini rend une phrase entière inintelligible : cette phrase mal entendue obscurcit tout un chapitre, et à mesure qu'on avance, les difficultés s'entassent.

(*h*) *A moins qu'on ne veuille donner ce nom de formes aux loix mêmes de l'acte. La loi de l'acte pur, du mouvement actuel*, ou *de l'acte*, c'est le *pur fait bien détaillé*, c'est le *comment* de ce mouvement, observé *tel qu'il est*, tel que la nature le présente et *avec toutes ses circonstances;* comme sa *direction*, sa *durée*, sa *vitesse*, la *quantité de matière*, la *grandeur*, la *figure*, la *situation*, etc. des corps mus et des corps mouvans, enfin l'assemblage et de ces corps et de leurs mouvemens. Ce passage signifie aussi que, pour être vraiment *physicien*, il faut, d'après le conseil de Locke, ou de l'expérience, et lorsqu'il ne s'agit encore que de *concevoir* les choses, réelles ou possibles, s'accoutumer à *penser sans mots*, de peur d'employer des *mots mal définis*, et de les prendre pour des *choses; de peur enfin de parler quand il ne s'agit pas de paroles;* qu'il faut avoir reçu ou se donner soi-même, non une imagination *logique* qui se paie de *termes abstraits*, en attendant des *idées;* ou une imagination *poétique* qui *exagère* ou *défigure* tout; mais une imagination *méchanique* qui se représente les choses *telles qu'elles sont*, et aussi nettement que si l'œil les voyoit. Pour mériter aisément une place honorable en *philosophie*, il faut y entrer par la *méchanique*, et dans la méchanique, par *l'horlogerie;* celui de tous les arts qui, en embrassant le plus grand nombre de moyens de ce genre, exige la théorie la plus précise et la plus complette : cette manière de commencer donne à l'esprit de l'étendue, de la force, de la justesse et de la netteté. Elle fait qu'il n'est pas long-temps dupe des apperçus éblouissans, et qu'il ne s'effraie point à la vue d'un assemblage très compliqué. Car le méchanicien, sur-tout celui qui exécute beaucoup, est puni presque sur-le-champ, de ses moindres erreurs, par les dépenses inutiles où elles le jettent, par la perte de son temps, de ses peines, et quelquefois de sa réputation ; attendu que ses méprises sont *visibles* et *palpables*, même pour les *hommes-machines*. Il a donc un *intérêt vif et continuel* à imaginer les choses *telles qu'elles sont*, et non à les considérer seulement par le côté *brillant*, comme on le fait trop souvent dans tous les genres *bavards* et dans tous les arts *d'étalage*. Or, cette habitude qu'il a intérêt de contracter, il la contracte bientôt, parce qu'il *exerce continuellement* la faculté respective dont il a un *continuel besoin*. Cet univers n'est qu'une grande machine, et il n'est qu'un *méchanicien* qui puisse bien voir ce qu'il est, imaginer nettement ce qu'il peut devenir, et se contenter de ce qu'on y trouve. Car c'est parce qu'on veut trouver dans la nature ce qui ne s'y trouve point, qu'on voit les choses, non telles qu'elles sont, mais telles qu'on voudroit qu'elles fussent ; et dussé-je paroître séduit par un préjugé, je ne puis me persuader que si, une fois dégoûtés de toutes les chimères du beau idéal et de tous ces palais enchantés que bâtit l'imagination durant la jeunesse, et que la raison démolit peu à peu dans l'âge mûr, nous nous avisions enfin de voir les choses précisément telles qu'elles sont, et de nous contenter de ce qui est, nous en fussions moins sages et plus malheureux. En un mot, le vrai philosophe est un *Voyant,* c'est-à-dire, un homme qui voit ce monde tel qu'il est, le peint tel qu'il le voit, et l'accepte tel qu'il le peint ; qui, pour découvrir plus sûrement ce qui est toujours et par-tout, ou la forme essentielle de chaque chose, commence par observer patiemment ce qui *est actuellement,* ou *la loi de l'acte pur,* en suspendant son jugement.

(*i*) *L'espèce de mots la moins vicieuse, ce sont les noms des substances particulières, sur-tout ceux des espèces inférieures et bien déduites.* Il est *deux manières de déduire :* l'une, en partant des *individus,* en les observant *un à un,* en remarquant ensuite *ce en quoi ils se ressemblent entre eux, et diffèrent de tous les autres;* puis en réunissant ces deux idées, et les désignant par un seul mot, ou, si l'on veut, par une seule dénomination, pour former une *classe.* C'est là ce que Bacon appelle *une espèce inférieure* (ou *infime*) ; c'est une classe qui touche, pour ainsi dire, aux individus. Puis, de même que de ces individus l'on a formé une classe, en considérant les *analogies* qui les *unissent*, et les *différences* qui les *distinguent* de tous les autres, venant ensuite à considérer *ce que ces espèces ont de commun entr'elles, et ce en quoi elles diffèrent de toutes les autres*, on forme de ces espèces une autre classe plus grande, à laquelle on donne un nom plus général que celui de la première; et l'on va ainsi généralisant de plus en plus et par degrés, jusqu'à ce qu'on soit arrivé aux manières d'être communes à tous les êtres; manières d'être qui, réunies sous une seule idée ou notion universelle, constituent le genre le plus élevé, lequel est le degré suprême de l'échelle ascendante dont les individus sont le degré le plus bas. Cette marche est ce qu'on appelle ordinairement la *méthode analytique*, ce que Bacon nomme *induction*, et ce dont il sera bientôt question. L'autre part des définitions et des axiômes ou propositions incontestables qui ne sont que l'énoncé collectif des expériences et des observations que chaque individu fait ou peut faire à tout moment; propositions connues sous le nom de *principes* *; et de ces principes on

---

* Principes que certains philosophes ont crus *innés*, parce que les propositions de cette nature, pouvant être aisément formées ou conçues par les enfans mêmes qui sont à chaque instant maîtres, ou plutôt forcés de faire les observations et les expériences dont elles sont les

tire des conséquences de moins en moins générales, en observant de ne tirer, soit des axiômes ou principes du premier plan, soit des propositions déja établies par cette voie, que des conséquences immédiates; et l'on descend ainsi par degrés jusqu'aux propositions les plus particulières, lesquelles se terminent enfin par les propositions singulières qui ont pour sujets les individus. Cette méthode est la *méthode synthétique :* c'est celle que suivent, ou plutôt que suivoient la plupart des géomètres, et qu'on peut suivre dans tous les cas où l'on a des principes aussi évidens et aussi fermes que les leurs; méthode plus précise et plus féconde, mais moins claire et moins facile que la méthode analytique, et qui par conséquent ne doit être employée qu'avec les hommes faits, et dans des sujets dont les élémens sont déja bien familiers à ceux qu'on veut instruire. On peut concevoir une troisième méthode que nous nommerons *latérale,* et qui consiste à appliquer les propriétés observées dans certains individus ou dans certaines espèces, à d'autres individus ou à d'autres espèces *analogues,* mais qui ne sont pas encore classés

---

résultats ou les sommaires, on ne se rappelle ni le *temps,* ni le *mode* de leur formation, ce qui porte à croire qu'on les a toujours eues dans l'esprit. La vérité est que ces principes ne sont nés ni avant, ni avec nous, mais seulement un peu après nous.

par rapport à ces analogies, et qu'on ne se propose point actuellement de ranger dans une classe, se contentant de les prendre pour objets de comparaison. C'est celle qu'on suit le plus souvent, et que peut-être on ne suit pas encore assez. Comme on est paresseux, on aime à expédier, à généraliser tout d'un coup ses idées, et à faire, pour ainsi dire, *des rafles*.

(*k*) *Pour paroître s'attacher plus aux choses mêmes, qu'à leurs noms*. Les mêmes corps, disoit le Nominal, affectent de différentes manières les divers individus dans le même temps, et le même individu, en différens temps : donc tout est relatif ; tout n'est pour nous qu'apparence, que phénomène ; tous les objets de nos idées et nos idées mêmes naissent et s'évanouissent aussi-tôt, pour renaître et s'évanouir encore ; il n'est rien d'absolu, rien de fixe, rien dont on puisse dire, *cela est ;* tout passe, et les noms seuls subsistent. Je sens, répondoit le Réiste : donc j'existe. Il est des sensations que j'éprouve malgré moi : donc il y a dans l'univers autre chose que moi. J'observe entre telles et telles de ces sensations pénibles, de très grandes différences qui m'en indiquent de semblables dans leurs causes : donc il y a réellement des êtres qui diffèrent beaucoup et de moi, et les uns des autres. Tout rapport est impossible sans l'existence réelle de deux termes comparables :

tout est relatif, selon vous, et il y a des rapports
donc les deux termes existent ; savoir : ce qui perçoit le rapport, et ce qui lui est relatif. Les mêmes corps, ajoutez-vous, vous affectent de différentes manières en différens temps ; si ces corps, répondrai-je, demeurent les mêmes, tandis que votre manière d'être affecté change, il y a donc quelque chose d'absolu, quelque chose de fixe. Si l'univers change à chaque instant, l'univers existe donc ; car, s'il n'existoit pas, il ne pourroit changer ; et c'est précisément parce qu'il est toujours le même, qu'il paroît changer continuellement ; car, étant toujours composé des mêmes élémens, toujours en mouvement et se combinant d'une infinité de manières, il en doit résulter une variation continuelle de formes, sur un fonds matériel toujours subsistant : il est toujours le même et toujours nouveau ; toujours le même, par sa substance indestructible ; toujours nouveau, par la situation de ses parties qui varie sans cesse : le monde est *un et tout* ; un en lui-même, et tout à nos yeux. C'est une sorte de grand jeu où la partie change à chaque instant ; mais l'échiquier, les pions et le joueur sont éternels. Enfin, si vous n'existez pas pour moi, vous ne me faites point d'objection ; et si je n'existe pas pour vous, je ne suis pas obligé de vous répondre. Reste donc à savoir si vous existez et si j'existe. Puis le Réiste

tranchoit la question en coupant les oreilles au Nominal, qui commençoit à entrevoir qu'il existoit hors de lui autre chose que lui.

(*l*) *Hypothèse qui a conduit à celle des qualités primaires et élémentaires.* Les anciens et les modernes nous paroissent s'être également trompés par rapport à ces qualités primaires et élémentaires (savoir : les quatre simples , chaud , froid, sec, humide; et les quatre combinaisons de ces qualités simples prises deux à deux, chaud-humide, chaud-sec, etc.); les premiers , soit en les regardant comme des espèces de *substances* , quoique ce ne soient que de simples *modes*, ou en voulant tout y ramener, quoique ce ne soient que de simples *limites*, purement *idéales* et analogues aux figures régulières et hypothétiques de la géométrie, à ces caractères qu'on représente sur le théâtre , et aux maximes les plus sublimes de la morale ou de la religion; limites auxquelles on peut seulement rapporter certains êtres et certains modes, pour les comparer plus aisément et plus exactement, soit aux autres dans le même temps, soit à eux-mêmes en différens temps : les derniers, en rejetant tout-à-fait ces classifications assez commodes, dont ils n'avoient pas trouvé le véritable usage, parce qu'ils ne l'avoient pas cherché, toujours plus prompts à condamner leurs maîtres, qu'à profiter de leurs leçons; et c'est ainsi, pour le dire en passant, que, de deux exagérations en sens contraires, naissent presque toujours deux préjugés opposés. Car tout préjugé est un mélange de faux et de vrai : c'est d'abord ce qu'il a de vrai qui fait adopter ce qu'il a de faux ; et c'est ensuite ce qu'il a de faux qui fait rejeter ce qu'il a de vrai. Trop frappé des avantages d'un moyen utile en lui-même, on en use tant, qu'à la fin on en abuse; puis, incommodé par cet excès même, on prend un si grand élan pour l'éviter, qu'on saute dans l'extrême opposé; comme si les avantages d'un moyen étoient un motif pour en abuser ; ou ses inconvéniens, une raison pour n'en point user du tout. C'est cette double méprise qui produit *toutes les révolutions, physiques, morales, politiques, religieuses, médicales, littéraires, philosophiques, etc. toutes les variations de la mode et de l'opinion*, etc. et elle est peut-être nécessaire en ce qu'il faut que tout change, l'homme se lassant de tout. Boërrhave, grand novateur comme tous les génies qui n'obéissent qu'à leur propre impulsion, choqué de l'extension prodigieuse que Galien avoit donnée à la doctrine des quatre tempéramens, déduite de cette division en quatre qualités primaires, dont il est ici question, a tellement affecté de l'éviter, qu'il est allé retomber, en grande partie, dans la médecine méchanique d'Asclépiade. Mais heureusement il a été assez sage pour ne point faire dépendre de son système le traitement des maladies, et il l'appuie uniquement sur l'expérience; ne donnant ses explications et ses classifications que comme un moyen pour mettre de l'ordre dans ses idées, et pour aider la mémoire; ce qui est leur principale destination.

(*m*) *Ne souffrent pas que le vuide ait lieu.* Voilà l'hypothèse de *l'horreur de la nature pour le vuide*, très positivement et très clairement énoncée; elle le sera encore plus affirmativement ailleurs. Ce n'étoit pas la peine, dira-t-on, de chasser tous ces fantômes, pour les remplacer par celui-là; mais, avant de condamner Bacon, il seroit bon peut-être de fixer un instant son attention sur cette question : y a-t-il une différence bien réelle entre l'hypothèse de l'attraction newtonnienne et celle de l'horreur du vuide? Non, peut-on répondre, du moins quant aux effets. Supposons deux corps, A et B, qui s'attirent réciproquement, mais séparés par un troisième corps C, qui les empêche de se réunir, malgré la *grande envie* qu'ils en auroient, et cet *amour* qui les fait tendre l'un vers l'autre. Si j'enlève le corps C, alors ces deux corps, amoureux l'un de l'autre, se porteront l'un vers l'autre, et rempliront *le vuide*, comme s'ils le *haïssoient*. L'*amour* supposé par les *modernes* produira précisément le même effet que *l'aversion* supposée par les *anciens*; et il n'y aura au fond d'autre différence que dans les mots; différence qui se réduit à celle qui se trouve entre le *propre* et le *figuré*. Si tous les corps *s'attirent réciproquement*, ils tendent au *plein*; car, en vertu de cette force réunissante, s'il n'existoit point d'autre force qui tendît à les *séparer*, tous ces corps venant tôt ou tard à tomber les uns sur les autres, en s'arrangeant entr'eux comme ils le pourroient, ne formeroient plus qu'un seul bloc. Or, si les corps *aiment le plein*, il est clair qu'ils *haïssent le vuide*. Ce n'est donc pas la peine de nous moquer de Bacon ni des anciens. Il y a pourtant entre les deux hypothèses cette différence, que celle des anciens est *vague* et sans *mesure* qui la détermine; au lieu que Newton détermine *la loi* suivant laquelle se font les attractions dans les cieux, en attendant qu'il nous dise suivant quelle loi elles se font à un pied de lui. Là haut, c'est la raison inverse du quarré des distances; ici près, c'est la raison inverse du cube, de la quatrième puissance, etc. c'est tout ce qu'on voudra, hors quelque chose de bien clair et de bien déterminé.

(n) *Jusqu'à ce qu'on soit arrivé à une matière purement potentielle et destituée de toute forme déterminée.* Potentielle, c'est-à-dire, qui n'est point actuellement ceci ou cela, mais qui peut devenir l'un et l'autre. Ceux qui prétendent que la matière de l'univers n'est point divisée en un cer-

tain nombre d'espèces de corps originellement et essentiellement différentes; mais que, par le seul effet des différentes combinaisons et proportions, elle peut devenir successivement terre, eau, air, feu, etc. et le devient en effet; ceux-là, dis-je, lorsqu'ils considèrent la matière dans toute sa *généralité*, sont obligés de faire abstraction des différens *états* par lesquels elle *passe*, et de n'envisager que ses qualités *générales, essentielles, éternelles* et *indestructibles*, telles que *l'impénétrabilité, l'étendue, la figurabilité, la mobilité*, etc. car, pour bien *définir* une chose qui a des qualités *essentielles* et *permanentes*, et d'autres qualités *accidentelles* et *passagères*, pour dire ce qu'elle est *toujours* et *par-tout*, il est clair qu'il faut faire abstraction des dernières qualités, et ne faire entrer dans la définition que les premières. Et c'est ainsi qu'en définissant ce mot même de définition qui en a grand besoin, l'on trouve que l'opinion ici attaquée par Bacon n'est pas aussi déraisonnable qu'il le pense. Mais cette opinion, qui nous paroît *vraie*, est-elle utile aussi? Oui, sans doute; car, si, à force d'analyser, nous parvenons à savoir de quelles combinaisons et proportions des qualités essentielles et éternelles de la matière, se forment les qualités accidentelles et passagères dont nous avons successivement besoin, nous pourrons, en combinant et graduant les premières, produire à notre gré les dernières; au lieu que, si nous pensons que ces dernières sont *primitivement* et *essentiellement* ce qu'elles sont, jamais nous ne pourrons les produire à volonté, parce que le *croyant impossible*, nous le rendrons tel pour nous, en ne l'entreprenant jamais.

(o) *Cette sorte d'induction, qui procède par voie de simple énumération, ne vaut pas mieux.* Nos *physiciens* comptent *les faits*, et nos *politiques* comptent les *hommes*; un homme plus judicieux choisiroit les uns et les autres, les hommes et les faits n'étant rien moins que des unités mathématiques parfaitement égales; et ce que nous faisons quelquefois à cet égard, il le feroit toujours. *Bien choisir*, c'est à quoi se réduit presque tout l'art d'inventer, de juger, de démontrer, de parler, d'agir, de vivre. La véritable logique n'est point, comme l'a pensé Aristote, et comme on le croit encore communément, composée d'un certain nombre de règles abstraites, dont le principal objet soit la manière de poser des principes et de les appliquer. Car, en premier lieu, ces règles étant nécessairement en assez grand nombre, comme on ne peut les avoir toujours toutes présentes à l'esprit au moment où elles seroient toutes nécessaires, on n'est jamais assuré de n'en avoir violé ou négligé aucune; et quelque utiles qu'elles pussent être en elles-mêmes et une à une, cette impossibilité où l'on est de les observer, et même de se les rappeller toutes, les rendroit encore presque entièrement inutiles. De plus, ces règles étant assez difficiles, et exigeant une certaine mesure d'attention, soit pour les bien entendre, soit pour les appliquer avec justesse, cette attention dont elles s'emparent, est autant de perdu pour le fond du sujet ; perte qui, dans le fait, est si grande, que, si l'on donnoit au sujet même la moitié de l'attention qu'usurpent les règles, on pourroit se passer de ces règles. Sans compter que les méthodes abstraites de la logique ordinaire, exerçant beaucoup plus la raison, faculté peu active, que l'imagination, principe de toute activité, refroidissent l'homme en l'éclairant, lui ôtent l'impulsion en lui donnant la direction, et lui montrent d'excellentes routes qu'elles l'empêchent de suivre. Ensorte que si cette multitude de règles abstraites peuvent être de quelque utilité, ce n'est pas en tant qu'elles soient nécessaires pour inventer aisément, ou pour raisonner juste, mais en tant qu'elles fortifient l'esprit de ceux qui s'en occupent, pour les inventer, les vérifier ou les appliquer, et qu'en les exerçant sur un sujet inutile et pénible, elles les rendent plus capables de méditer avec fruit sur des sujets plus aisés et plus utiles. Mais la véritable logique, c'est-à-dire, l'art d'inventer et de démontrer, est presque toute *dans le seul choix des faits*. Je ferai voir par la suite, que le plus souvent, à l'aide de trois faits, souvent aussi à l'aide de deux, quelquefois même à l'aide d'un seul, on peut inventer ou établir solidement un principe, et que les règles qui doivent diriger dans ce choix, se réduisent au même nombre. Cette dernière logique, outre qu'elle est plus facile et plus expéditive, a encore l'avantage d'être plus pittoresque et de parler à l'imagination. Or, *l'élection des faits*, que Bacon a ici en vue, est, dans cet ouvrage, l'objet principal, comme le premier objet, dans un État, est le *choix des hommes*; et nous verrons bientôt qu'il suit, dans le choix des faits, à peu près la même méthode que nous suivons dans l'élection de nos magistrats; je veux dire, qu'il commence par *exclure* de ses tables tous les sujets qui ont des qualités manifestement opposées au but de la recherche ou de l'examen : conformité de marche qui ne doit point étonner, puisque, dans les deux cas, l'état de la question est absolument le même. Quelles sont, dit le physicien, parmi telles causes soupçonnées ou proposées, celles qui produisent constamment l'effet à expliquer, à prédire ou à produire? et quels sont, dit le politique, parmi les sujets proposés, les plus capables, par leur patriotisme et leurs talens, de faire de bonnes loix, ou de les appliquer? Ce sont, de part et d'autre, des *causes* à découvrir ou à choisir, les unes animées, les autres inanimées.

(p) *Il faut s'attacher d'abord aux expériences lumineuses, et non aux expériences fructueuses.* L'auteur du *Désordre Régulier*, étonné de ce grand nombre de sociétés d'arts, de sciences et d'agriculture, qu'il voyoit en France, mais plus encore de l'apparente activité de certains chymistes, hommes de la première qualité (Lauragais, Chaulnes, Courtenvaux), se faisoit à lui - même cette question : est-il croyable que, dans un siècle si cupide et si grossièrement volupteux, il règne un véritable goût pour les sciences ; ou ne seroit-ce qu'une affectation produite par la grande influence qu'ont eue en Europe Frédéric, Catherine et les Encyclopédistes? Ni l'un ni l'autre, se répondoit-il ; ce qu'ils cherchent, c'est le plaisir qui les fuit, précisément parce qu'ils le cherchent : ils ne savent point l'acheter par un véritable travail, et il ne se vend à eux qu'au poids de l'or. C'est donc cet or qu'ils cherchent dans leurs champs et au fond de leurs creusets. Ils bouleversent la vigne, pour déterrer le trésor qu'ils y croient caché. Quand la caisse publique se ferme à leur avidité, nouveaux Midas, ils veulent tout convertir en ce métal chéri. Mais ce qu'ils cherchent, ils ne le trouveront pas ; et de toutes leurs dépenses, il ne leur restera que les oreilles du roi de Phrygie. Pour prix de l'imprudence qu'ils commirent en se laissant considérer de trop près, bientôt il leur faudra abandonner et ces creusets qui achèvent d'épuiser leur fortune, et ces champs dont ils ne connoissent bien que le produit pécuniaire. Bacon, dans un des ouvrages qui font partie de notre collection, observe que cette avidité pour la partie des arts et des sciences, est, dans les monarchies, un signe certain de décadence, un symptôme de mort prochaine. Le même esprit pestilentiel qu'exhale le despotisme, infecte l'ordre philosophique, en infectant tous les ordres, et prostitue le génie même au vice dominant; tout le monde alors veut vendre la sagesse, et personne ne veut l'acheter. Pour faire des découvertes vraiment grandes, il faut s'élever au-dessus des passions vulgaires; mais pour faire fortune, il faut fléchir le genou devant elles et les servir : il est donc très difficile de faire en même temps de gros gains et de grandes découvertes. A la longue, on ne trouve que ce qu'on a cherché: qui ne cherche que la lumière, sera tôt ou tard éclairé; et qui ne cherche que le gain, ne gagnera point de sublimes vérités.

CHAPITRE III.

Signes qui décèlent le vice radical des sciences et de la philosophie régnantes.

LXXI.

Les sciences que nous possédons aujourd'hui nous sont presque entièrement venues des Grecs; car ce que les auteurs romains, arabes, ou encore plus modernes, ont pu y ajouter, n'est pas d'un grand volume ou d'un grand prix; et quelles que puissent être ces additions, il est toujours certain qu'elles ont pour base ce que les Grecs avoient inventé (1).

---

(1) Et ce que les Grecs nous ont transmis, avoit pour base les inventions des Égyptiens et des Indiens, ou peut-être celles de ce peuple encore plus ancien dont parle M. Bailly. Quoi qu'il en soit, à proprement parler, les Grecs ne furent inventeurs ni dans les arts ni dans les sciences; mais tout au plus d'élégans imitateurs : ils furent, parmi les an-

Or, cette sagesse des Grecs sentoit son étalage de professeur, et se délayoit dans de verbeuses disputes, le genre d'occupation le plus préjudiciable à la recherche de la vérité. Ainsi, ce nom de sophistes, que ceux qui se qualifioient eux-mêmes de philosophes, renvoyoient par mépris aux anciens rhéteurs, tels que *Gorgias*, *Protagoras*, *Hippias*, *Polus*, etc. On peut dire qu'il convient à toute la classe, et qu'il faut le donner aussi à Platon, à Aristote, à Zénon, à Épicure, à Théophraste, et à leurs successeurs Chrysippe, Carnéades, etc. Je ne vois entr'eux qu'une seule différence. Les premiers n'étoient qu'une troupe vagabonde et mercenaire : ils

---

ciens, ce que sont les Français parmi les modernes ; ils surent donner à tout *la grâce* et le *fini*. Les sciences et les arts, d'abord grossiers comme ceux qui les inventent, se civilisent et se polissent ensuite comme la nation qui les cultive, et à mesure que le désir de plaire et de se distinguer succède à l'urgente nécessité.

couroient de ville en ville, étalant partout leur prétendue sagesse, et la faisant chèrement payer. La conduite des derniers étoit plus noble et plus généreuse : ils avoient un domicile fixe; ils ouvroient des écoles et philosophoient gratis. Néanmoins, les philosophes des deux espèces, bien que différens, à certains égards, avoient cela de commun, qu'ils tenoient école, qu'ils faisoient de la philosophie un métier, et étoient tous *disputeurs*. Tous fondoient certaines sectes, introduisoient des espèces d'*hérésies philosophiques* (1), et les défendoient avec chaleur. Ensorte qu'on peut appliquer à toutes ces doctrines sans exception, ce mot assez heureux que le jeune Denys adressoit au seul Platon : *ce sont propos de vieillards*

---

(1) Ce mot, dans son acception originelle, ne signifioit pas une opinion fausse en matière de religion ; mais seulement une opinion positive, décidée, constante, un dogme; et Cicéron l'emploie quelquefois dans ce dernier sens.

oisifs à de jeunes ignorans. Mais ces autres philosophes, plus anciens parmi les Grecs, Empédocle, Anaxagore, Leucippe, Démocrite, Parménide, Héraclite, Xénophane, Philolaüs (car nous ne daignons pas y joindre Pythagore, le tenant pour trop superstitieux (1)). Ceux-

---

(1) Les Pythagoriciens, lorsqu'ils publioient quelque livre de leur composition, étoient dans l'usage de l'attribuer à leur maître; et cette secte, ainsi que beaucoup d'autres, avoit une doctrine publique et une doctrine secrette. Ainsi gardons-nous d'attribuer à Pythagore les rêves de ses disciples, ou ces contes qu'ils faisoient au peuple, pour lui faire accroire des vérités de pratique nécessaires qu'ils ne pouvoient lui faire comprendre ; honteuse et petite ressource à laquelle on est réduit dans tous les siècles et tous les pays, où, après avoir accoutumé les hommes dès l'enfance à se payer de sottises mystérieuses, et leur avoir ainsi d'avance faussé le jugement, on ne peut plus ensuite leur persuader les choses raisonnables, qu'à l'aide d'autres sottises de même fabrique qui se marient avec les premières; ni faire entrer la vérité que par la porte du préjugé qu'on a ouverte imprudemment. Car, à l'aide de comparaisons et d'exemples bien

là, dis-je, n'ouvroient point d'école (du moins nous ne connoissons aucun fait qui le prouve); mais ils philosophoient dans un plus grand silence, s'appliquant à la recherche de la vérité avec plus de sévérité et de simplicité; je veux dire avec moins de faste et d'affectation : conduite qui nous paroît beaucoup plus sage. Malheureusement leurs ouvrages ont été à la longue étouffés par ces écrits plus frivoles, qui, s'accommodant mieux à la foible intelligence et aux passions du vulgaire, font plus aisément fortune; le temps, semblable à un fleuve, voitu-

---

choisis, c'est-à-dire, tirés d'objets très familiers à ceux qu'on veut instruire, et très intéressans pour eux, on peut toujours, à l'exemple de Socrate, ou du grand homme de Nazareth, et en s'y prenant de bonne heure, apprendre au peuple tout ce qu'il lui importe de savoir : telle est la véritable clef de son éducation; et cette clef, une fois saisie, on n'a plus besoin, pour lui enseigner la vérité, de commencer par mentir. Mais, pour n'avoir point d'opinions à déguiser, il faut n'avoir point d'actions à cacher.

rant jusqu'à nous les opinions légères et comme enflées, mais coulant à fond celles qui ont plus de poids et de solidité. Cependant ceux-ci mêmes n'étoient pas entièrement exempts du vice de leur nation. Ils furent aussi quelque peu entachés de cette vanité et de cette ambition de fonder une secte; ils attachoient encore trop de prix aux applaudissemens de la multitude. Or, sitôt qu'on s'écarte de la vraie route, pour courir après un objet si futile, il faut désespérer de la découverte de la vérité. Nous ne devons pas non plus passer sous silence le jugement, ou plutôt la prophétie de certain prêtre égyptien touchant les Grecs : *vous êtes toujours enfans, vous autres Grècs,* disoit-il, *et vous n'avez ni l'antiquité de la science, ni la science de l'antiquité.* En effet, l'on peut bien, appliquant aux Grecs ce qui caractérise les enfans, dire d'eux qu'ils avoient une langue fort volubile pour babiller, mais qu'ils étoient inhabiles à la génération; et leur sagesse paroît non moins stérile en effets, que féconde en paroles (1). Ainsi, les signes tirés de l'origine et de l'extraction de la philosophie aujourd'hui en vogue, ne sont rien moins que bons.

LXXII.

Or, si les indications que fournit la considération du *lieu* et de la *nation*, ne valent rien, les signes qu'on peut tirer du *temps* et des *époques*, ne valent

---

(1) Considérez aussi attentivement que je l'ai fait, un de ces hommes si semblables aux sophistes de la Grèce, et gagés par l'avarice ou la vanité, pour apprendre à la jeunesse à étaler la science d'autrui, et à ne rien inventer; vous reconnoîtrez que cet important personnage tient boutique, et est toujours prêt à s'inscrire en faux contre toute découverte qui menace de réduire à rien son bavardage scientifique. Il est pourtant parmi ces marchands de vérités, et débitans de sagesse à tout prix, tel rare individu dont la science vraiment humble se cache avec tant de soin, qu'à la fin elle parvient à se faire voir, et dont la modestie est d'autant moins douteuse, qu'elle est imprimée : l'exemple n'est pas loin.

guère mieux. Rien de plus étroit et de plus borné que la connoissance qu'on avoit alors, soit des temps, soit de l'étendue de l'univers; genre d'ignorance, le pire de tous, sur-tout pour qui ne fait fonds que sur l'expérience. Car on n'avoit pas même une histoire de mille années qui méritât ce nom; tout se réduisoit à des fables et à d'incertaines relations sur l'antiquité. Et une preuve que les anciens ne connoissoient que la moindre partie de l'univers, c'est qu'ils comprenoient indistinctement sous le nom de Scythes tous les Hyperboréens; et sous celui de Celtes, tous les Occidentaux. En Afrique, on ne connoissoit rien au-delà de la frontière d'Éthiopie, la plus voisine de l'Europe; en Asie, rien au-delà du Gange; encore moins connoissoit-on les différentes contrées du nouveau monde, pas même par ouï-dire, ou d'après des relations certaines et constantes. Que dis-je? plusieurs climats, des zônes toutes entières, où vivent et respirent une infinité de nations, leur étoient tellement inconnues, qu'ils les avoient déclarées inhabitables. Quant à ces excursions de Démocrite, de Platon et de Pythagore, si vantées chez les anciens, et qu'on regardoit comme *des voyages de long cours*, ce n'étoient tout au plus que de courtes sorties, de petites promenades dans les fauxbourgs. Au lieu que, de notre temps, la plus grande partie du nouveau monde a été découverte, tout le contour de l'ancien est connu (1), et la masse des expériences ou des observations s'est accrue à l'infini. Si donc nous voulions, à l'imitation des astrologues, tirer quelque pronostic de l'heure de la naissance et de la génération de ces anciennes philosophies, ces signes ne nous annonceroient rien de grand à leur sujet.

---

(1) Ce qu'il dit ici n'est vrai que depuis les voyages entrepris par les Russes, pour découvrir un passage aux Indes orientales par le nord-est.

LXXIII.

Mais de tous les signes qui peuvent nous mettre en état d'apprécier ces doctrines, le plus certain et le plus sensible, ce sont leurs fruits. Car les fruits et les œuvres sont comme les garans et les cautions de la vérité des théories. Or, quels fruits ont donné ces spéculations philosophiques des Grecs, et leurs dérivations dans les sciences particulières ? A peine, durant le cours de tant de siècles, peut-on citer une seule expérience tendante à adoucir la condition humaine, et dont on puisse se croire vraiment redevable à toutes ces spéculations et à tous ces dogmes philosophiques ; et c'est ce que *Celse* avoue avec autant d'ingénuité que de jugement. Il ne faut pas croire, dit-il, que les remèdes qu'emploie la médecine, aient été déduits méthodiquement de la connoissance des causes ou des principes de la philosophie, et n'en aient été que les conséquences pratiques ; mais, par une marche toute contraire, ces pratiques furent d'abord inventées; puis on se mit à raisonner sur tout cela : on se mêla de chercher les causes, on osa les assigner. Il n'est donc pas étonnant que, chez les Égyptiens, nation qui consacroit par des honneurs publics, et rangeoit parmi les dieux les inventeurs de choses utiles, on trouvât plus d'effigies d'animaux que d'images humaines; attendu que les animaux, guidés par le seul instinct naturel, ont mis les hommes sur la voie d'une infinité d'inventions utiles. Au lieu que les hommes ont eu beau raisonner et entasser les argumens, ils n'ont fait, par ce stérile moyen, que peu ou point de vraies découvertes.

Cependant l'industrie des chymistes n'a pas laissé de produire quelques fruits; mais ce fut au hazard, comme en passant, et en variant jusqu'à un certain point leurs expériences, à peu près comme le font ordinairement les artisans; et non d'après les vrais principes de leur art, ou à la lumière de quelque théorie. Car celle qu'ils ont imaginée tend plutôt à troubler la pratique qu'à l'aider. Il n'est pas jusqu'à ceux qui étoient versés dans ce qu'on appelle la *magie naturelle* (1), qui n'aient inventé quelque peu; mais toutes inventions frivoles, et tenant fort de l'imposture. Nous dirons encore à ce sujet que

---

(1) Il paroît que le jésuite Schott, et quelques autres physiciens des derniers siècles, qui ont mis ce nom en tête de certains traités assez curieux, entendoient par *magie naturelle*, cette partie de la physique qui est toute composée d'effets très étonnans, soit par leur rareté, soit par la manière dont on les présente, soit enfin par l'ignorance où nous sommes des causes. Tels sont encore les phénomènes de l'électricité; phénomènes qui paroissent tout naturels à ces physiciens, dont la cupidité les reproduit tous les jours, et y voit une cause pécuniaire très sensible, au lieu d'un effet difficile à expliquer; mais qui paroissent toujours une sorte de *magie* à ces autres physiciens plus désintéressés, et assez judicieux pour concevoir nettement qu'on n'y conçoit rien.

ce principe de religion qui veut que la *foi se manifeste par les œuvres*, s'applique fort bien à la philosophie. Il faut aussi la juger par ses fruits; et si elle est stérile, la rejeter comme inutile; sur-tout lorsqu'au lieu de raisins et d'olives qu'elle devroit donner, elle ne produit, à force de disputes et de débats, que des épines et des chardons.

LXXIV.

Il faut aussi tirer quelques indications de l'accroissement et du progrès des sciences et des philosophies; car celles qui ont leur fondement dans la nature même, croissent et se perfectionnent : quant à celles qui n'ont d'autre base que l'opinion, elles varient tout au plus, mais elles ne croissent point. Que si ces doctrines dont nous parlons, et qui, dans leur état actuel, sont comme autant de plantes séparées de leurs racines, eussent été enracinées dans la nature même, et de manière à pouvoir en tirer toute leur substance, les eût-on vues (comme cela n'est que trop arrivé) demeurer l'espace de deux mille ans presque dans le même état, et ne prendre aucun accroissement sensible, ou plutôt fleurir dans leurs premiers inventeurs, et ne faire ensuite que décliner. Nous voyons pourtant que dans les arts méchaniques, qui ont pour base la nature même, et sont éclairés par la lumière de l'expérience, les choses prennent un cours tout opposé ; *car ces derniers arts* (tant qu'ils plaisent et sont en vogue), sont comme pénétrés d'un esprit vivifiant qui les fait végéter et croître sans interruption ; d'abord grossiers, puis plus commodes, ils acquièrent ensuite de nouveaux degrés de perfection, et vont toujours en croissant.

LXXV.

Il est encore un autre signe à considérer, si toutefois il faut donner ce nom de signe à ce qu'on devroit plutôt regarder comme un témoignage, et comme de tous les témoignages le plus valide :

je veux parler de l'aveu formel des auteurs et des maîtres qui sont aujourd'hui le plus suivis. Car ceux-là mêmes qui prononcent sur toutes choses avec tant de confiance, ne laissent pas, de temps à autres, et lorsqu'ils sont plus capables d'examen, de changer de langage, et de se répandre aussi en plaintes sur la subtilité des opérations de la nature, sur l'obscurité des choses et la foiblesse de l'esprit humain. S'ils s'en tenoient à cet aveu, ils pourroient peut-être décourager les esprits les plus timides. Quant à ceux qui ont plus d'élan et de confiance en leurs propres forces, ces plaintes ne feroient qu'éveiller encore plus leur émulation, et les exciter à redoubler leurs efforts pour avancer plus rapidement dans la carrière des découvertes. Mais ce n'est pas assez pour eux que d'avouer leur propre ignorance et leur propre impuissance; il faut encore que tout ce qu'eux ou leurs maîtres n'ont pu découvrir ou exécuter, ils le relèguent hors les limites du possible, et comme en raisonnant d'après les principes de l'art, le déclarent formellement impossible dans la théorie ou la pratique; tournant ainsi, par un orgueil et une envie démesurés, ce sentiment qu'ils ont du néant de leurs inventions, en calomnie contre la nature, et en découragement pour les autres (*a*). De là cette nouvelle académie qui soutint *ex-professo* le dogme de l'*acatalepsie* (*b*), et condamna ainsi le genre humain à des ténèbres éternelles. De là aussi cette opinion : que la découverte des *formes,* ou des *vraies différences* des *choses* (qui ne sont au fond que les loix de l'acte pur); que cette découverte, dis-je, est absolument impossible. De là encore ces opinions reçues dans la partie pratique des sciences : que la chaleur du soleil et celle du feu artificiel sont de natures *essentiellement* différentes; ce qui tend à ôter aux hommes tout espoir de pouvoir exécuter, par le moyen du feu artificiel, rien de semblable à ce qu'opère la nature. De là, enfin, cet autre préjugé : que la seule espèce d'œuvre qui soit au pouvoir de l'homme, c'est la *composition*; mais que la *mixtion* (1) ne peut être l'œuvre que de la seule nature. C'est ainsi qu'on parle ordinairement, de peur apparemment que les hommes ne se flattent de pouvoir, par les seules ressources de l'art, opérer la génération ou la transformation des corps naturels. Ainsi, les hommes, une fois bien

———————

(1) Il paroît que les scholastiques entendoient par *composition*, le mélange imparfait de certains corps de même espèce, dont chacun est encore d'un assez grand volume, et composé de parties hétérogènes; c'est ce que nos chymistes appellent *aggrégation*; et qu'ils entendoient par *mixtion*, une combinaison de corps infiniment plus petits et d'espèces différentes, mais dont chacun est simple ou homogène, c'est-à-dire composé de parties toutes semblables; élémens qui s'unissent un à un, d'où résulte un mélange plus parfait. C'est ce que nos chymistes appellent *composition*, et qu'ils devroient appeller *constitution*, puisqu'ils qualifient de *constitutives* les parties de différente espèce, dont la réunion et la cohésion forme un mixte.

avertis par ce signe, souffriront sans peine qu'on leur conseille de ne point commettre leur fortune ni leurs entreprises avec des opinions non-seulement désespérantes, mais qui semblent même vouées pour jamais au désespoir.

LXXVI.

Un signe que nous ne devons pas non plus oublier, c'est cette perpétuelle mésintelligence et diversité d'opinions qui régnoit entre les anciens philosophes, soit d'individu à individu, ou d'école à école; diversité qui montre assez que la route qui devoit conduire des sens à l'entendement, n'avoit pas été trop bien tracée, puisque cette matière propre de la philosophie, je veux dire la nature même des choses, qui est essentiellement une, s'étoit ainsi comme ramifiée et partagée en tant d'erreurs différentes. Et quoique de nos jours ces dissensions et ces diversités d'opinions sur les principes mêmes et sur le corps entier de la philosophie, soient pour la plupart éteintes, néanmoins il reste encore une infinité de questions et de controverses sur les parties de la philosophie. Il est donc hors de doute qu'on ne trouve rien de certain et de solide, soit dans le fond même des philosophies, soit dans la forme des démonstrations.

LXXVII.

Quant à ce que pensent certaines personnes qui s'imaginent montrer la véritable cause de cette approbation si universelle, dont paroît jouir depuis tant d'années la philosophie d'Aristote, et l'expliquer suffisamment, en disant que dès qu'elle eut paru, toutes les autres tombèrent en désuétude et disparurent : que, dans les siècles suivans, n'ayant pu rien découvrir de meilleur, on s'en tint à celle-là; ensorte qu'elle a eu pour elle et les anciens et les modernes : cette assertion et l'explication dont on l'appuie, ne doivent pas nous arrêter. En premier lieu, à ce qu'on peut dire de cette prétendue disparition ou abolition des anciennes philosophies, après la publication des œuvres d'Aristote, je réponds que le fait est absolument faux; car, long-temps après, savoir, du temps de Cicéron, et même dans les siècles ultérieurs, les ouvrages des anciens philosophes existoient encore; mais depuis, les barbares ayant inondé l'Empire romain, et la science humaine ayant, pour ainsi dire, fait naufrage, alors enfin la philosophie d'Aristote et celle de Platon, telle que des planches moins compactes et plus légères, se soutinrent sur les flots du temps; et pour peu qu'on y regarde de plus près, on s'appercevra aisément que ce consentement unanime qui en imposoit à la première vue, n'est qu'un signe trompeur. La véritable unanimité est celle qui règne entre des hommes qui, dans toute la liberté de leur jugement, et après un mur examen, tombent d'accord sur les mêmes points : mais comme cette multitude d'hommes, qui semblent être tous du même sentiment sur la philosophie d'Aristote, ne s'accordent ainsi que par l'effet d'un même préjugé, et d'une même déférence pour une autorité qui les subjugue tous, c'est plutôt un assujettissement commun, une coalition d'esclaves, qu'un vrai consentement. D'ailleurs, quand ce prétendu consentement seroit aussi réel et aussi universel qu'on le dit, tant s'en faut qu'une telle unanimité doive être tenue pour une véritable et solide autorité ; qu'au contraire, il fait naître une violente présomption en faveur du sentiment opposé ; et dans les choses intellectuelles, c'est de tous les signes le plus suspect. Il faut toutefois en excepter les questions de théologie et de politique, où le droit de suffrage doit subsister. Car, au fond, rien ne plaît au grand nombre que ce qui frappe l'imagination et enlace l'entendement en se liant aux notions vulgaires, comme nous l'avons déja fait entendre. Ainsi ce mot si connu que Phocion appliquoit aux mœurs, s'applique également bien aux opinions philosophiques. *Lorsque la multitude*, disoit-il, *est d'accord avec vous, et vous applaudit, ayez soin aussi-tôt de vous bien examiner vous-même, afin de voir si, soit dans vos discours ou dans vos actions, il ne vous seroit pas échappé quelque sottise* (1). Cette unanimité est donc un fort mauvais signe. Ainsi concluons en général, que les signes qui peuvent nous mettre en état de juger de la vérité et de la solidité des doctrines, ne nous annoncent rien de bon par rapport aux philosophies en vogue de nos jours, soit qu'on en juge par leur origine, par leurs fruits, par leurs progrès, par l'aveu des inventeurs ou des maîtres, ou même par l'approbation universelle dont elles semblent jouir. C'est désormais un point hors de doute, et suffisamment prouvé (2).

---

(1) La multitude des sots ne convertit point leur sottise en sagesse; ce n'est tout au plus qu'une multiplication de sottises, et le produit est de même nature que le multiplicande.

(2) Il semble, à la première vue, qu'il y ait un peu de contradiction entre cet aphorisme et le précédent; car on est d'abord tenté de raisonner ain-

si : Si la diversité des opinions est un signe de leur fausseté, l'unanimité est donc un signe de vérité ; et si l'unanimité n'est pas un signe de vérité, il n'est donc pas vrai que la diversité des opinions soit un signe de leur fausseté. Mais ce raisonnement ne seroit qu'un paralogisme. Car il se pourroit que l'unanimité ne fût pas un signe *suffisant*, mais seulement un signe *nécessaire* de vérité ; et qu'on eût besoin, pour former un pronostic sûr, du concours de plusieurs signes ; par exemple, de deux. Et alors, quand la diversité des opinions seroit un signe de leur fausseté, il ne s'ensuivroit point du tout que l'unanimité seule est un signe certain de vérité, puisque des deux signes qu'on devoit réunir, on n'en auroit encore considéré qu'un seul. Or, Bacon veut qu'on ne regarde comme un signe suffisant de vérité, l'accord des opinions, que lorsqu'il a lieu entre des hommes qui usent de toute la liberté de leur jugement, et qui ne se décident qu'après un mûr examen. Ainsi la contradiction n'est qu'apparente, et il est d'accord avec lui-même.

Commentaire du troisième chapitre.

(a) *Ils le déclarent formellement impossible, soit dans la théorie, soit dans la pratique.* Avant qu'on ait su découvrir une chose utile, cette découverte semble impossible ; mais est-elle inventée, tout le monde *la savoit*. Il est des gens dont toute la puissance n'est fondée que sur l'impuissance d'autrui ; et comme notre apparente impuissance diminue à la longue notre puissance réelle, ils déclarent impossible pour les autres, ce qui ne l'est que pour eux-mêmes. On juge une chose impossible, lorsqu'on n'a pas actuellement dans l'esprit les moyens qui la rendent possible, soit qu'ils existent ou n'existent pas ; et soit que, ces moyens existant réellement, on les ait toujours ignorés ou simplement oubliés, ou enfin jugés hors de sa portée. Ainsi, le plus souvent, cette déclaration d'impossibilité n'est qu'un aveu indirect de notre ignorance et de l'impuissance qui en dérive. On regarde ordinairement comme un signe de présomption, la promptitude à juger possibles toutes les opérations proposées ; mais c'est être cent fois plus présomptueux de les déclarer impossibles ; car c'est dire en d'autres mots : *Mon puissant génie embrasse toute la sphère des possibles : or, la chose proposée n'y est point comprise*. Il est bon d'observer sur ce sujet, qu'on peut distinguer deux sortes d'impossibilités ; savoir : *l'impossibilité actuelle*, et *l'impossibilité perpétuelle*. Une chose est *actuellement impossible*, pour qui ne connoît ou ne possède pas les moyens nécessaires pour la réaliser. Elle est *perpétuellement impossible*, lorsqu'elle implique contradiction, c'est-à-dire, lorsqu'elle suppose la réunion de deux conditions contradictoires, ou qui ne peuvent se trouver ensemble dans un même sujet, et dans le même instant individuel ; et alors l'impossibilité peut être démontrée, savoir ; en montrant cette contradiction lorsqu'elle n'est pas par elle-même sensible et palpable. Par exemple, être en même-temps à Canton en Chine, et à Paris ; avoir tout à la fois la stature de cinq pieds trois pouces et celle de six pieds, sont deux impossibilités du second genre. Remettre la tête d'un homme qui vient d'être décollé, et la rajuster assez bien pour ressusciter le sujet, est, selon toute apparence, une chose impossible, et dans le premier sens ; mais il est *également* impossible de démontrer cette impossibilité. Car, faire cinquante lieues en traversant les airs ; faire trois ou quatre lieues sous l'eau dans un bateau, et rajuster un nez fraîchement coupé, de manière à le faire reprendre, étoient autrefois trois choses jugées impossibles ; et cependant elles étoient possibles, puisqu'elles ont été faites. Ainsi, prononcer fréquemment ces trois mots, *cela est impossible*, et avant de s'être mis en état de prouver que la chose proposée implique contradiction, c'est tenir un langage bien peu philosophique ; c'est une vraie témérité. Plus un homme voit de possibilités, plus il en soupçonne d'autres qui peuvent échapper à sa vue; et moins il ose tracer, d'une main téméraire, des limites dans le champ illimité du possible. Car, le plus haut degré de la raison humaine, consiste à bien sentir sa propre insuffisance; à voir clairement qu'elle ne voit jamais assez; et tout l'avantage qu'un génie de premier ordre peut avoir sur les esprits ordinaires, c'est de sentir plus souvent ce qui lui manque; d'être plus fortement convaincu du néant de sa science comparée à l'immensité de l'univers; et de mieux découvrir, du point de vue élevé d'où il le contemple, la vaste étendue de l'ignorance humaine.

(*b*) *De là cette nouvelle académie qui soutint ex-professo le dogme de l'acatalepsie.* C'est un dogme bien commode que celui de l'*acatalepsie*, espèce de scepticisme mitigé, et qui n'ose paroître tout ce qu'il est; c'est tout à la fois un instrument de *paresse*, de *vanité*, d'*envie*, de *bavardage*, et de *timidité*. Car, en premier lieu, si, avec quelque attention et quelque patience qu'on étudie la nature, toute vraie découverte est impossible, il s'ensuit que toutes les études sont inutiles, et que c'est notre paresse qui a raison. En second lieu, s'il est impossible d'être vraiment savant, on n'est pas obligé d'étudier pour le devenir : non-seulement on a *droit* d'être ignorant,

LIV. I. CHAP. III.

mais c'est un *devoir* de l'être. J'aurai donc le facile mérite de ne rien savoir ; et avec un peu d'éloquence, je pourrai, sans injustice, me faire un grand nom, en devenant, comme l'illustre J.J. Rousseau, l'avocat et le commensal des ignorans ; car, dans tous les temps, ceux qui firent l'apologie de l'ignorance, sans rien ajouter aux connoissances humaines, s'immortalisèrent plus aisément que ceux qui augmentèrent, par des découvertes réelles, la masse des véritables sciences, sans en faire l'apologie ; les premiers ayant eu pour eux les ignorans, c'est-à-dire, le grand nombre. En troisième lieu, si les découvertes des plus grands génies ne sont que des illusions et des rêves, leur haute réputation est donc usurpée ; ils n'ont donc plus droit à l'estime publique ; cette estime doit donc me rester toute entière, à moi qui ai l'honneur de ne rien savoir, et le mérite de ne rien faire pour devenir savant. En quatrième lieu, si une opinion n'est pas plus certaine que l'autre, nous pourrons donc, en toute question, soutenir le pour et le contre alternativement ; doubler ainsi tous nos volumes, et doubler en même-temps notre recette, soit pécuniaire, soit glorieuse. Aussi voyez-vous que Bayle, qui étoit aux gages d'un libraire, et qui avoit des in-folios à remplir, n'a pas manqué d'être sceptique, ainsi que la plupart des autres marchands de sagesse, entr'autres Cicéron, qui avouoit à Brutus avec ingénuité, qu'il n'avoit embrassé les opinions de l'académie, qu'afin de pouvoir bavarder plus copieusement ; et qui n'eut jamais d'autre moyen pour augmenter son patrimoine, que l'art de semer dans l'oreille des sots. 5°. Enfin, si toutes les opinions sont incertaines, nous hommes timides qui n'avons point assez de vigueur et d'assurance pour porter long-temps avec grace le poids d'un système positif, nous nous garderons bien d'en embrasser aucun ; et nous nous hâterons de les attaquer tous, de peur qu'on ne nous attaque nous-mêmes ; la meilleure manière de se défendre en toute espèce de combat, étant d'attaquer : nous nous ferons de notre scepticisme un fort, d'où nous canonnerons tout ce qui osera paroître en campagne ; et dès que l'ennemi fera ses approches, nous nous réfugierons dans notre casemate, jusqu'à ce que notre propre fortification nous tombe sur la tête. Car, malheureusement le scepticisme est si fort contre tous les systèmes, qu'il en est fort contre lui-même ; attendu que, si tout est douteux et incertain, il n'est pas même certain qu'on doive douter de quelque chose ; et il est très douteux qu'il y ait quelque chose d'incertain. Ces ironies sont la meilleure manière de réfuter un système ridicule, et même d'autant plus dangereux, que, jetant l'homme dans l'irrésolution, il tend à augmenter en lui la force d'inertie, ou la paresse, l'un de ses deux plus grands ennemis. Mais n'est-il point de milieu entre la fureur de dogmatiser, et le doute perpétuel? oui, sans doute, il en est un; ce milieu est d'oser dire ce qu'on sait, et se taire sur ce qu'on ne sait pas; ou mieux encore, avouer ingénument qu'on l'ignore, aveu qui n'est rien moins que pénible, pour qui connoît la nature de l'esprit humain, et celle des objets de nos études. En effet, chaque objet que nous considérons étant divisible à l'infini, soit quant à ses parties réelles, soit quant à ses modes, simultanées ou successifs, et chaque individu tenant à tous les autres, comme cause et comme effet, tous les sujets de nos analyses sont si prodigieusement composés, que l'esprit humain ne peut jamais en embrasser aucun dans sa totalité; et fût-il en état de faire des analyses complettes, il n'auroit aucun moyen pour s'assurer qu'il ne lui a échappé aucune considération nécessaire. Avec quelque attention et quelque patience que nous ayons examiné un sujet, si nous venons à l'examiner de nouveau, nous y découvrons toujours quelque chose que nous n'y avions pas apperçu dans le premier examen, et qui nous oblige à changer ou à modifier l'opinion que nous nous en étions formée d'abord. Ainsi, à proprement parler, toutes nos études ne sont que commencées; nous n'avons jamais droit de porter de jugemens définitifs; tous nos jugemens ne doivent être que *provisoires;* et telle en pourroit être la formule. *Voilà, quant à ce que je connois dans ce sujet, ce que j'en pense actuellement, en attendant que je le connoisse mieux, et en me renvoyant moi-même à un plus ample informé.*

CHAPITRE IV.

Causes des principales espèces d'erreurs et de préjugés.

LXXVIII.

Il est temps de montrer par quelles causes, non moins puissantes que multipliées, les nations se sont attachées, durant tant de siècles, à ces différentes espèces d'erreurs et de préjugés. Ces causes une fois bien connues, on cessera d'être étonné que les vues exposées dans cet ouvrage se soient présentées si tard à l'esprit de quelque mortel, ou qu'un homme, quel qu'il puisse être, ait pu s'aviser le premier de penser à tout cela. Aussi est-ce ce que nous regardons nous-mêmes plutôt comme l'effet d'un certain bonheur, que comme la preuve d'un talent supérieur : oui, c'est plutôt un fruit du temps, qu'une production du génie.

Or, en premier lieu, pour peu qu'on arrête son attention sur ce grand nombre de siècles qui en impose à la première vue, et qu'on se fasse une juste idée de cette durée, on la verra se réduire à bien peu d'années. En effet, de vingt-cinq siècles, espace de temps où la science et la mémoire des hommes se trouvent presque entièrement circonscrites, à peine en peut-on détacher et marquer six qui aient été vraiment productifs pour les sciences, et favorables à leur accroissement. Car le temps, ainsi que l'espace, a ses déserts et ses solitudes. A proprement parler, les sciences n'ont eu que trois révolutions ou périodes : la première, chez les Grecs ; la seconde, chez les Romains ; la troisième, chez nous ; je veux dire chez les Européens occidentaux ; périodes à chacune desquelles on ne peut guère attribuer que deux siècles. Les temps intermédiaires ont été des saisons défavorables pour les sciences, et où elles n'ont eu qu'une bien mauvaise récolte, soit pour la quantité, soit pour la qualité. Car il est assez inutile de parler des Arabes et des Scholastiques, qui, par leurs innombrables et énormes volumes, sont plutôt parvenus à écraser les sciences qu'à en augmenter le poids. Ainsi, ces progrès si foibles et si lents qu'ont faits les sciences durant tant de siècles, ce n'est pas sans fondement que nous les attribuons à l'étroite mesure des temps qui leur ont été favorables.

LXXIX.

Au second rang se présente une cause, qui, dans tous les temps et dans tous les lieux, est d'une grande influence. Cette cause est que dans ces temps mêmes où les lettres et les talens de toute espèce ont fleuri le plus, ou ont été cultivés jusqu'à un certain point, la philosophie naturelle (1) n'a eu en partage que la moindre partie de l'attention et de l'industrie des hommes. Cette science si négligée doit pourtant être regardée comme la mère de toutes les autres. Car une fois que les sciences et les arts sont séparés de cette *science primaire*, qui est comme leur racine, on peut bien ensuite les polir et les façonner pour l'usage; mais on a beau faire alors, ils ne croissent plus. Or, il est constant que depuis l'époque où le christianisme eut été adopté et fut, pour ainsi dire, parvenu à son point de maturité, le

---

(1) Dans l'idiôme maternel de l'auteur, ces deux mots *natural philosopher* (philosopheur naturel), désignent ordinairement un *physicien*; et le mot *physician*, qui semble répondre à notre mot *physicien*, désigne un *médecin*. Mais les deux premiers mots sont pris ici dans un sens beaucoup plus étendu, et signifient toute science qui a pour base l'observation, l'expérience et le raisonnement ou l'analogie : c'est ce dont on verra la preuve dans l'aphorisme suivant.

plus grand nombre des esprits distingués s'appliquèrent à la théologie. Aussi n'avoit-on pas manqué d'encourager ce genre d'études par les récompenses les plus magnifiques, et par une infinité de secours de toute espèce. C'est donc cette étude de prédilection qui a occupé toute la troisième période, je veux parler de celle qui a eu lieu dans l'Europe occidentale; genre d'étude qui devoit d'autant plus prévaloir, qu'à peu près vers le même temps, les lettres commencèrent à refleurir, et les controverses sur la religion, à se multiplier. Mais, à l'époque précédente, je veux dire durant cette période qui eut lieu chez les Romains, la morale, qui, parmi les Païens, tenoit lieu de théologie, étoit le principal sujet de méditation des philosophes ; toute leur attention, toute leur intelligence étoit concentrée et comme absorbée dans cette sorte de sujets. Ce n'est pas tout : les plus grands esprits de ce temps-là se jetoient dans les affaires et dans les professions actives, à cause de la vaste étendue de l'empire romain, dont l'administration exigeoit les travaux combinés d'un grand nombre d'hommes éclairés. Mais cet âge, où la philosophie naturelle paroît avoir fleuri chez les Grecs, se réduit à une période de très courte durée. Car ces sept philosophes, connus, dans des temps plus reculés, sous le nom de *sages*, s'appliquèrent tous, Thalès excepté, à la morale et à la politique. Dans les temps ultérieurs, lorsque Socrate eut, pour ainsi dire, obligé la philosophie d'abandonner les cieux et de descendre sur la terre, la morale prévalut encore davantage et détourna les esprits de l'étude de la philosophie naturelle (1).

―――――――――――――

(1.) En quoi il rendit aux hommes un assez mauvais service : en apprenant de lui à définir la vertu, ils n'en devinrent pas meilleurs, et ils perdirent une infinité de connoissances utiles, qu'ils eussent acquises en continuant d'étudier la physique. Il semble que ce grand homme n'eût pas apperçu le

4.   17

Mais cette période même où l'on s'attachoit avec ardeur à l'étude de la nature, fut bientôt infectée de l'esprit de contradiction et de la fureur d'innover en matière d'opinion, qui la rendirent inutile au progrès de la véritable science. Ainsi la philosophie naturelle ayant été si négligée et arrêtée par de si grands

---

préjugé diviseur et destructeur sur lequel sont fondées toutes les sociétés humaines dont l'édifice porte à faux; et ôtant toujours du problème cette difficulté insurmontable, il le résout à son aise et sans utilité pour ses disciples. Mais cette cause continue travailloit contre lui tandis qu'il parloit, et il perdit son temps comme nous perdons le nôtre. Il paroît aussi qu'il ne sut pas vivre avec ses concitoyens, puisque ses concitoyens ne voulurent pas qu'il vécût avec eux, et que, pour prix de ses ironies, ils l'empoisonnèrent.

Qu'étoit-ce donc que cette morale qui produisit un tel fruit? Une science incomplette, un instrument d'orgueil que l'orgueil brisa. La vraie morale ressemble fort à la physique, parce que les hommes ressemblent fort à des machines. Il faut bien leur parler des corps, puisqu'ils en ont un, qui fait au moins la moitié de leur individu.

obstacles, durant ces trois périodes, doit-on s'étonner que les hommes y aient fait si peu de progrès, eux qui étoient alors occupés de toute autre chose ?

LXXX.

A ces considérations, ajoutez que parmi ceux-là mêmes qui se sont appliqués à la philosophie naturelle, cette science a rarement trouvé un individu qui disposât de tout son temps; en un mot, un homme tout entier. Tout au plus me citerez-vous les veilles de tel moine dans sa cellule, ou de tel gentilhomme dans son petit manoir (1). Mais la philosophie

---

(1) Il semble désigner ici Roger Bacon son compatriote, et René Descartes son contemporain, dont il put avoir quelque connoissance; car, dans une lettre placée en tête du traité des passions, un ami du philosophe français lui adresse cette obligeante *observation* : je trouve que les idées du chancelier Bacon ont beaucoup d'analogie avec les vôtres; ce qui signifioit amicalement : vos idées ont beaucoup d'analogie avec celles du chancelier Bacon ; vous entreprenez, d'après lui, une totale

n'étoit plus alors qu'une sorte de passage de pont pour aller à d'autres sciences.

En un mot, cette auguste mère de toutes les sciences, on l'a indignement rabaissée au vil office de servante : on en a fait une aide de la médecine et des mathématiques; on l'a abandonnée à la jeunesse sans expérience, afin que ces esprits novices, d'abord pénétrés, et en quelque manière imbibés de cette science, comme d'une première teinture, en fussent mieux disposés pour en recevoir quelqu'autre. Cependant en vain se flatteroit-on de faire dans les sciences en

---

restauration des sciences; pour ne pas paroître le copier, tout en le plagiant, vous prenez le problême par la queue, et vous élevez autel contre autel : lui, il veut tirer de l'expérience même tous les principes; et vous, vous prétendez pouvoir tirer l'expérience de vos principes innés; mais vous le contredirez tant, qu'à la fin vous lui ressemblerez, *mon cher ami*. Car c'est à peu près ainsi que *les chers amis* parlent aux grands hommes; et tels sont ordinairement les présens que leur fait l'amitié, cette orgueilleuse fille de l'égalité.

général, et sur-tout dans leur partie-pratique, des progrès sensibles, tant que la philosophie naturelle ne sera pas appliquée aux sciences particulières, et que les sciences particulières, à leur tour, ne seront pas ramenées à la philosophie naturelle. C'est faute de cette liaison et de ces rapprochemens que l'astronomie, l'optique, la musique, un grand nombre d'arts méchaniques, la médecine elle-même, et (ce qu'on n'auroit peut-être jamais cru) la morale, la politique et la logique n'ont presque point de profondeur ; qu'elles s'arrêtent à la superficie des choses, contentes du seul spectacle que leur offre la variété des objets, ou la diversité des idées. Car une fois que toutes ces sciences sont ainsi dispersées et établies chacune à part, la philosophie naturelle cesse de les nourrir. C'étoit pourtant cette seule science qui, en puisant aux vraies sources, savoir, dans l'exacte observation des mouvemens célestes, de la marche des rayons lumineux, des sons, de la texture et du méchanisme des corps, des affections de l'ame, et des perceptions de l'entendement ; c'étoit elle seule, dis-je, qui pouvoit ainsi leur donner de la substance, les faire végéter plus vigoureusement, et croître plus rapidement. Il n'est donc nullement étonnant que la véritable science ait cessé de prendre de l'accroissement; ce n'est plus qu'un arbre séparé de ses racines.

LXXXI.

Veut-on connoître une autre cause du peu de progrès des sciences? la voici : il est impossible de marcher droit dans la carrière, tant que la borne sera mal posée et la fin mal déterminée. Quelle est donc la vraie borne des sciences et leur véritable fin ? Cette fin est d'enrichir la vie humaine de découvertes réelles; c'est-à-dire, de nouveaux moyens. Mais le troupeau des gens d'étude pense à toute autre chose : il est tout mercenaire ; ce sont tous hommes de louage, tous gens occupés à faire leur montre.

Si par hazard vous rencontrez quelque homme de lettres ou artiste d'un esprit plus pénétrant et avide de gloire, qui s'occupe sérieusement de quelque découverte, malheur à lui! ce ne sera qu'aux dépens de sa fortune. Mais tant s'en faut que le plus grand nombre se propose vraiment pour but d'augmenter la masse des sciences et des arts, que de cette masse qui est déja sous leur main, ils ne tirent tout au plus que ce qui peut être de quelque usage dans leur profession, ou qui peut servir à augmenter leur fortune, à étendre leur réputation, ou à leur procurer tout autre avantage de cette espèce. Si encore, dans une si grande multitude, il s'en trouve un seul qui ait pour la science une affection sincère, et qui l'aime pour elle-même, vous le verrez plutôt occupé à varier le sujet de ses méditations, et à se promener, pour ainsi dire, dans les différentes sciences, que s'attacher constamment à la recherche de la vérité, en suivant une méthode sévère et rigoureuse. Si, enfin, vous en trouvez par hazard un seul qui soit capable de cette tenue et de cette sévérité, eh bien cet homme-là même cherchera tout au plus de ces vérités qui peuvent contenter l'esprit par l'indication des causes et l'explication d'effets déja connus; non de ces vérités qui enfantent des effets nouveaux et utiles, comme autant de garans de l'utilité des recherches ultérieures, et d'où jaillissent des principes dont la lumière inattendue éclaire en un instant tous les esprits. Ainsi, la borne des sciences étant mal posée, et leur fin mal déterminée, on n'a plus lieu d'être surpris que, dans les études subordonnées à cette fin, il ait résulté de cette méprise une si grande aberration.

LXXXII.

Que la fin des sciences soit mal déterminée et la borne mal posée, c'est ce dont on ne peut douter; mais fût-elle mieux posée, on n'en seroit pas plus avancé ; la route qu'on a choisie pour aller au but, est absolument fausse et tout-à-fait inaccessible. Est-il rien de plus étrange pour tout homme capable de juger sainement des choses, que de voir qu'aucun mortel jusqu'ici n'ait pris soin, n'ait eu à cœur de tracer pour l'entendement une route qui partît des sens et de l'expérience, et qu'on ait abandonné le tout aux incertitudes et aux obscurités des traditions ; ou encore aux alternatives et au tournoiement de la dispute et de l'argumentation ; ou, enfin, aux fluctuations et aux détours sans fin d'une expérience fortuite, vague et confuse ? Que tout homme de sens, arrêtant son attention sur ce sujet, se demande quelle est la marche que suivent la plupart des hommes, lorsqu'ils entreprennent quelque recherche et veulent jouer le rôle d'inventeurs ; la première chose qui va se présenter à son esprit, c'est cette marche grossière destituée de toute méthode, qui leur est si familière. Or, voici comment s'y prend cet homme qui a la prétention de faire des découvertes : il va d'abord feuilletant toutes sortes de livres, et compilant tout ce qui a été écrit sur le sujet qui l'occupe, puis il ajoute à tout cela le produit de ses propres méditations; enfin, il met sa cervelle à la torture, sollicite avec chaleur son propre esprit, et invoque, pour ainsi dire, son génie, afin qu'il rende des oracles : mais rien de moins solide et de plus hazardé que ces prétendues inventions qui n'ont pour base que de pures opinions.

Tel autre appelle à son secours la dialectique, qui, au nom près, n'a rien de commun avec ce que nous avons en vue. Car ces préceptes d'invention qu'elle donne n'ont nullement pour objet celle des principes et des axiômes principaux, qui sont comme la substance des arts; mais seulement l'invention de ces autres principes, qui paroissent conformes à ces premiers. Aussi quand elle a affaire à ces hommes d'une curiosité importune qui la serrent de trop près, et l'interpellent en lui demandant une méthode pour établir ou inventer de vrais principes, c'est-à-dire, des axiômes du premier ordre, ne manque-t-elle pas de les payer d'une réponse fort connue, en les renvoyant à chaque art, avec injonction de lui prêter, pour ainsi dire, serment, et de lui faire hommage-lige (1).

---

(1) Tout l'essentiel du *syllogisme* consiste dans *un principe* et son *application* à un *sujet plus particulier* que celui de ce même principe. Or, si le sujet auquel on applique le principe doit être plus particulier que celui du principe appliqué, on ne peut donc déduire d'un principe que des propositions moins générales, et par conséquent on ne peut établir, par le moyen du syllogisme, les principes les plus élevés ; puisqu'alors, par la supposition même, il n'en est point de plus élevés et de plus généraux dont on puisse les déduire. De plus, lorsqu'on déduit une proposition par voie de *comparaison* ou d'*analogie*, c'est-à-dire, lorsque de l'analogie du sujet B avec le sujet A, on conclut que la propriété ou l'attribut qui convient à A, convient aussi à B, il est évident qu'on ne peut encore, par cette voie, déduire qu'une proposition *particulière*. Or, il n'existe que *trois métho-*

Reste donc l'*expérience pure*, qui, lorsqu'elle se présente d'elle-même, prend le nom de *hazard*; et lorsqu'elle a été cherchée, retient le nom du genre (celui même d'*expérience*). Mais ce genre d'expériences dont ils font usage, n'est autre chose, comme on le dit communément, qu'une sorte de *balai sans lien*; qu'un pur *tâtonnement*, semblable à celui d'un homme qui, s'étant égaré la nuit, va tâtonnant de tous côtés pour retrouver son chemin. Mieux

―――――――――――――――――――

des pour déduire *affirmativement* une proposition; savoir : la méthode *à priori*, ou *synthétique*, ou *syllogistique*; la méthode *à latere*, ou *l'analogie*; enfin la méthode *à posteriori*, ou *inductive*, ou *analytique*, qui, lorsqu'on ne suppose rien, part nécessairement de *l'expérience*. Mais nous avons fait voir qu'à l'aide *des deux premières méthodes*, on ne peut établir une proposition *généralissime*, ou *principe du premier plan*: reste donc, pour l'établir, la seule voie de *l'expérience*, comme il va le dire; mais sa conclusion étoit fausse, parce qu'il avoit oublié *d'exclure la voie d'analogie*; actuellement elle est vraie.

eût valu attendre le jour, ou allumer un flambeau, et penser ensuite à se mettre en route. Or, c'est précisément ce que fait la vraie méthode, au lieu d'errer ainsi à l'aventure, et de vouloir tout faire avant le temps; elle commence par allumer son flambeau, dont elle se sert ensuite pour montrer le chemin, en partant, non de l'expérience vague ou faite après coup, mais de l'expérience bien digérée, bien ordonnée; puis elle en extrait les principes : enfin, de ces principes une fois solidement établis, elle déduit de nouvelles expériences, sachant assez que le Verbe divin lui-même, lorsqu'il travailla sur la masse immense des êtres, ne le fit pas sans ordre et sans méthode.

Si donc la science humaine a mal fourni sa carrière, que les hommes cessent de s'en étonner : eh! en pouvoit-il être autrement? elle s'étoit égarée en partant, et prodigieusement écartée de la vraie route; elle avoit entièrement abandonné, déserté l'expérience; ou elle ne faisoit qu'y tournoyer, que s'y embarrasser, comme dans un labyrinthe : au lieu que la véritable méthode conduit, à travers les forêts sombres de l'expérience, par un sentier bien droit et toujours le même, au pays découvert des axiômes.

LXXXIII.

Cette mauvaise habitude, que nous voulons détruire, s'est fortifiée par une opinion, ou plutôt par une manière d'apprécier les choses désormais invétérées; mais où il n'entre pas moins d'orgueil que d'ignorance : eh! n'est-ce pas, s'écrient-ils, rabaisser la majesté de l'esprit humain, que de vouloir le tenir si long-temps attaché à de grossières expériences, à tous ces détails minutieux, à ces objets soumis à l'empire des sens, et aussi limités que la matière dont ils sont composés? Les vérités de cet ordre, ajoutent-ils, exigent de pénibles recherches; elles n'ont rien qui élève l'ame, quand on les médite; elles donnent au discours je ne sais quoi de sec et de rustique; elles sont d'un assez mince produit, ne rendant presque rien dans la pratique; leur multitude est infinie; enfin, elles sont si déliées et si fines, qu'elles échappent à la vue la plus perçante; voilà ce qu'ils disent; et à la longue, tel a été l'effet de ces discours, qu'enfin la véritable route n'est pas seulement abandonnée, mais même interceptée, fermée; et l'on ne se contente pas de négliger l'expérience, on fait pis, on la dédaigne.

LXXXIV.

Une autre cause qui a fait obstacle aux progrès que les hommes auroient pu faire dans les sciences, et qui les a, pour ainsi dire, cloués à la même place, comme s'ils étoient enchantés, c'est ce *profond respect* et cette *aveugle déférence* qu'ils ont d'abord pour l'*antiquité* (a); puis pour l'*autorité* de ces *personnages* qu'ils regardent comme de *grands maîtres* en philosophie; enfin pour *l'opinion publique;* mais ce dernier point a déja été traité.

Quant à *l'antiquité,* l'opinion qu'ils s'en forment, faute d'y avoir suffisamment pensé, est tout-à-fait superficielle, et n'est guère conforme au sens naturel du mot auquel ils l'appliquent. C'est à la vieillesse du monde et à son âge mûr qu'il faut attacher ce nom d'antiquité. Or, la vieillesse du monde, c'est ce temps même où nous vivons, et non celui où vivoient les anciens, et qui étoit sa jeunesse. A la vérité, le temps où ils ont vécu est le plus ancien par rapport à nous; et à cet égard ils sont nos aînés; mais, par rapport au monde, ce temps étoit nouveau; et, sous ce rapport, les anciens étoient, en quelque manière, les cadets de l'univers. Or, de même que lorsqu'on a besoin de trouver, dans quelqu'individu, une grande connoissance des choses humaines, et une certaine maturité de jugement, on cherchera plutôt l'une et l'autre dans un vieillard que dans un jeune homme, connoissant assez l'avantage que donnent au premier sa longue expérience, le grand nombre et la diversité des choses qu'il a vues, oui dire, ou pensées lui-même; c'est ainsi, et par la même raison, que si notre siècle, connoissant mieux ses forces, avoit le courage de les éprouver, et la volonté de les augmenter en les exerçant, on auroit lieu d'en attendre de plus grandes choses que de l'antiquité, où l'on cherche ses modèles; car le monde étant plus âgé (*b*), la masse des expériences et des observations s'est accrue à l'infini.

Et ce qu'il faut encore compter pour quelque chose, c'est que, par le moyen des navigations et des voyages de long cours, qui se sont si fort multipliés de notre temps, on a découvert dans la nature et observé une infinité de choses qui peuvent répandre une nouvelle lumière sur la philosophie. De plus, ne seroit-ce pas une honte pour le genre humain, d'avoir fait de nos jours tant de découvertes dans le monde matériel, et de souffrir en même temps que les limites du monde intellectuel fussent resserrées dans le cercle étroit des découvertes de l'antiquité?

Quant à ce qui regarde ces inventeurs ou ces maîtres en tout genre, quelle plus grande pusillanimité, que d'accorder à de tels auteurs une infinité de prérogatives, en frustrant de ses droits, le temps, auteur des auteurs mêmes, et à ce titre, la vraie source de toute autorité; car ce n'est pas sans raison qu'on a dit : la vérité est fille du temps et non de l'autorité. Ainsi, l'esprit humain étant comme fasciné par cette excessive déférence pour l'antiquité, les grands maîtres et l'opinion publique, doit-on encore être étonné que les hommes liés par cet assujettissement, comme par une sorte de maléfice, soient devenus incapables de consulter la nature même et de se familiariser avec ses opérations?

LXXXV.

Ce n'est pas seulement l'admiration et la déférence pour l'antiquité, l'autorité et l'opinion publique, qui a porté les hommes à se reposer ainsi sur les découvertes déja faites ; c'est encore l'admiration pour les œuvres de la main humaine ; et à cet égard, le genre humain semble être dans l'abondance. En effet, si l'on se représente l'inépuisable variété et l'appareil pompeux de tous ces procédés que les arts méchaniques ont introduits et comme entassés pour multiplier à l'infini les douceurs et les commodités de la vie, frappé de ce spectacle, on sera plus disposé à admirer l'opulence humaine, qu'on n'aura le sentiment de l'indigence commune ; ne s'appercevant pas que ces premières observations des hommes, et ces primitives opérations de la nature, qui sont comme le premier mobile, comme l'ame de tout cela, ne sont pas en fort grand nombre ; que, pour faire de telles découvertes, il n'a pas fallu fouiller bien avant, et que tout le reste n'est que le fruit de la patience, et le produit d'une certaine subtilité ou régularité dans les mouvemens de la main ou des instrumens. Par exemple, s'il est un genre d'exécution qui exige de la précision, de l'exactitude et de l'adresse, c'est certainement la construction des horloges, qui par leurs rouages semblent imiter les mouvemens célestes; et par leur mouvement alternatif et régulier, le pouls des animaux (1). Eh

---

(1) Cette similitude de mouvemens n'est pas fort étonnante; elle est nécessitée, puisqu'il ne peut y avoir que deux espèces de mouvemens continus; savoir: le mouvement de circulation, le mouvement alternatif, et leurs combinaisons. Encore le mouvement de circulation peut-il être ramené au mouvement alternatif, et être regardé comme une combinaison de deux mouvemens de cette dernière espèce ayant lieu dans deux plans qui se croisent à angles droits. Car si, lorsqu'un pendule fait ses vibrations, on donne à la balle ou lentille un petit coup selon une direction perpendiculaire au plan dans lequel elle se meut, et tendant à lui

bien! ces machines si ingénieuses tiennent tout au plus à un ou deux principes puisés dans la nature. Que si l'on tourne son attention vers ce qu'il peut y avoir de plus ingénieux et de plus délié dans les arts libéraux, ou même dans ces procédés par le moyen desquels, dans les arts méchaniques, on

faire faire d'autres vibrations dans un plan perpendiculaire aussi au premier, vous verrez cette balle décrire une ligne circulaire, ou elliptique. Ainsi, puisqu'il y a, dans le corps humain, dans les horloges et dans les cieux, des mouvemens continus, ces mouvemens doivent nécessairement se ressembler. C'étoit cette même raison qui m'avoit fait avancer dans la balance naturelle, que le mouvement projectile ou tangentiel des planètes, gratuitement supposé par Newton, pouvoit avoir pour cause l'attraction latérale d'un ou de plusieurs autres soleils; et ce qui me portoit encore à le penser, étoit que le pôle de notre planète n'est pas tourné vers l'astre central qui l'attire, comme le seroit celui d'un aimant vers un morceau de fer, ou un autre aimant qui l'attireroit; mais vers la région du ciel où est le plus grand nombre d'étoiles de la seconde grandeur; savoir : vers la région

fait prendre aux corps naturels mille formes différentes, si l'on examine bien toutes ces inventions, par exemple, quant aux arts de la première espèce : la découverte des mouvemens célestes, dans l'astronomie ; celle des accords, dans la musique ; et dans l'art grammatical, l'invention des lettres alphabéti-

---

septentrionale où se trouvent, au centre, l'étoile du nord ; d'un côté, les sept du grand chariot ; et de l'autre, les cinq de Cassiopée. Si cette cause ou toute autre cause semblable ne ranimoit continuellement le mouvement que doivent perdre les planètes, par la résistance du fluide où elles nagent et qu'elles refoulent sans cesse, ce mouvement se ralentiroit de plus en plus, elles s'approcheroient sensiblement du soleil, dans un espace de temps aussi long que celui qui s'est écoulé depuis les premiers astronomes connus jusqu'à nous, et la période de six cents ans, découverte par ce peuple, plus ancien que les Égyptiens, les Indiens et les Chinois, qui a disparu depuis plus de quatre mille ans, et dont M. Bailly a si bien démontré l'existence ; cette période, dis-je, ne seroit pas aussi exactement conforme qu'elle l'est à nos propres calculs et à nos propres observations.

ques, qui ne sont pas encore en usage à la Chine (1); ou que, dans les arts méchaniques, on considère les *gestes* (2) *de Bacchus et de Cérès*, c'est-à-dire la préparation du vin, de la cervoise et des différentes sortes de pain ou de pâtisserie, enfin toutes ces douceurs qu'ont pu nous procurer tous les rafinemens de

---

(1) Voici quel est le principe fondamental de cette sublime invention : de même que, dans l'univers, la diversité des composés corporels est le produit de la diversité de combinaison et de situation d'un certain nombre d'élémens matériels ; de même aussi, dans nos langues destinées à représenter nos idées les plus exactes qui représentent les différentes parties du monde réel, la diversité des mots composés, à prononcer ou à tracer, peut être le résultat de la diversité de combinaison et de situation d'un certain nombre de sons élémentaires qui peuvent être eux-mêmes représentés par un égal nombre de caractères élémentaires aussi.

(2) Il faut attacher à ce mot le sens qu'on y attachoit autrefois dans les titres de cette espèce : *les gestes de Louis-le-Grand; les gestes de Mgr. le connétable du Guesclin*, etc. c'est-à-dire, *les actions mémorables.*

l'art du cuisinier et du distillateur. Qu'après avoir bien considéré tout cela, on songe combien de temps on a consumé pour porter toutes ces inventions au degré de perfection où nous les voyons; (je dis, de *perfection*, parce que tous les procédés de cette espèce, si l'on en excepte ceux des distillations, étoient connus des anciens); et, comme nous l'avons déja remarqué par rapport aux horloges, combien peu d'observations et de principes pris dans la nature elles supposent: qu'on se dise combien toutes ces petites découvertes étoient aisées à faire, en profitant d'une infinité d'occasions fortuites qui s'offrent toujours, ou de toutes ces idées fugitives qui se présentent d'elles-mêmes à l'esprit; qu'on pèse, dis-je, avec soin toutes ces considérations, et bientôt perdant cette admiration qu'avoient excitée, à la première vue, ces faciles découvertes, on ne pourra plus que déplorer la condition humaine, en voyant cette disette d'inventions utiles, et la stérilité de l'esprit humain durant tant de siècles. Or, observez que toutes ces inventions mêmes dont nous parlons ici, ont de beaucoup précédé la philosophie, et les arts qui ne se rapportent qu'à l'esprit. On peut dire même qu'à l'époque où sont nées ces sciences rationelles et dogmatiques, l'invention des procédés utiles a pris fin.

Que si des atteliers on passe aux bibliothèques, on sera d'abord frappé d'admiration à la vue de cette immensité de livres de toute espèce qu'on y a entassés : puis venant à regarder ces livres de plus près, à bien examiner et les sujets qu'on y traite, et la manière dont ils sont traités, en un mot, tout leur contenu, on sera frappé d'étonnement en sens contraire, en s'assurant par soi-même que tous ces volumes se réduisent à d'éternelles répétitions des mêmes pensées; et en voyant les hommes dire et redire, faire et refaire toujours les mêmes choses, de l'admiration qu'excitoit, au premier coup d'œil, cette apparente abondance, l'on passera à un étonnement plus grand encore, à la vue de l'indigence réelle qu'elle couvre, et l'on sentira enfin combien est pauvre et misérable cette prétendue science qui a jusqu'ici occupé les esprits, et s'en est comme emparée.

Que si, daignant abaisser son esprit à la considération de choses plus curieuses qu'importantes, on passe aux travaux des alchymistes, on ne saura trop s'ils doivent être un objet de compassion ou de risée. En effet, l'alchymiste se berce d'éternelles et chimériques espérances: lorsque ses premières tentatives ne sont point heureuses, il n'en accuse que ses propres erreurs et ne s'en prend qu'à lui-même; c'est qu'il n'aura pas bien compris les termes de l'art ou les expressions particulières des auteurs. Puis il va écoutant tous les contes qu'on lui fait à ce sujet, et prêtant l'oreille à tous ces petits secrets qu'on lui promet. Ou bien ce sera peut-être que, dans les minutieux détails de ses manipulations, il se sera quelque peu écarté du vrai procédé; un grain, ou une seconde de plus ou de moins, il tenoit tout; et le voilà répétant mille et mille fois les mêmes essais, sans jamais se lasser. Si, chemin faisant, et parmi les hazards de l'expérience, il rencontre quelque fait dont la physionomie soit un peu nouvelle, et qui lui paroisse de quelque utilité, il s'en saisit aussi-tôt, comme d'un gage et d'un garant de tout le reste. Son imagination se repaît de cette petite découverte; il la vante, il l'exagère, en tous lieux il en fait un grand étalage, et ce léger succès lui faisant concevoir les plus hautes espérances, l'encourage à continuer. Cependant l'on ne peut disconvenir que les alchymistes n'aient inventé bien des choses, et que nous ne leur devions même plus d'une découverte utile. Mais c'est à eux sur-tout que s'applique avec beaucoup de justesse la fable de ce vieillard, qui, en léguant à ses enfans un prétendu trésor enfoui dans sa vigne, ajouta qu'il ne se rappelloit pas bien l'endroit où il l'avoit caché; mais qu'en cherchant avec un peu de constance, ils le trouveroient. Le père mort, les voilà fouillant par-tout dans la vigne et remuant la terre en mille endroits. A la vérité ils ne trouvèrent point d'or, mais en récompense, par l'effet naturel d'une meilleure culture, la vendange suivante fut très abondante (1).

___

(1) Le vrai secret, pour inventer des choses utiles, c'est de chercher beaucoup de choses inutiles, et, pour tout dire, de chercher beaucoup. Toute invention suppose dans l'esprit un certain mouvement; mais rarement la seule idée d'un objet réel donne à l'esprit humain l'activité nécessaire pour le saisir. Il faut, pour nous mettre en train, un objet fantastique et placé au-delà du but qui nous attire fortement; et c'est presque toujours en courant après des chimères, qu'on rencontre les objets réels. Souvent cet objet réel que nous saisissons, ne vaut pas mieux que le fantôme que nous poursuivions; mais du moins ces chimères nous meuvent, et en éveillant toutes nos facultés actives, elles nous mettent en état d'engendrer des réalités : le mouvement même fait presque toujours partie du but; et le plus souvent peu importe où l'on va, pourvu qu'on aille. Il ne paroît pas que la nature ait fait l'homme pour la vérité, puisque, le mouvement nous étant si néces-

Quant à ces hommes infatués de la magie naturelle, qui veulent tout expliquer par de prétendues sympathies et par d'oiseuses conjectures, ils ont imaginé une infinité de propriétés occultes et d'opérations merveilleuses; et si par fois ils trouvent quelque procédé réel et ostensible, ce seront des choses qui pourront étonner par leur nouveauté, plutôt que des pratiques vraiment utiles.

Mais, dans la magie superstitieuse (c), s'il est besoin de parler aussi de celle-là, il faut sur-tout observer qu'il est certains sujets d'un genre déterminé et limité, où les arts, enfans de la curiosité et de la superstition, ont pu quelque chose, ou

---

saire, l'erreur est également nécessaire pour nous mettre en mouvement. La manie ruineuse de l'alchymiste a sans doute de très grands inconvéniens; mais quant à lui, ces inconvéniens valent encore mieux que l'ennui. Et d'ailleurs la sagesse n'invente rien; c'est la folie qui invente toutes les choses utiles, dont les fous ne savent pas profiter, mais dont les sages profitent.

su faire quelqu'illusion, dans tous les temps, chez toutes les nations, et même dans toutes les religions. Ainsi, laissant de côté toutes les pratiques de cette espèce, nous résumerons ainsi tout ce que nous venons de dire : si quelquefois une des plus puissantes causes d'indigence est l'idée même exagérée qu'on se forme de son opulence, ce phénomène tout-à-fait naturel n'a rien qui doive exciter l'étonnement.

LXXXVI.

Mais cette admiration si puérile et si peu fondée, dont on est frappé pour les sciences et les arts, s'est fort accrue par le manège et l'artifice de ceux qui se mêlent de les transmettre et de les enseigner. Dans ces traités-là, à la composition desquels préside presque toujours l'ambition et le desir de se faire valoir, on les figure, on les taille, et même on les déguise de manière que, lorsqu'ensuite on vient à les produire en public, il semble qu'il n'y manque plus rien et que l'auteur ait été jusqu'au bout. A en juger par leurs méthodes et leurs fastueuses divisions, on seroit porté à croire que l'auteur a en effet embrassé tout ce qui pouvoit faire partie du sujet, qu'il ne reste plus rien à dire après lui. Et quoique tous ces membres de division soient mal remplis et comme autant de bourses vuides; néanmoins, au jugement des esprits vulgaires, le tout a la forme et le tour d'une science complette (1).

———————————————

(1) A cet inconvénient, qui nous paroît assez léger, il est facile de remédier, en mettant à la fin de chaque livre, chapitre, article, paragraphe, période même, le plus philosophique de tous les signes, celui-ci, *etc.* Comme nous n'avons jamais une connoissance complette d'aucun des sujets que nous traitons, il est clair que toutes les analyses que nous publions étant incomplettes, pour peu que nous soyons de bonne foi avec le lecteur, nous devons l'avertir de ce déficit par ce signe, *etc.* et le placer à la fin de chaque partie du livre, petite ou grande, etc. De plus, un auteur qui trompe ses lecteurs, en leur donnant pour complet ce qui n'est rien moins que tel, n'abuse

Ces premiers, ces plus anciens philosophes qui s'attachoient aussi à la recherche de la vérité, travailloient de meilleure foi et sous de plus heureux auspices. Ces connoissances qu'ils avoient acquises par leurs observations et leurs méditations sur la nature, et qu'ils avoient dessein de conserver pour en faire usage au besoin, ils les semoient sans prétention dans des aphorismes, c'est-à-dire qu'ils les résumoient sous la forme de sentences courtes, détachées, et tout-à-fait dégagées

---

ainsi que ceux qui veulent bien être trompés. Car, pour ne pas l'être, il suffit, lorsqu'il divise en leurs espèces et sous-espèces les genres dont l'expression forme le titre de l'ouvrage, pour avoir ceux des différens chapitres; ou les genres dont l'expression forme le titre de chacun de ces chapitres, pour avoir ceux de ses différens articles, et ainsi de suite, il suffit de considérer attentivement ces genres, et de chercher soi-même leurs espèces et sous-espèces, afin de voir s'il n'en a point laissé échapper quelqu'une, et si son énumération est vraiment complette, etc.

des liens de la méthode (1). Ils ne se donnoient point l'air d'embrasser l'art en en-

---

(1) Si tous ces aphorismes appartiennent réellement au sujet qu'on traite sous cette forme, ils doivent avoir tous quelque rapport avec la fin ou le but du traité ainsi morcelé. S'ils ont tous quelque rapport avec cette fin, ils ont donc tous aussi quelque rapport entre eux; car deux choses ne peuvent avoir des rapports avec une troisième, sans en avoir aussi entre elles; et il en est de même d'un plus grand nombre de choses prises ainsi deux à deux. Eh bien! exprimez, par des phrases de transition, d'un aphorisme à l'autre, tous ces rapports qu'ils ont entre eux; rangez tous ces aphorismes sous un titre général exprimant leur rapport commun avec la fin de l'ouvrage; et chaque aphorisme (ou masse d'aphorismes tendans à une même fin), sous un titre particulier qui indique ses rapports propres et spécifiques avec cette fin; et voilà votre livre organisé. Ainsi notre auteur ne fait ici que fournir assez inutilement un prétexte à la paresse des auteurs indolens, ou à l'orgueil de ces autres écrivains qui, attachant trop d'importance à leurs étroites pensées, débitent sentencieusement de graves sottises une à une, et les donnent par compte, pour les faire valoir, en les faisant attendre. La marche la plus honnête et la plus sûre

tier, et ne s'en piquoient nullement. Mais pour peu qu'on réfléchisse sur cette mar-

---

pour un écrivain, est de tâcher d'abord d'inventer des choses assez utiles et assez intéressantes par elles-mêmes, pour qu'il n'ait pas besoin de les faire valoir par ces petits moyens, et de les exposer ensuite avec assez de clarté, de modestie et de méthode, pour les faire aisément concevoir, adopter et rappeller. Il est pourtant un avantage très réel attaché à cette forme aphorismatique, mais bien différent de celui que Bacon a en vue : voici en quoi il consiste. L'auteur, en séparant physiquement l'expression de ses idées, aide ainsi le lecteur à les séparer mentalement, à les considérer une à une, à les concevoir clairement et distinctement, à les rappeller fidèlement, à les comparer avec exactitude, à saisir leurs vrais rapports, à les combiner avec justesse, à les exprimer avec précision, enfin à concevoir ou à organiser plus parfaitement le tout ensemble ; mais il est ici un milieu, c'est de réunir ces deux avantages ; savoir : celui de rendre toutes les parties plus distinctes, et celui de donner au tout plus de cohérence et d'unité, en laissant subsister les séparations physiques, et en liant tous ces aphorismes par des titres qui expriment leurs rapports entre eux et avec leur fin commune, à peu près comme nous l'avons fait pour ce traité.

che toute opposée que les auteurs suivent aujourd'hui, on cessera de s'étonner que les élèves ne pensent plus à faire de nouvelles recherches dans des sciences que ces maîtres, par le prestige de leurs méthodes, font regarder comme complettes et parvenues au plus haut point de perfection.

LXXXVII.

Cette haute réputation et cette autorité dont jouissent les productions des anciens, il faut, en partie, l'imputer à la vanité et au peu de consistance de ceux d'entre les modernes qui ont proposé quelques nouveautés, sur-tout dans la partie pratique de la philosophie naturelle. Car il n'a paru que trop de charlatans et de songes-creux, en partie dupes de leur propre enthousiasme, et en partie fripons, qui ont fait au genre humain de si magnifiques promesses, qu'ils l'en ont fatigué ; telles que prolongation de la vie humaine, retard de la vieillesse, prompte cessation de douleurs, moyens pour corriger les défauts naturels, illusions faites aux sens, secrets pour lier les affections, ou les exciter au besoin, exaltation de facultés intellectuelles, transmutations de substances, recette pour fortifier et multiplier à volonté les mouvemens, autre pour produire dans l'air des impressions et des altérations marquées, autres encore pour dériver à son gré les influences des corps célestes et les procurer à qui l'on veut, prédiction des choses futures, représentation des choses absentes et éloignées, révélation des choses cachées ; voilà ce qu'ils promettoient et cent autres merveilles de cette nature, faisant de ces promesses un étalage et un trafic. Mais ce seroit risquer peu de se tromper et apprécier assez bien ces grands prometteurs, que de dire qu'il y a aussi loin de leur charlatanisme à la véritable science, que des exploits d'Alexandre ou de Jules-César, à ceux d'Amadis de Gaule ou d'Arthur de Bretagne ; car nous voyons dans l'histoire de grands capitaines dont les exploits réels surpassent infiniment ceux qu'on attribue faussement à ces héros obscurs des romans; toutes choses qu'ils ont exécutées par des moyens qui n'étoient rien moins que fabuleux ou miraculeux. Cependant, quoique la vérité de l'histoire soit souvent altérée par des fables, ce n'est pas une raison pour lui refuser la croyance qu'elle mérite, lorsqu'elle ne dit que la vérité. Mais en attendant, on ne doit plus être étonné que tous les imposteurs qui ont tenté des opérations de la nature de celles que nous venons de dénombrer, aient fait naître un violent préjugé contre toutes les nouveautés de ce genre; et que le dégoût général qu'a inspiré leur charlatanisme et leur excessive vanité, intimide encore aujourd'hui tout mortel courageux qui seroit tenté d'entreprendre quelque chose de semblable.

LXXXVIII.

Mais ce qui a porté encore plus de préjudice aux sciences, c'est la pusillanimité de ceux qui les cultivent et l'étroite mesure, ou le peu d'utilité de la tâche qu'ils s'imposent à eux-mêmes. Et cette pusillanimité n'est pas entièrement exempte de morgue et d'arrogance. D'abord, une excuse que ne manquent pas de se ménager, dans chaque art, ceux qui le professent, c'est de tirer de sa foiblesse même un prétexte pour calomnier la nature ; et ce à quoi leur art ne peut atteindre, de le déclarer, d'après ses prétendues règles, absolument impossible. Or, cet art-là, selon toute apparence, ne perdra pas son procès, attendu qu'il est ici juge et partie. Et cette philosophie aussi sur laquelle nous nous reposons, fomente et caresse, pour ainsi dire, certaines opinions, dont le but, pour peu qu'on y regarde d'un peu près, paroît être de persuader qu'on ne doit attendre de l'art ou de l'industrie humaine, rien de grand, rien de vraiment puissant, rien, en un mot, qui signale l'empire de l'homme sur la nature. Tel est l'esprit de leurs assertions sur la différence essentielle qu'ils supposent entre la chaleur des astres et celle du feu artificiel, sur la mixtion, etc.

LIV. I. CHAP. IV. 295

comme nous l'avons déja observé. Mais, pour peu que nous sachions pénétrer leurs vrais motifs, nous reconnoîtrons que tous ces discours de mauvaise foi tendent à circonscrire la puissance humaine; que ce n'est qu'un artifice pour jeter les esprits dans le découragement, et nonseulement pour les décourager, mais même pour trancher, d'un seul coup, tous les nerfs de l'industrie, et la porter à renoncer même à la foible ressource des heureux hazards de l'expérience machinale. Car au fond, quel peut être leur but, sinon de persuader qu'il ne manque plus rien à leur art, et qu'il est suffisamment perfectionné (1), donnant tout à la glo-

(1) Si l'art que j'exerce est perfectionné par tout autre que par moi, non-seulement je ne dois plus prétendre à cette haute réputation dont je ne suis pas digne, mais même je perdrai cette mesure d'estime que je mérite; car la présence de tout homme d'un génie transcendant anéantit tout ce qui l'environne, et ses productions servent à humilier tous ses émules; je dois donc, pour sauver ma réputation, tâcher de persuader aux jeunes élèves que

riole, et s'efforçant, avec une coupable adresse, de faire accroire que ce qui n'a point encore été trouvé ou compris, est *introuvable* (1) ou incompréhensible. Que si quelqu'un d'entre eux, s'évertuant un peu plus, a la noble ambition de s'illustrer par quelque découverte, vous le verrez presque toujours ne s'attacher qu'à un seul genre d'invention très borné, et ne rien chercher au-delà ; ce sera, par exemple, la nature de l'aimant, ou la cause du flux et reflux de la mer, ou le vrai système céleste, d'autres sujets de cette nature, qui leur paroissent avoir je ne sais quoi de mystérieux, et n'avoir pas encore été ap-

---

l'art ne peut plus faire de progrès, décourager, par de tels discours, le talent naissant dont l'apparition me menace de ma ruine, et mordre la pierre qu'on me jette. Ainsi se parle un homme médiocre, à la vue d'un talent supérieur qui l'offusque ; mais tandis qu'il s'arrête pour se parler ainsi, l'homme de génie avance à grands pas, et le laisse encore plus loin derrière lui.

(1) Ce mot est barbare ; mais un autre mot équivalent est introuvable dans notre langue.

profondi avec succès. Est-il rien, cependant, de moins judicieux que de rechercher la nature d'une chose dans cette chose même, quoiqu'il soit aisé de voir que telle nature, qui, dans certains sujets, paroît mystérieuse et enveloppée, se développe et se manifeste dans d'autres, où elle est très sensible et comme palpable; qu'ici elle étonne, et là n'excite pas même l'attention. Telle est la nature de la *consistance,* qu'on ne daigne pas considérer dans le bois ou la pierre, et que, dans ces substances, on s'imagine expliquer par ce mot de *solide;* au lieu de faire à ce sujet une recherche expresse sur la tendance de ces corps à éviter la séparation de leurs parties et la solution de leur continuité, mais qu'on remarque seulement dans les bulles qui se forment à la surface de l'eau, et où la cause plus cachée semble plus digne d'attirer les regards du génie; bulles qui s'enveloppent de certaines pellicules ou vésicules, et qui affectent d'une manière assez curieuse, une figure hémisphérique, ensorte qu'elles évitent ainsi un instant la solution de continuité.

Or, la nature de ces choses mêmes qui, dans certains corps, semblent cachées, devenant sensible dans d'autres, au point d'en paroître commune et triviale, il est clair que cette nature ne se laissera jamais appercevoir tant que l'on bornera ses expériences et ses méditations aux sujets de la première espèce. Généralement parlant, pour obtenir parmi nous le titre d'inventeur, c'est assez de décorer les choses inventées depuis long-temps, de leur donner une forme plus élégante et un certain tour; ou encore, d'en faire une application plus commode aux usages de la vie, ou même de les exécuter dans des dimensions extraordinaires, soit plus grandes, soit plus petites. Ainsi cessons d'être étonnés qu'on ne voie point se produire au grand jour des inventions plus nobles et plus dignes du genre humain : eh! en peut-il être autrement dans un temps où l'on voit les hommes s'attacher avec une ardeur puérile à je ne sais quelles entreprises petites et mesquines; et ce qui est pis encore, s'imaginer, quand ils y réussissent, avoir poursuivi ou atteint quelque chose de vraiment grand?

LXXXIX.

Mais ce qu'il ne faut pas non plus oublier, c'est que la philosophie naturelle, dans tous les temps, a eu en tête un adversaire fort tracassier et fort pointilleux. Cet ennemi, c'est la superstition, c'est le zèle aveugle et immodéré pour la religion. Car nous voyons d'abord que, chez les Grecs, ceux qui les premiers se hazardèrent à assigner les causes naturelles de la foudre et des tempêtes, furent, sous ce prétexte, accusés d'impiété et d'irrévérence envers les dieux. Et nous voyons aussi que les premiers pères de l'église ne firent pas un meilleur accueil à ceux qui, d'après des démonstrations très certaines et qu'aucun homme de sens n'oseroit combattre aujourd'hui, soutenoient que la terre est de figure sphérique, et qu'en conséquence il doit y avoir des antipodes (1).

---

(1) Rien n'a fait plus de tort à l'église catho-

Nous pouvons même dire que, de nos jours, on s'expose plus que jamais, en

lique, que la démonstration de certaines vérités qu'elle avoit long-temps niées avec opiniâtreté, et même punies en la personne de ceux qui les défendoient ; car le premier corollaire d'une telle démonstration est que ceux qui la nient sont des fripons s'ils l'entendent, et des sots s'ils ne l'entendent pas. Voilà pourquoi elle éloignoit tant qu'elle pouvoit cette impertinente démonstration. Si l'église catholique avoit eu la sagesse de ne point se mêler des sujets scientifiques et philosophiques, ou de ne brûler que l'argument, en laissant vivre le logicien, elle eût prévenu, ou du moins beaucoup éloigné l'horrible réaction dont nous avons été témoins; mais elle a suivi d'autres maximes; et en persécutant nos philosophes, nos prêtres n'ont fait qu'enraciner la philosophie ; comme les philosophes païens, en persécutant les premiers prêtres chrétiens, n'avoient fait que planter plus profondément le christianisme. La persécution que les catholiques ont fait essuyer au grand Galilée, relativement à son assertion sur le mouvement de la terre, n'a eu d'autre effet que d'exciter un plus grand nombre de personnes à en lire la démonstration, et n'a pas plus arrêté le progrès de

avançant de telles assertions sur la nature. La faute en est aux *Sommes* (1) et aux méthodes des théologiens scholastiques qui ont assez bien rédigé la théologie (eu égard, du moins, à ce qu'ils pouvoient en ce genre), l'ayant réunie en un seul corps et réduit en art. D'où a résulté un autre inconvénient; savoir : que la philosophie contentieuse et épineuse d'Aristote s'est mêlée, beaucoup plus qu'il n'auroit fallu, au corps de la religion (2).

Il est un autre genre d'ouvrages ten-

cette vérité, que le sot argument qu'ils tiroient de la fable de Josué, n'a empêché la terre de rouler autour du soleil, ou cet astre de luire et d'être visible pour ceux qui le regardent.

(1) Entre autres, la somme de Thomas d'Aquin; vaste recueil de sottises religieuses et scholastiques, digérées par un grand homme, noyé dans la poussière de l'école : que de génie perdu!

(2) Le vrai christianisme est la philosophie du cœur, et il est tout compris dans ce seul mot: *aime*. La philosophie d'Aristote n'est qu'un jeu d'esprit, une sorte de jeu d'échecs, qui dessèche l'homme et n'engraisse que son orgueil.

dant au même but, mais par une autre voie : ce sont les dissertations de ceux qui n'ont pas craint de déduire des principes et des autorités des philosophes, la vérité de la religion chrétienne, et qui ont prétendu, en l'appuyant sur une telle base, lui donner plus de solidité (1), célé-

---

(1) S'il est vrai que tout l'essentiel du christianisme consiste dans le double amour de Dieu et du prochain, comme le prétend le législateur même, qui apparemment y entendoit quelque chose, et que l'homme ne puisse être heureux qu'en aimant ceux avec qui il vit, le christianisme est donc fondé sur la nature même de l'homme; dès-lors il n'est pas bien difficile de le déduire des principes philosophiques; il suffit pour cela d'un raisonnement fort simple, et il n'est pas besoin de le chercher bien loin, puisque le voilà. De plus, si l'on pouvoit persuader aux hommes qu'outre la récompense naturelle attachée à une conduite fondée sur ce double amour, ils doivent en espérer une infiniment plus grande dans la vie future, une telle opinion qui auroit l'avantage de consolider la morale, ne feroit d'ailleurs obstacle ni aux opérations politiques, ni aux expériences de physique. Comme la science acquise par la voie ordinaire a l'inconvé-

brant avec autant de pompe et de solemnité, qu'un mariage légitime, l'union illicite de la foi et des sens; chatouillant les

---

nient de nourrir l'orgueil humain, et tous les vices qui en dérivent, il est nécessaire de ramener de temps en temps les jeunes physiciens à la science qui apprend à faire un bon usage de toutes les autres. S'il y a une *moralité* dans l'univers, comme on n'en peut douter, dès-lors les causes morales y étant mêlées par-tout avec les causes physiques, et par conséquent en partie causes de ces mouvemens mêmes qui sont l'objet de la physique, pourquoi ne pas entrelacer, dans nos livres, ces deux espèces de causes, comme elles le sont dans l'univers, dont ces livres doivent être le tableau? Quelle différence, ô lecteurs aussi sensibles que judicieux! de cette physique sèche et toute tissue de faits au fond assez indifférens, ou de bizarres formules, à cette autre physique qui, en déployant à nos yeux le vaste et magnifique spectacle de l'univers, y met ou plutôt y laisse un Dieu qui donne à ce grand tout l'unité, l'ame et la vie, comme l'ont fait Niewenttyt, Pluche et Bernardin, qui, à la vérité, donne quelquefois un peu dans l'excès, mais dans un excès infiniment moins dangereux que l'opposé. Sans ce correctif, cette

esprits par l'agréable variété des matières ou des expressions, et alliant toutefois les choses divines avec les choses humaines, deux sortes de sujets peu faits pour se trouver ensemble dans un même ouvrage. Or, observez que, dans tous ces écrits où l'on mêle la théologie avec la philosophie, on ne fait entrer que ce qui appartient à la philosophie reçue depuis long-tems. Quant aux découvertes nouvelles et aux améliorations, non-seulement on les en exclut, mais même on les en bannit expressément.

Enfin, tout considéré, vous reconnoîtrez que l'impéritie de certains théologiens a presque entièrement fermé l'accès à toute philosophie, même corrigée. Les uns, d'assez bonne foi, craignent un peu que ces recherches si approfondies, ne passent les limites prescrites par la dis-

---

physique n'est que l'occupation d'un vil joueur de gobelets; et ces mathématiques ne sont qu'un frivole jeu d'échecs, bon pour former des statues, non des hommes.

crétion et la prudence ; et cette crainte vient de ce que, traduisant à leur manière, et tordant indignement les passages de l'écriture sainte, qui ont pour objet les divins mystères seulement, et ne s'adressant qu'à ceux qui veulent scruter les secrets de Dieu même, ils appliquent ces passages aux mystères de la nature qu'il n'est point défendu de vouloir pénétrer, et qui ne sont point sous l'interdit. D'autres, plus rusés et qui y pensent à plus d'une fois, trouvent au bout de leurs calculs, que si les causes et les moyens restoient inconnus, il seroit plus aisé de tout mettre sous la main et sous la verge divine (1); disposition qui, selon eux, importe fort à la religion : mais tenir un tel langage, *c'est vouloir gratifier Dieu par le mensonge.* D'autres encore craindroient que, par la force de l'exemple, les mouvemens

---

(1) C'est-à-dire, sous la verge du prêtre ; car, lorsque le prêtre fait parler Dieu, il le fait presque toujours parler en homme et pour l'intérêt de l'homme qui lui sert d'interprète.

et les innovations qui pourroient avoir lieu dans la philosophie, ne se communiquassent à la religion, et ne finissent par y occasionner une révolution. D'autres enfin semblent craindre qu'au bout de toutes ces recherches sur la nature, on ne rencontre tôt ou tard quelque fait ou quelque principe qui vienne à renverser la religion, ou du moins à l'ébranler, sur-tout dans l'esprit des ignorans. Mais ces deux dernières craintes ont je ne sais quoi de stupide; et c'est à peu près ainsi que raisonneroient les animaux, s'ils se mêloient de philosopher. Il semble que ces gens-là, dans le plus secret de leurs pensées, doutent un peu de la vérité de la religion et de l'empire de la foi sur les sens; qu'ils aient sur toutes ces choses certaine défiance; et voilà sans doute pourquoi la recherche de ces vérités, qui ont pour objet les opérations de la nature, leur paroit si dangereuse. Mais aux yeux de tout homme qui a sur ce sujet des idées saines, la philosophie naturelle est, après la parole de Dieu, le préservatif le plus sûr contre la superstition, et l'aliment de la foi le mieux éprouvé. Ainsi, c'est avec raison qu'on la donne à la religion, comme la suivante la plus fidelle qu'elle puisse avoir : l'une, manifestant la *volonté* de Dieu; et l'autre, sa *puissance* (1). Un personnage, sans doute, qui ne s'abusoit pas lui-même, c'est celui qui a dit: *vous vous abusez, ignorant les écritures et la puissance d'un Dieu;* mariant ainsi, et unissant par un lien indissoluble, l'information sur la volonté de Dieu à la con-

───────────

(1) Si l'auteur des choses, en formant l'univers, a pu ce qu'il a voulu, sa volonté doit être écrite dans les effets mêmes de sa puissance, et sa loi, gravée dans ses œuvres. Or, j'ai fait voir, dans la note précédente, que ce qui doit être à cet égard, est en effet; et qu'il suffit, pour connoître les *devoirs* de l'homme, de considérer en quoi consiste son *bonheur. Dieu a fait à l'homme une loi d'aimer son semblable, puisqu'il lui en a fait un besoin, et qu'en attachant le bonheur à ce sentiment, il a, par cela seul, attaché le prix de l'observation de la loi, à cette observation même.*

templation des effets de sa puissance. Au reste doit-on s'étonner de voir les progrès de la philosophie arrêtés, lorsqu'on voit la religion passer ainsi, et être comme entraînée du coté opposé, par l'imprudence et le zèle inconsidéré de certaines gens?

Et ce n'est pas tout : dans les coutumes et les institutions des écoles, des académies, des collèges et autres établissemens de ce genre, destinés à la culture des sciences et où les savans vivent rassemblés, les leçons et les exercices sont disposés de manière que ce seroit un grand hazard, s'il venoit en tête à quelqu'un de méditer sur un sujet nouveau. Si tel d'entr'eux a le courage d'user sur ce point de toute la liberté de son jugement, ce fardeau qu'il s'imposera, il le portera seul; qu'il ne s'attende à aucun secours de la part de ceux avec qui il vit. Que s'il résiste au dégoût que doit naturellement lui inspirer un tel isolement, qu'il sache encore que cette activité et ce courage ne sera pas un léger obstacle à sa fortune dans cette sorte d'établissement ; toutes les études sont resserrées dans les écrits de certains auteurs, tous les esprits y sont comme emprisonnés; et ces auteurs classiques, si quelqu'un ose s'écarter un peu de leurs opinions, à l'instant tous s'élèvent contre lui; c'est un homme turbulent, un novateur, un brouillon. Il est pourtant une différence infinie entre les arts et les affaires publiques. Une révolution politique et une lumière nouvelle ne font pas, à beaucoup près, courir les mêmes risques (1). Car, si, dans l'état politique, un changement même en mieux ne laisse pas d'inquiéter, c'est à cause des trou-

---

(1) Cette révolution et cette lumière ne diffèrent que comme l'effet et sa cause. Une lumière nouvelle, en éclairant les esprits, détruit les vieux préjugés, et fait naître de nouvelles opinions, lesquelles enfantent de nouvelles actions qui occasionnent une révolution, ou qui sont elles-mêmes cette révolution. Une lumière nouvelle fait révolution, et parmi les hiboux qui la fuient, et parmi les aigles qui la cherchent. *Les voleurs*, a dit Duclos, *n'aiment point les lanternes, et tâchent de les briser.*

bles qu'il excite ordinairement, vu que le gouvernement roule principalement sur l'autorité, sur la plurarité des suffrages, sur la renommée, en un mot, sur l'opinion. Au lieu que, dans les sciences et les arts, ainsi que dans les mines d'où l'on tire les métaux, tout doit retentir du bruit que font les travailleurs et ceux qui veulent fouiller plus avant, en suivant les filons déja connus, ou pour en découvrir de nouveaux. Du moins, ce seroit ainsi que les choses iroient, pour peu qu'on suivît les principes de la droite raison; mais dans la réalité, il s'en faut de beaucoup qu'elles marchent ainsi : l'effet ordinaire de cette administration et de cette police des sciences, dont il est ici question, étant de les tenir tellement dans l'oppression, qu'elles sont dans l'impuissance d'avancer d'un seul pas.

XC.

Mais quand cette jalousie, qui arrête leurs progrès, viendroit à s'éteindre, n'est-ce pas encore assez que tout effort et toute industrie en ce genre demeurent sans récompense? Car malheureusement, la faculté d'avancer les sciences, et le prix qui leur est dû, ne se trouvent pas dans les mêmes mains. Les talens nécessaires pour leur faire faire de rapides progrès, sont le lot des grands génies; mais le prix et les émolumens sont au pouvoir du peuple ou des grands, c'est-à-dire, de gens dont les lumières sont rarement au-dessus du médiocre. Non-seulement de tels progrès demeurent sans récompense; mais même ceux qui les font ne sont rien moins qu'assurés de l'estime publique. Des vérités neuves et grandes sont au-dessus de l'intelligence du commun des hommes, et trop aisément renversées, éteintes par le vent des opinions vulgaires. Devons-nous donc être étonnés que ce qui est sans honneur, soit aussi sans succès?

Commentaire du quatrième chapitre.

(a) C'*est ce profond respect et cette aveugle déférence qu'ils ont pour l'antiquité.* Tout sot,

Grec ou Latin, sait que l'antiquité vaut toujours cent fois mieux que la postérité. Mais la plus grande différence des modernes aux anciens, Romains, Coptes, Chinois, Scytes, Grecs, Indiens; différence à mes yeux d'une haute importance; c'est que les anciens sont venus les premiers, et les modernes, les derniers. Que ces premiers venus ont dit de choses neuves! Et la plus forte de mes preuves, c'est que le monde, alors, étant tout frais moulé, personne encore n'avoit parlé. Si j'avois, ainsi qu'eux, joui du droit d'aînesse, moi malheureux cadet, au lieu de répéter ces graves quolibets qu'ils surent débiter, j'aurois, aussi bien qu'eux, inventé la sagesse. Ils furent sobres, nous dit-on; témoins les courts repas de l'austère Caton : de leur sobriété veut-on savoir la cause? C'est que pour leur dîner ils n'avoient pas grand'chose. Car la misère et la nécessité mènent tout droit à la sobriété; et le plus beau secret de la philosophie, le grand moyen qui simplifie, et dans le droit sentier vous mène jusqu'au bout, c'est, disoit Phavorin, de n'avoir rien du tout. Qu'ils étoient purs dans leurs mœurs et leur style! mais cette pureté leur étoit bien facile : occupés tout le jour à chercher leur dîner, ils n'avoient ni le temps, ni l'art de raffiner. Mais nous, leurs héritiers, au sein de l'abondance, qui, faisant deux fois moins, avons double pitance, et rêvons la vertu sur deux bons

LIV. I. CHAP. IV. 313

matelats, au lieu de prendre ainsi les choses à la lettre, mieux pourvus de chiffons, nous avons bien su mettre notre morale en falbalas ; nous habiller de mots, et par mille artifices mettre nos préjugés d'accord avec nos vices. Mais, eussions-nous gâté ce gothique dépôt, tout notre tort à nous, en brodant la morale, et parant les vertus que notre siècle étale, seroit de n'être pas venus un peu plutôt. Autres siècles, autres systèmes : ce qu'en nous aujourd'hui blâment les mécontens, ces graves anciens, ils l'eussent fait eux-mêmes, s'ils eussent, avec nous, vécu de notre temps. N'en condamnons aucun : tout siècle, quoi qu'il fasse, en cherchant ou fuyant un noble ou vil objet, fait en cela ce qu'à sa place, sans avoir tort ni droit, tout autre siècle eût fait. Tout bien considéré, les anciens avoient plus de *bon sens* que nous ; mais nous avons plus d'*esprit* qu'eux; et nous avons même tant d'esprit, que nous n'avons pas le sens commun ; ce qui fait compensation. Car, le sens commun est la faculté qui applique les moyens communs à l'utilité commune : mais nous, à force de chercher le rare, nous rencontrons le pire ; et ce genre d'esprit dont nous nous piquons, n'est qu'un instrument bon pour faire fortune dans un commerce de paroles et d'apparences; c'est une fausse monnoie dont nous payons de faux monnoyeurs. Mais le véritable esprit, c'est celui qui mène au but : or, celui-là, nous ne l'avons pas ; nous avons tant de prétentions, que nous n'avons point de but : et ce déficit a, comme tous les autres, sa raison suffisante. Vivant beaucoup plus que les anciens avec l'autre sexe, et lui ressemblant davantage, nous attachons plus d'importance aux petites choses; nous les saisissons plus promptement, et nous les exprimons avec plus de grace, de finesse, de légèreté et d'enjouement. Ce goût pour la parure et l'étalage, cet esprit tracassier et chifonnier qui décèle notre vrai sexe moral, se manifeste dans nos vêtemens; nos entretiens, nos livres, nos assemblées publiques, nos constitutions éphémères, et même dans nos sciences, qui, comme tout le reste, ne sont que des modes. Quand je considère ces vernis et ces dorures éclatantes de toutes parts dans un de nos cabinets de physique, je me dis : *Voici la toilette du docteur :* nous n'avons point de *physicien*, mais seulement des *physiciennes*. Tous nos arts, toutes nos sciences, et notre physique même, sont tombés en quenouille : les anciens étoient les mâles, nous sommes les femelles. Depuis cent ans, la France s'est efféminée, et l'Europe entière s'est francisée. Depuis dix, nous nous efforçons de changer de sexe : des torrens de sang n'ont pu opérer cette inutile transformation ; il n'est que des siècles de misère et de nécessité qui le puissent : voilà deux millions d'hommes sur le carreau; et, revenus au point d'où nous étions partis, nous sommes encore à peu près ce que nous étions. Eh bien ! restons ce que nous sommes : notre délicatesse est destinée à plaire, et non à effrayer. Tout parallèle fait, nous valons bien les anciens ; et nos légers défauts sont compensés par deux avantages, d'autant plus précieux, que nous en faisons part à tous les siècles : nous sommes tout à la fois cette judicieuse postérité, à laquelle en appelloient les *Garasse* ou les *Cottin* de l'antiquité ; et cette vénérable antiquité que prendront pour modèles les Boileaux de la postérité, sans oublier que nous sommes le présent ; ce qu'il faut pourtant compter aussi pour quelque chose : car, il ne s'agit pas de *qualifier* son siècle, mais de le *bonifier*, en commençant par se *bonifier soi-même*. C'est, à peu près, ainsi qu'on peut terminer cette question fameuse agitée sur la fin du dix-septième siècle, et au commencement du dix-huitième, par des hommes bien dignes de s'occuper d'autre chose, et qui ne mérite pas d'être sérieusement discutée. Combattre gravement un sentiment ridicule, seroit le devenir soi-même. Et lorsque telle nation, toute moderne, veut endosser l'habit de Thémistocle, ou de Caton d'Utique, si elle n'apperçoit pas assez le ridicule qu'elle se donne, il est nécessaire de le lui faire sentir. Autre temps, autres hommes, autres besoins, autres moyens, autres possibilités ; 1000, 750, 9, 5, 3 et 1.

(*b*) *Car le monde étant plus âgé*, etc. Voyez ce qui précède et ce qui suit. Tout ce raisonnement nous paroît un peu foible. Si, à l'époque où les arts, les lettres et les sciences commencèrent à décliner chez les anciens, ils étoient plus avancés que nous dans ces différens genres, sur-tout dans les plus utiles, ils étoient, sans contredit, nos aînés dans le sens même de Bacon; et nous ne sommes que leurs cadets : dans la supposition contraire, c'est nous qui sommes les aînés. Son assertion ici suppose que toutes les découvertes des anciens nous auroient été fidellement transmises, et que nous aurions toujours su en profiter. Car, si la totalité ou la plus grande partie de leurs connoissances est perdue pour nous, (comme elle l'est en effet), obligés de recommencer nous-mêmes comme ils commencèrent, et de refaire toutes les études comme s'ils n'en eussent fait aucune, nous n'avons pas beaucoup gagné à naître plus tard; et, pour être venus après eux, nous n'en sommes pas beaucoup plus avancés. Nous le sommes si peu, que ni le grand Hippocrate, ni Galien, ne sont encore bien entendus; et que Champagne est peut-être le premier qui ait bien compris Platon et Aristote. Mais, d'ailleurs, graces à l'art typographique, qui multiplie à l'infini l'expression des vérités utiles, et à ces autres moyens de communication qui les dispersent en tous lieux, ni les tyrans moraux, ni les tyrans physiques, ne pourront plus effacer la science acquise ; et désormais subsistant jusqu'à la fin des siècles, elle ira toujours en croissant ; compensation bien nécessaire pour alléger les maux auxquels seront exposés nos infortunés descendans, par le refroidissement successif de cette planète, que semblent démontrer les trois faits suivans : 1°. Le résultat des observations météorologiques que j'ai recueillies dans différens auteurs, est, qu'en Europe, le froid et l'humidité vont toujours en augmentant depuis 1740, comme l'a avancé Toaldo, météorologiste de Padoue ; 2°. les glaces flottantes dans la mer du nord gagnent de plus en plus vers le midi ; 3°. les glaciers de la Suisse croissent aussi d'années en années, et dans toutes les directions. Le lecteur attentif doit sentir la force de la preuve tirée de ces trois faits réunis. Le premier fait n'est rien par lui-même ; mais joint aux deux autres, qui seuls pourroient suffire, il acquiert une nouvelle force probante qu'il leur communique. Il n'y a ici ni *hazard*, ni *cause locale* ; c'est une *cause générale et continue* qui agit ; et M. de Buffon a raison. Ainsi le monde ira en vieillissant de plus en plus, et par trois causes ; savoir : 1°. La cause qui, en éternisant toutes les connoissances acquises, tend à grossir, sans interruption, le trésor de l'expérience et de la raison humaine. 2°. Le rapprochement successif de toutes les petites parties solides de ce globe; rapprochement qui est l'effet de l'attraction qu'elles exercent continuellement les unes sur les autres; et qui surmonte de plus en plus la force contraire, et tendante à les écarter; ce qui raccornit de plus en plus la substance de notre globe, comme l'âge raccornit celle du corps humain, à mesure que l'homme vieillit. 3°. Le refroidissement successif et continu dont nous venons de parler, soit qu'il ait pour cause la diminution de la chaleur propre et initiale du soleil; ou celle des causes ou conditions inhérentes à notre planète, et tendantes à conserver ou à augmenter l'intensité de cette chaleur; ou encore celle du feu central (quant à sa quantité de matière, où à son activité), dont l'existence ne peut plus être douteuse, depuis qu'on a observé en tant de lieux, que, dans le sein de la terre, jusqu'à une certaine profondeur, règne une température uniforme et toujours la même (celle de dix degrés à peu près), et qu'au-delà la chaleur va toujours en augmentant, à mesure qu'on avance vers le centre; ou enfin, la simple dissipation de la chaleur du globe, opérée par le temps, et quelle que soit la cause de cette chaleur. Ce monde vieillit comme ses habitans; et le tout s'use comme ses parties.

(c) *Mais dans la magie superstitieuse.* Il paroît désigner ici, avec une obscurité et une timidité en partie justifiées par les circonstances, cette classe d'hommes, esclaves des riches, tyrans des pauvres, et plantés, enracinés en tous lieux ; qui, dès l'origine des sociétés, pour livrer à jamais la majorité laborieuse du genre humain, à la minorité fainéante, éteignirent le flambeau de la raison, et le soufflent sans cesse, à mesure que la philosophie le rallume.

CHAPITRE. V.

Motifs d'encouragement et d'espérance, naissant de la découverte des erreurs et des préjugés.

XCI.

DE tous les obstacles qui empêchent les hommes de former dans les sciences de nouvelles entreprises et d'y prendre, pour ainsi dire, de nouveaux emplois, le plus puissant est cette facilité même avec laquelle ils désespèrent du succès, et supposent que toute grande découverte est impossible. Car c'est principalement en ce point que les hommes judicieux et sévères manquent de confiance et de courage; considérant à toute heure les obscurités de la nature, la courte durée de la vie, les illusions des sens, la foiblesse du jugement humain, et cent autres semblables inconvéniens. Vains efforts, pensent-ils, dans les révolutions de ce monde et dans ses différens âges! les sciences ont leur flux et leur reflux; on les voit, tantôt croître et fleurir, tantôt décliner et se flétrir; de manière cependant, qu'après être parvenues à un certain degré (1) suprême ou *maximum*, elles ne vont jamais au-delà.

Aussi, lorsque vient à paroître quelque mortel, ayant le sentiment de sa force,

---

(1) L'auteur dit : à un certain *état*, terme de médecine, qui désigne le plus haut degré d'une maladie. Il est beaucoup de médecins qui en distinguent de deux espèces; savoir : celui de la maladie et de sa cause, et celui de la nature ou du principe vital. La mort, la guérison, ou la rechûte, dépendent de leur proportion.

qui ose promettre de plus grandes choses, ou les espère en silence, sa généreuse hardiesse est-elle taxée de présomption et imputée à défaut de maturité. Dans les entreprises de cette nature, dit-on alors, le commencement est flatteur; le milieu, épineux; la fin, humiliante. Et comme c'est dans l'esprit des hommes graves et judicieux que tombent le plus souvent ces pensées si décourageantes, il est trop vrai que nous devons être attentifs sur nous-mêmes, de peur que, séduits par un objet très beau sans doute, et très grand en lui-même, nous ne venions à relâcher de la sévérité de notre jugement. Voyons quelle espérance peut nous luire, et de quel côté se montre cette lumière. Rejetons toute fausse lueur d'espoir; mais ce qui peut avoir en soi plus de solidité, tâchons de le bien discuter et de le bien peser. Il est même bon d'appeller à notre discussion, cette sorte de prudence par laquelle on se gouverne ordinairement dans les affaires; science qui se fait une règle de la défiance, et dans les choses humaines, suppose toujours le pire. C'est donc de nos espérances que nous allons parler; car nous ne sommes rien moins que de simples prometteurs, nous ne dressons point d'embûches aux esprits, nous n'en avons pas même le dessein; mais nous conduisons les hommes de leur bon gré, et comme par la main. Nous serons, il est vrai, plus à portée de remédier à ce découragement, qui fait obstacle aux progrès des sciences, quand nous en serons aux détails des expériences et des observations, sur-tout à nos tables d'invention, digérées et ordonnées avec le plus grand soin (tables qui appartiennent à la seconde, ou plutôt à la quatrième partie de notre restauration des sciences; attendu que ces faits et cette méthode ne sont rien moins que de simples *espérances*, mais, en quelque manière, la chose même); néanmoins, afin de ne rien précipiter, fidèles au plan que nous nous sommes faits, nous continuerons à préparer les esprits; préparation dont ces motifs d'espérance que nous allons exposer, ne sont pas la moindre partie. Car, ces motifs ôtés, tout ce que nous pourrions dire sur ce sujet, serviroit plutôt à affliger les hommes à pure perte, c'est-à-dire, à les forcer de rabattre prodigieusement du prix excessif qu'ils attachent à ce qu'ils possèdent déja, et à les en dégoûter, à leur faire appercevoir et sentir plus vivement le malheur trop réel de leur condition, qu'à ranimer leur courage et à aiguillonner leur industrie par rapport à l'expérience. Il est donc temps d'exposer ces conjectures et ces probabilités sur lesquelles nous fondons nos espérances. En quoi nous suivrons l'exemple de Christophe Colomb, qui, avant d'entreprendre cette navigation fameuse dans l'océan atlantique, commença par proposer les raisons d'après lesquelles il se flattoit de découvrir de nouvelles terres et un nouveau continent; raisons qui, ayant été d'abord rejetées, mais ensuite confirmées par l'expérience, furent ainsi le principe et la source des plus grandes choses.

XCII.

C'est dans l'*Être suprême*, c'est dans *Dieu* même que nous devons chercher notre premier et plus puissant motif d'espérance; il en doit être le *principe*, comme il en est *la fin:* car, l'objet auquel nous aspirons n'étant pas moins que le plus grand des biens, il est clair qu'il ne faut le chercher qu'en Dieu seul, vrai principe de tout bien, et source de toute vraie lumière. Or, dans les opérations divines, les commencemens, quelque foibles qu'ils puissent paroître, ont néanmoins toujours un effet certain; et ce qui a été dit des choses spirituelles: *que le règne de Dieu arrive, sans qu'on s'en apperçoive*, a également lieu dans toute grande opération de la divine providence; tout y marche sans bruit, s'y fait sans qu'on le sente; et l'œuvre est entièrement exécutée avant que les hommes se soient persuadés qu'elle se faisoit, ou qu'ils y aient fait attention. Il ne faut pas non plus oublier cette prophétie de Daniel, touchant les derniers temps de la durée du monde : *grand nombre d'hommes passeront au-delà des régions connues, et la science se multipliera ;* prophétie dont le sens manifeste est qu'il est arrêté dans les destinées, c'est-à-dire dans les décrets de la divine providence, que cette *découverte des régions inconnues,* qui, par tant de navigations de long cours, est déja totalement accomplie, ou s'accomplit actuellement même; que cette *découverte,* dis-je, et les *grands progrès dans les sciences,* auront lieu à la même époque.

XCIII.

Vient ensuite ce puissant motif d'espérance, qui se tire de la connoissance des erreurs du temps passé et des tentatives inutiles faites jusqu'ici. Quelle plus sage exhortation que celle qu'adressoit à ses concitoyens certain politique (1) : *ce qui est pour vous, ô Athéniens ! un sujet d'affliction et de désespoir, quand vous tour-*

---

(1) Demosth. Philippiq. I.

nez vos regards vers le passé, deviendra, sitôt que vous les tournerez vers l'avenir, un motif de consolation et d'espérance : car si, ayant rempli tous vos devoirs et usé de toutes vos ressources, vous n'eussiez pu néanmoins réparer vos pertes multipliées, ce seroit alors seulement que, n'ayant plus même l'espoir d'un mieux, et que vos maux étant désormais sans remède, vous auriez tout lieu de perdre entièrement courage et de désespérer ainsi de la république : mais comme vous ne pouvez justement attribuer à la seule force des choses, et au seul ascendant irrésistible des circonstances, ces malheurs trop réels qui vous abattent, et ne devez les imputer qu'à vos propres fautes, cette considération même est ce qui doit vous remplir de confiance, et vous faire espérer qu'en évitant ces fautes, ou en les réparant, vous vous éleverez de nouveau à cet état de splendeur et de force dont vous êtes déchus. De même si, durant tant de siècles, les hommes ayant suivi constamment dans la culture des sciences, la vraie route de l'invention, n'y eussent fait aucun progrès, ce seroit alors présomption et témérité, que d'espérer pouvoir en reculer les limites. Mais les hommes s'étant mépris dans le choix de la route même, et ayant consumé toute leur activité dans les sujets qui devoient le moins les occuper, il s'ensuit que le fort de la difficulté n'est point dans les choses mêmes, et ne dépend point de causes sur lesquelles nous n'ayons aucune prise; mais qu'elle est seulement dans l'esprit humain, dans l'usage et l'application qu'on en fait ordinairement; inconvénient qui n'est rien moins que sans remède. Car autant il y a eu d'erreurs dans le passé, autant nous reste-t-il de motifs d'espérance. Or, ce sujet que nous allons traiter, nous l'avons déja légèrement touché. Cependant nous croyons devoir le reprendre, mais en peu de mots, dans un style simple et sans art.

XCIV.

Les philosophes qui se sont mêlés de

traiter les sciences, se partageoient en deux classes; savoir: les empyriques et les dogmatiques. L'*empyrique*, semblable à la fourmi, se contente d'amasser et de consommer ensuite ses provisions. Le *dogmatique* (*a*), tel que l'araignée, ourdit des toiles dont la matière est extraite de sa propre substance: l'abeille garde le milieu, elle tire la matière première des fleurs des champs et des jardins; puis, par un art qui lui est propre, elle la travaille et la digère. La vraie philosophie fait quelque chose de semblable: elle ne se repose pas *uniquement*, ni même *principalement* sur les forces naturelles de l'esprit humain; et cette matière qu'elle tire de l'histoire naturelle, elle ne la jette pas dans la mémoire telle qu'elle l'a puisée dans ces deux sources; mais après l'avoir aussi travaillée et digérée, elle la met en magasin. Ainsi, notre plus grande ressource, et celle dont nous devons tout espérer, c'est l'étroite alliance de ces deux facultés, l'*expérimentale* et la *rationelle*; union qui n'a point encore été formée.

XCV.

On ne trouve nulle part d'histoire naturelle parfaitement pure; toutes celles que nous avons sont infectées de préjugés et sophistiquées; savoir : dans l'école d'Aristote, par la logique; dans la première école de Platon, par la théologie naturelle; dans la seconde école du même philosophe, dans celles de Proclus et de quelques autres, par les mathématiques; science qui doit, non *engendrer*, *commencer* la philosophie naturelle, mais seulement la *terminer* (*b*). Cependant l'inutilité de leurs tentatives ne doit pas nous décourager; car, en nous procurant une histoire naturelle pure et sans mélange, nous devons en attendre quelque chose de mieux.

XCVI.

Il n'a point encore paru de mortel d'un esprit assez ferme et assez constant pour s'imposer la loi d'effacer entièrement de sa mémoire toutes les théories et les notions communes, pour recommencer tout, et appliquer de nouveau aux faits particuliers son entendement bien applani, et, pour ainsi dire, *tout ras*. Aussi cette philosophie, que nous tenons de la seule raison humaine, abandonnée à elle-même, n'est-elle qu'un amas, qu'un fatras, composé du produit de la crédulité, du hazard, et de ces notions que nous avons sucées avec le lait.

Mais s'il paroissoit un homme d'un âge mûr, qui, avec des sens bien constitués et un esprit purifié de toute prévention, appliquât de nouveau son entendement à l'expérience, ah! ce seroit de cet homme-là qu'il faudroit tout espérer. Or, c'est en quoi nous osons nous-mêmes aspirer à la fortune d'Alexandre-le-Grand; et qu'on n'aille pas pour cela nous taxer de vanité, avant d'avoir vu la fin d'un discours dont le but propre est de bannir toute vanité. Car c'étoit ainsi que s'exprimoit Eschine, en parlant du grand Alexandre et de ses exploits : *certes, cette vie que nous vivons n'a rien de mortel, et nous sommes nés pour que la postérité raconte de nous des prodiges.* Il semble que cet orateur regardoit les exploits d'Alexandre comme autant de miracles. Mais dans les siècles suivans parut Tite-Live, qui sut mieux expliquer et apprécier ce miracle prétendu, lorsqu'il dit, au sujet de ce conquérant, *qu'au fond il n'eut d'autre mérite que celui d'avoir méprisé courageusement un vain épouvantail.* Nous pressentons que la postérité, portant de notre entreprise un semblable jugement, dira de nous, *qu'au fond nous n'avons rien fait de vraiment grand, mais que ce qui paroissoit tel aux autres, nous l'avons un peu moins estimé.* Mais, comme nous l'avons dit tant de fois, notre unique espérance est dans la régénération des sciences ; c'est-à-dire, qu'il faut les recomposer et les tirer de l'expérience avec un ordre fixe et bien marqué. Or, que d'autres mortels aient exécuté une telle entreprise, ou y aient même pensé, c'est ce que personne, je crois, n'oseroit assurer.

XCVII.

Quant à l'expérience, sujet dont il est temps de s'occuper sérieusement, elle est encore sans fondemens parmi nous, ou n'en a que de bien foibles. Ces expériences et ces observations qu'on a rassemblées jusqu'ici, ne répondent, ni pour le nombre, ni pour le choix, ni pour la certitude, à un dessein tel que celui de procurer à l'entendement de sûres et d'amples informations; ces collections sont, à tous égards, insuffisantes. Les savans, classe d'hommes crédules et indolens, ont prêté l'oreille trop aisément à des contes populaires; ont adopté trop aisément de simples ouï-dire d'expérience, et n'ont pas craint d'employer de tels matériaux, soit pour établir, soit pour confirmer leur philosophie, donnant à ces relations si incertaines le poids d'un valide témoignage. Tels seroient des hommes d'état qui voudroient gouverner un empire, non sur des lettres et des relations d'ambassadeurs, ou autres députés dignes de foi ; mais sur des bruits de ville, de triviales anecdotes, et régleroient toutes leurs affaires sur de telles informations. Tel est aussi le genre d'administration qu'on a introduit en philosophie, par rapport à l'expérience. Cette histoire naturelle, sur laquelle on se fonde, je n'y vois rien d'observé avec la méthode convenable, rien de vérifié avec une sage défiance, rien de compté, de pesé, de mesuré. Or, quand l'observation est vague et sans ces déterminations, l'information n'est rien moins que sûre. Ces reproches pourront paroître étranges, et ces plaintes, quelque peu injustes à tel qui, considérant qu'un aussi grand homme qu'Aristote, aidé de toute la puissance d'un prince tel qu'Alexandre (1), a composé une histoire des animaux fort exacte; que d'autres depuis,

---

(1) Alexandre lui donna huit cents talens pour l'aider à soutenir les frais de cette dispendieuse entreprise.

avec plus d'exactitude encore, quoique avec moins de fracas, y ont beaucoup ajouté; que d'autres, enfin, ont écrit des histoires et des relations fort détaillées sur les plantes, les métaux et les fossiles, se laisseroit éblouir par ces imposantes collections. Mais ce seroit perdre de vue notre but principal, et saisir assez mal notre pensée. Car autre est la méthode qui convient à une histoire naturelle composée pour elle-même (1); autre, la marche qu'on doit suivre dans celle dont le but est de procurer à l'entende-

---

(1) C'est-à-dire, composée pour des gens qui, en la lisant, n'y cherchent que le seul plaisir que peut procurer la variété et l'éclat des objets. Car, cette science qui, pour un petit nombre d'hommes, est un moyen de se rendre utiles aux autres et à eux-mêmes, n'est, pour le plus grand nombre, qu'un *spectacle,* qu'une sorte de *lanterne magique.* Mais ce qui excuse un peu certains naturalistes, c'est la nécessité où ils sont de se prêter un peu aux goûts frivoles des hommes puissans, pour en obtenir des secours; et de mêler dans cette vue des objets brillans parmi des objets utiles.

ment de suffisantes informations, et de donner une base à la philosophie. Ces deux sortes d'histoires, déja si différentes à une infinité d'autres égards, diffèrent encore en ce point, que la première se borne à une simple description des diverses espèces de corps qu'offre la nature, et ne dit rien de ce grand nombre d'expériences que fournissent les arts méchaniques. Dans les relations ordinaires d'homme à homme, la plus sûre méthode pour découvrir le naturel et les secrets sentimens de chaque individu, est de l'observer dans les momens de trouble et de vive émotion. Il en est de même des mystères de la nature; elle laisse plus aisément échapper son secret lorsqu'elle est tourmentée et comme vexée par l'art, que lorsqu'on l'abandonne à son cours ordinaire, la laissant dans toute sa liberté. Quand l'histoire naturelle, qui est la base et le fondement de l'édifice, sera plus ample et d'un meilleur choix, ce sera alors seulement qu'on pourra espérer beaucoup de la philosophie naturelle; sans une telle collection, toute espérance seroit vaine.

XCVIII.

Dans cette collection de faits, qu'on a tirée des arts méchaniques, et qui semble si riche, nous découvrons, nous, une grande pauvreté par rapport à cette sorte de faits qui peuvent procurer à l'entendement les meilleures informations. L'artisan ne se soucie guère de la recherche de la vérité; il ne *tend* son esprit et n'*étend* la main que sur ce qui peut lui être de quelque service dans sa profession. Le seul temps où l'espérance de voir les sciences avancer à grands pas, pourra passer pour bien fondée, sera celui où l'on aura l'attention de joindre et d'agréger à l'histoire naturelle une infinité d'expériences qui, bien que n'étant par elles-mêmes d'aucun usage, ne laissent pas d'être nécessaires pour la découverte des causes et des axiômes; expériences que nous qualifions ordinairement de *lumineuses*, pour les distinguer de celles que nous désignons par le nom de *fructueuses*. Car une propriété admirable qui caractérise celles de la première espèce, c'est de ne jamais tromper l'attente, et de donner toujours infailliblement ce qu'on en vouloit tirer. En effet, comme ce n'est pas pour exécuter telle opération qu'on en fait usage, mais pour découvrir la cause naturelle de tel phénomène, le résultat, quel qu'il puisse être, mène toujours au but, puisqu'il satisfait à la question et la termine (1).

XCIX.

Or, ce n'est pas assez de rassembler un plus grand nombre d'expériences, et de

---

(1) Même lorsque ce résultat est diamétralement opposé à celui auquel on s'attendoit : car, alors, si l'on n'a pas la gloire d'avoir deviné juste, on a du moins l'avantage de savoir que la cause présumée ne produit pas l'effet proposé ; et que le moyen répondant à cette cause, ne mène pas au but répondant à cet effet, ou réciproquement.

les choisir avec plus de soin qu'on ne l'a fait jusqu'ici; il faut encore suivre une toute autre méthode, un tout autre ordre, une toute autre marche, pour continuer ces observations et les multiplier. Car l'expérience vague, et qui n'a d'autre guide qu'elle-même, n'est qu'un pur tâtonnement, et sert plutôt à *étonner* les hommes qu'à les *éclairer :* mais lorsqu'elle ne marchera plus qu'à la lumière d'une méthode sûre et fixe; lorsqu'elle n'avancera que par degrés, et ira, pour ainsi dire, pas à pas, ce sera alors véritablement qu'on pourra espérer de faire d'utiles découvertes.

C.

Quand les matériaux d'une histoire naturelle, expérimentale, et telle (soit pour la *quantité*, soit pour le *choix*) que l'exige la fonction propre à l'entendement, ou, si l'on veut, au philosophe; quand, dis-je, de tels matériaux auront été rassemblés et seront sous notre main, il ne faudra pas pour cela permettre à l'entendement de travailler sur cette matière, en vertu de son *mouvement naturel et spontané,* en un mot, de *mémoire;* car il n'est pas plus en état de se suffire à lui-même dans ses opérations, qu'un homme doué de la plus heureuse mémoire ne pourroit apprendre par cœur et retenir exactement tous les nombres d'un livre d'éphémérides. Cependant jusqu'ici, dans l'invention, on a toujours fait jouer un plus grand rôle à la simple *méditation* qu'à l'*écriture,* et l'on n'a point encore appris *à inventer la plume à la main.* Mais la seule invention qui doive être *approuvée,* c'est l'*invention par écrit* (c); et cette dernière méthode une fois passée en usage, espérons tout de l'expérience enfin devenue *lettrée* (d).

CI.

De plus, comme les détails et les faits particuliers forment une multitude innombrable; que ces faits épars et répandus sur un grand espace, partagent excessivement l'attention, causent à l'esprit une sorte de tiraillement en tout sens, et le jettent dans la confusion, on aura tout à craindre de ses écarts, de sa légèreté naturelle, et de sa disposition à voltiger; à moins que, par le moyen de tables d'invention d'un bon choix, d'une judicieuse distribution, et comme *vivantes*, on ne sache assembler et coordonner tous les faits appartenans au sujet de la recherche dont on s'occupe, et qu'ensuite on n'applique l'esprit à ces tables ainsi préparées et digérées, qui sont destinées à lui prêter secours.

CII.

Mais quand la masse des faits aura été, en quelque manière, mise sous nos yeux avec l'ordre et la méthode convenables, gardons-nous encore de passer tout d'un coup à la recherche des causes; ou, si nous le faisons, de nous trop reposer sur ce premier résultat. Nul doute, à la vérité, que si les expériences tirées de tous les arts, puis rassemblées et rédigées comme nous venons de le dire, étoient mises sous les yeux même d'un homme seul, et soumises à son jugement, il ne pût, par la simple translation de ces expériences d'un art dans l'autre (1), faire, par ce moyen, une infinité de découvertes avantageuses et de présens utiles à la vie humaine, surtout à l'aide de cette méthode expérimentale que nous désignons par le nom d'*expérience lettrée*. Cependant on ne doit pas trop faire fonds sur cette ressource ; mais espérer beaucoup plus de cette lumière nouvelle qui jaillira des axiômes extraits des faits particuliers par la vraie méthode, et qui ensuite in-

---

(1) Il manque, dans toutes les académies, une classe, ou, dans tous les états, une société uniquement destinée à transporter d'une science, d'un art, d'un métier, d'une profession dans l'autre, les moyens et en général les connoissances applicables à plusieurs, et cette société pourroit être appellée la *société d'application*. Telle étoit aussi la principale destination de l'encyclopédie ; mais l'objet a été mal rempli.

diqueront de nouveaux faits; car la route où l'on marche, guidé par cette méthode, n'est point un terrain uni, une sorte de plaine; mais un terrein inégal, où l'on va tantôt en montant, tantôt en descendant : on monte des faits aux axiômes, puis on redescend des axiômes à la pratique.

CIII.

Cependant il faut se garder de permettre à l'entendement de sauter, de voler, pour ainsi dire, des faits particuliers aux axiômes qui en sont les plus éloignés, et que j'appellerois *généralissimes*, tels que sont ceux qu'on nomme ordinairement *les principes des arts et de toutes choses;* de les regarder aussitôt comme autant de vérités immuables, et de s'en servir pour établir les axiômes moyens, ce qui seroit en effet très expéditif. Et c'est ce qu'on a fait jusqu'ici, l'entendement n'y étant que trop porté par son impétuosité naturelle, et étant d'ailleurs de longue main accoutumé, dressé à cela même par les démonstrations syllogistiques. Mais on pourra espérer beaucoup des sciences, lorsque, par la véritable échelle, c'est-à-dire par des degrés continus, sans interruption, sans vuide, on saura monter des faits particuliers aux axiômes du dernier ordre; de ceux-ci, aux axiômes moyens, lesquels s'élèvent peu à peu les uns au-dessus des autres, pour arriver enfin aux plus généraux de tous. Car les axiômes du dernier ordre ne diffèrent que bien peu de l'expérience toute pure; mais ces axiômes suprêmes ou généralissimes (je parle ici des seuls que nous ayons), sont purement idéaux; ce ne sont que de pures abstractions, n'ayant ni réalité, ni solidité. Les vrais axiômes, les axiômes solides et comme *vivans*, ce sont les axiômes *moyens*, sur lesquels reposent toutes les espérances et toute la fortune réelle du genre humain. C'est sur ceux-là que s'appuient aussi les axiômes *généralissimes;* et par ce mot, nous n'entendons pas simplement des principes *abstraits*, mais des principes vraiment limités par des principes moyens (1).

Ainsi, ce qu'il faut, pour ainsi dire, attacher à l'entendement, ce ne sont point des ailes; mais au contraire du plomb, un poids, en un mot, qui le contienne et qui l'empêche de s'élancer

---

(1) Si, des faits particuliers, je m'élève tout d'un coup à un principe généralissime, il est probable que l'énoncé de ce dernier sera trop général; ou, s'il ne l'est pas trop, je n'aurai aucun moyen pour m'en assurer, et les principes moyens que j'en voudrai déduire, ne seront que des conséquences hazardées Au lieu que si je ne m'élève des faits particuliers au principe le plus élevé, qu'après avoir passé successivement et graduellement par tous les principes moyens, bien vérifiés, dès-lors le principe généralissime n'étant que le résumé ou le sommaire des principes inférieurs ou moyens, et ceux-ci, par cela même, le limitant suffisamment, je suis assuré qu'il n'a que l'étendue nécessaire, et je puis sans risque en déduire comme conséquences, d'autres principes moyens qui n'avoient pas été considérés dans la formation du principe généralissime, mais qui étoient compris dans l'étendue limitée par les principes moyens qui ont servi à le former.

ainsi de prime-saut aux principes les plus élevés. Mais c'est une précaution qu'on a jusqu'ici négligée; et quand on l'aura prise, alors enfin l'on pourra se promettre des sciences quelque chose de grand et de solide.

CIV.

Lorsqu'il s'agit d'établir un axiôme, il faut employer une forme d'induction toute autre que celle qui a été jusqu'ici en usage; et cela non-seulement pour découvrir et démontrer ce qu'on nomme communément les *principes,* mais pour établir aussi les axiômes du dernier ordre et les axiômes moyens, tous, en un mot. Car cette sorte d'induction qui procède par voie de simple énumération, n'est qu'une méthode d'enfant, qui ne mène qu'à des conclusions précaires, et qui court les plus grands risques de la part du premier exemple contradictoire qui peut se présenter. En général, elle prononce d'après un trop petit nombre de faits; encore est-ce de cette sorte de faits qu'on rencontre à chaque instant. Mais la forme d'induction vraiment utile dans l'invention ou la démonstration des sciences, s'y prend tout autrement; elle analyse les opérations de la nature; elle fait un choix parmi les observations et les expériences; dégageant de la masse, par des exclusions et des rejections convenables, les faits non concluans; puis, après avoir établi un nombre suffisant de propositions, elle s'arrête enfin aux affirmatives, et s'en tient à ces dernières. Or, c'est ce qui n'a point encore été fait, ni même tenté, si ce n'est peut-être par le seul Platon (1), qui, pour analyser et vérifier les définitions et les idées, emploie, jusqu'à un certain point, cette méthode : mais pour qu'on tire de cette dernière forme d'induction tout le parti qu'on en peut tirer,

---

(1) Et par les Stoïciens, qui pouvoient l'avoir tirée des académiciens. Zénon, leur chef, qui achetoit fort cher des argumens, avoit peut-être aussi acheté cette méthode. Voyez la note (e).

nous serons obligés de recourir à beaucoup de moyens dont aucun mortel ne s'est encore avisé; ensorte qu'elle exige encore plus de peine et de soins qu'on n'en a pris relativement au syllogisme. Or, cette même induction, ce n'est pas seulement pour *découvrir ou démontrer les axiômes* qu'il faut y avoir recours, mais encore pour *déterminer les notions;* et c'est, à proprement parler, sur cette ressource que se fondent nos plus grandes espérances.

CV.

Dans la confection d'un axiôme, à l'aide de cette induction, il est une sorte d'examen, d'épreuve à laquelle il faut le soumettre; il faut voir, dis-je, si cet axiôme qu'on établit est bien ajusté à la mesure des faits dont il est tiré, s'il n'a pas plus d'ampleur et de latitude; et au cas qu'il déborde en effet cette masse de faits, il faut voir s'il ne seroit pas en état de justifier cet excès d'étendue, en indiquant de nouveaux faits, qui seroient comme une garantie, une caution de ce surplus (1); et cela pour deux raisons : d'abord, pour ne pas rester uniquement attaché à des choses inutiles; puis, de peur que, voulant saisir trop de choses à la fois, nous n'embrassions que des formes abstraites; c'est-à-dire, que des ombres, et non des choses solides, réelles et déterminées; lorsqu'on se sera suffisamment familiarisé avec cette méthode, alors enfin un puissant motif de plus fondera nos espérances.

CVI.

Il est nécessaire de résumer et de rappeller aussi en ce lieu ce que nous avons dit plus haut sur la nécessité d'étendre

---

(1) Les faits anciens et connus servent à prouver la *vérité* d'un principe; et les faits nouveaux, *son utilité.* Ainsi les nouveaux faits ne pourroient servir à justifier ou vérifier l'excédant du principe; ce qui seroit prouver l'inconnu par l'inconnu, à moins qu'on ne vérifiât, par l'observation ou l'expérience, les faits eux-mêmes; et c'est, je crois, ce qu'il faut ajouter ici.

la philosophie naturelle aux sciences particulières, et réciproquement de ramener ces dernières à la philosophie naturelle, afin que le corps des sciences ne soit point mutilé, et qu'il ne se forme entr'elles aucun schisme; sans ces rapprochemens et cette liaison, il y a beaucoup moins de progrès à espérer.

CVII.

Telles étoient les indications que nous avions à donner sur les moyens de bannir le désespoir et de faire renaître l'espérance, en bannissant à jamais les erreurs du temps passé, ou en les corrigeant. Voyons actuellement s'il ne nous reste point encore quelqu'autre motif d'espérance. Le premier qui se présente, c'est celui-ci : si une infinité de choses utiles ont pu se présenter aux hommes, quoiqu'ils ne les cherchassent pas, qu'ils fussent occupés de toute autre chose, et qu'ils les aient rencontrées comme par hazard, qui peut douter que s'ils les cherchoient à dessein, qu'ils fussent tout à la chose, et que, dans cette recherche, ils procédassent avec méthode et une certaine suite, non par élans et par sauts, ils ne fissent beaucoup plus de découvertes. Car bien qu'il puisse arriver deux ou trois fois que tel rencontre enfin par hazard ce qui lui avoit échappé, lorsqu'il le cherchoit avec effort et de dessein prémédité ; cependant, à considérer la totalité des événemens, c'est le contraire qui doit arriver. Ainsi, veut-on faire des découvertes, et en plus grand nombre et plus utiles, et à de moindres intervalles de temps, c'est ce qu'on doit naturellement attendre plutôt de la raison, d'une industrieuse activité, d'une judicieuse méthode, que du hazard, de l'instinct des animaux, et d'autres causes semblables qui ont été jusqu'ici la source et le principe de la plupart des inventions.

CVIII.

Un autre motif qui pourroit faire naître encore quelque espérance, c'est que bien des choses déja connues sont de telle nature, qu'avant qu'elles fussent découvertes, il étoit difficile d'en avoir même le simple soupçon : que dis-je ! on les eût regardées comme impossibles, méprisées comme telles, et l'on n'eût pas daigné s'en occuper. Car les hommes jugent ordinairement des choses nouvelles par comparaison avec les anciennes (1), auxquelles ils les assimilent,

---

(1) Tout jugement, et même tout énoncé de sensation est *comparatif*, et renferme, soit explicitement, soit implicitement, une *comparaison*, et le plus souvent avec l'espèce ou la quantité opposée à celle que l'on affirme : *j'ai froid*, signifie *je voudrois avoir chaud*, et en parlant ainsi, on pense à cette sensation de *chaleur* qu'on voudroit éprouver : *j'existe*, certainement l'intention de celui qui parle ainsi, est de dire : *je ne suis pas dans le néant, ou je ne suis pas mort*. Tout ce qu'on dit, on ne l'affirmeroit pas, si l'on ne pensoit à une chose opposée, ou seulement différente, ou moindre, ou plus grande, ou égale, ou semblable, etc. avec laquelle on le compare. Mais si la simple affirmation suppose toujours quelque comparaison, à plus forte raison l'invention, et

et d'après leur imagination qui en est toute remplie, toute imbue; en un mot, ils veulent absolument deviner l'inconnu par le connu; conjectures d'autant plus trompeuses, que la plupart de ces découvertes qui dérivent des sources mêmes des choses, n'en découlent point par les ruisseaux ordinaires et connus.

Par exemple, si quelqu'un, avant l'invention de la *poudre à canon* et de *l'artillerie*, eût parlé ainsi : on a inventé une machine par le moyen de laquelle on peut, de la plus grande distance, ébranler, renverser même les murs les plus épais, et ruiner quelque fortification que ce puisse être, on eût d'abord pensé à

---

le jugement porté sur l'invention d'autrui en supposent-ils. Or, si tout jugement renferme une comparaison, les hommes ne pouvant juger d'une chose nouvelle qu'en la comparant; la comparer qu'avec ce qu'ils connoissent; connoître que ce qui est déja inventé, et qu'il désigne ici par cette expression, *les choses anciennes*, il s'ensuit que les hommes ne peuvent juger des choses nouvelles que par comparaison avec les anciennes.

ces machines de guerre qui sont animées par des poids ou des ressorts (1); par exemple, à quelque nouvelle espèce de bélier, et l'on eût pris peine à imaginer une infinité de moyens pour en augmenter la force, et en rendre les coups plus fréquens. Mais cette espèce de *vent ou de souffle ignée*, cette substance qui se dilate et se débande avec tant de violence et de promptitude, on se fût d'autant moins avisé d'y penser, qu'on n'en connoissoit aucun exemple, qu'on n'avoit aucune analogie qui pût y conduire (2), si ce n'est peut-être les *trem-*

---

(1) Ou des animaux, devoit-il ajouter.

(2) On avoit pour exemple la *décrépitation* même du salpêtre, ou du sel commun mis sur le feu ; phénomène dont l'explosion de la poudre à canon ne diffère point essentiellement, et qui pouvoit y mener par cette conjecture : supposons qu'on mêle avec une certaine quantité de salpêtre une grande quantité de quelques substances très combustibles, telles que le soufre et le charbon : qu'ayant pilé ensemble ces substances, on les détrempe un peu pour former une pâte; qu'on

blemens de terre et *la foudre;* deux phénomènes qu'on eût rejetés bien loin de sa pensée, les regardant comme deux grands secrets de la nature, et deux opérations aussi inimitables qu'impénétrables.

De même si, avant la découverte de la *soie,* quelqu'un eût tenu un tel discours : on a découvert une certaine espèce de fil dont on peut faire toutes sortes de meubles et de vêtemens; fil beaucoup plus fin que tous ceux qu'on

---

fasse ensuite sécher cette pâte, pour la réduire de nouveau en poudre; qu'enfin on renferme une certaine quantité de cette poudre dans un tube de métal un peu fort, en plaçant devant une balle de calibre, n'est-il pas probable que ces substances combustibles, si on les touchoit ensuite avec un boute-feu, venant à s'enflammer tout-à-coup et à faire décrépiter en une seule fois tout le salpêtre, chasseroient la balle avec beaucoup de force? Essayons. Puis, après différens essais, on aura trouvé le vrai procédé. En s'exerçant ainsi à *réinventer* les choses déja connues, on apprend à inventer les choses inconnues.

fait avec le lin ou la laine, et qui pourtant a beaucoup plus de force, de moëlleux et d'éclat. Mais d'imaginer qu'un chétif vermisseau puisse fabriquer un tel fil, et le fournir en si grande quantité; enfin, que ce travail se renouvelle tous les ans, qui s'en fût jamais avisé ? Que si de plus la même personne eût hazardé quelques détails plus positifs sur ce ver même, on l'eût tournée en ridicule, et prétendu qu'elle vouloit parler de quelque nouvelle espèce d'araignée qui filoit ainsi, et à laquelle elle auroit rêvé.

De même si, avant l'invention de la *boussole*, quelqu'un eût dit qu'on avoit inventé un instrument à l'aide duquel on pouvoit distinguer et déterminer avec exactitude les pôles de la sphère céleste et les différentes situations des astres, on se seroit d'abord imaginé qu'il ne s'agissoit que de certains instrumens d'astronomie, construits avec plus d'exactitude et de précision. A force de tourmenter son imagination, on eût trouvé mille moyens pour arriver à ce but. Mais qu'il fût possible de découvrir une telle espèce de corps, dont le mouvement s'accordât si bien avec celui des corps célestes, et qui ne fût pas lui-même un corps céleste, mais seulement une substance pierreuse ou métallique, c'étoit ce qui eût semblé tout-à-fait incroyable. Ces découvertes pourtant avoient long-temps échappé aux hommes; et ce n'est point à la philosophie ou aux sciences de raisonnement qu'on les doit, mais au hazard, à l'occasion; et comme nous l'avons déja dit, elles sont si hétérogènes (1) et si éloignées de tout ce qui étoit déja connu, qu'aucune espèce de *prénotion* et d'*analogie* ne pouvoit y conduire.

Il y a donc tout lieu d'espérer que la nature renferme encore dans son sein une infinité d'autres secrets qui n'ont aucune analogie avec les propriétés déja connues, mais qui sont tout-à-fait

---

(1) Il veut dire *hétéroclites*.

hors des voies de l'imagination. Nul doute qu'elles ne se fassent jour à travers le labyrinthe des siècles, et que tôt ou tard elles ne se produisent à la lumière, comme celles qui les ont précédées ont paru dans leur temps; mais par la route que nous traçons, on pourroit les rencontrer beaucoup plutôt, sur-le-champ même, les saisir toutes ensemble et avant le temps.

CIX.

Mais on apperçoit telles autres découvertes qui sont de nature à faire croire que le genre humain peut manquer les plus belles inventions, faute de voir ce qui est, pour ainsi dire, à ses pieds, et passer outre, sans le remarquer. Car après tout, ces inventions de la poudre à canon, de la boussole, de la soie, du sucre et du papier, avoient nécessairement des relations quelconques à certaines propriétés naturelles (*f*). Mais on ne peut disconvenir que l'art de l'imprimerie étoit quelque chose d'assez facile à imaginer, et presque sous la main. Néanmoins, faute d'avoir considéré que, si les caractères typographiques sont plus difficiles à arranger que les lettres à tracer par le seul mouvement de la main, il y a pourtant entre ces deux espèces de caractères, cette différence essentielle, qu'à l'aide des caractères typographiques une fois placés, on tire en fort peu de temps une infinité de copies; au lieu que l'écriture à la main n'en fournit qu'une seule : faute aussi d'avoir compris qu'il est possible de donner à l'encre un tel degré de consistance, qu'en cessant d'être coulante, elle puisse encore teindre; sans compter l'attention de tourner les caractères en haut, et d'imprimer en dessus; c'est pourtant, dis-je, faute de ces considérations si simples, que tant de siècles ont été privés d'une invention si utile, et qui contribue si puissamment à la propagation des sciences.

L'esprit humain, dans cette carrière des sciences, est presque toujours si gauche et si mal disposé, qu'il commence par se défier de ses propres forces, et finit par mépriser ce qui l'avoit d'abord étonné. Avant que certaines choses aient été découvertes, la possibilité d'une telle invention lui semble incroyable ; mais sont-elles inventées, il lui semble au contraire incroyable qu'elles aient pu si long-temps échapper aux hommes. Or, c'est cette inconséquence même qui est pour nous une raison d'espérer qu'il reste encore une infinité de découvertes à faire, soit en saisissant certaines propriétés encore inconnues, soit en transportant d'un genre dans l'autre, et en appliquant, à l'aide de cette méthode expérimentale que nous désignons sous le nom d'*expérience lettrée*, les propriétés déjà connues.

CX.

Voici encore un autre motif d'espérance qu'il ne faut pas oublier ; que les hommes daignent songer à l'énorme dépense de génie, de temps, de facultés, de moyens de toute espèce, qu'ils ont faite jusqu'ici, le tout pour des études sans prix et sans utilité; considérant de plus, que si de telles études eussent été mieux dirigées et tournées vers des objets plus solides, il n'est point de difficultés qu'ils n'eussent pu surmonter ainsi. Réflexion que nous ne pouvons nous dispenser d'ajouter ici, étant forcés d'avouer que le projet d'une histoire naturelle et expérimentale, ayant toutes les conditions nécessaires, et telle que nous l'embrassons dans notre pensée, est une entreprise vraiment grande, pénible, dispendieuse, et presque royale.

CXI.

Cependant il ne faut pas se laisser trop effrayer par la multitude des faits, qui au fond seroit plutôt pour nous un nouveau motif d'espérance. Car les phénomènes particuliers de la nature et des arts, une fois éloignés des yeux du corps et détachés, par abstraction, de la masse des choses, ne se présentent plus aux yeux de l'esprit que comme *une poignée*. Enfin, cette route-ci a du moins un terme, et elle débouche dans un terrein découvert; au lieu que l'autre est sans issue, et l'on s'y embarrasse de plus en plus. Les hommes n'ont encore fait dans l'expérience que de très courtes pauses; ils n'ont fait que l'effleurer; ils ont perdu un temps infini dans de simples méditations, et dans les pures opérations de leur esprit. Mais, s'il existoit parmi nous un seul homme qui fût en état de répondre avec justesse sur le fait de la nature, la découverte des causes et l'invention des axiômes seroient l'affaire d'un petit nombre d'années.

CXII.

Nous pensons qu'on pourroit encore trouver quelque motif d'espérance dans l'exemple que nous donnons nous-mêmes, et ce n'est pas par vanité que nous parlons ainsi; mais ce que nous disons, il est utile de le dire. Si donc quelqu'un manque de confiance et de courage, qu'il jette les yeux sur moi, un des hommes de mon temps le plus occupé des affaires publiques, d'une santé quelquefois chancelante (ce qui entraîne avec soi une grande perte de temps), qui, dans cette entreprise, marche le premier, et ne suis les traces de qui que ce soit, qui ne communique à aucun mortel ces nouvelles idées, et qui pourtant, ayant eu le courage de soumettre mon esprit aux choses, et d'entrer dans la véritable route, n'ai pas laissé, je pense, d'y faire quelques pas ; que, toutes ces circonstances, dis-je, mûrement pesées, il considère ce que pourroient, dirigés par ces indications mêmes que nous venons de donner, un certain nombre d'hommes jouissant de tout le loisir nécessaire, et concertant leurs travaux ; sur tout le temps même, le temps seul, et dans une route qui n'est pas uniquement accessible pour tels ou tels individus d'élite, comme cette méthode rationelle dont nous avons parlé, mais qui l'est pour tous, et où tous les travaux, toutes les tâches, principalement celles dont l'objet est de rassembler des expériences, pourroient être d'abord sagement distribuées, puis réunies pour concourir à un même but.

Quand les hommes, las enfin de faire tous précisément les mêmes choses, auront su partager entr'eux tout le travail, ce sera alors seulement qu'ils commenceront à connoître leurs forces, et ce que peuvent ces forces réunies.

CXIII.

Enfin, quoique nos espérances, par rapport à cette grande entreprise, soient encore bien foibles; cependant notre sentiment est qu'il faut absolument en venir à l'essai, sous peine de mériter le reproche de lâcheté. Car ici il y a moins de risque à échouer, qu'à ne pas essayer; en n'essayant point, on est sûr de perdre le plus grand de tous les biens; et en échouant, que perdroit-on au fond? tout au plus un peu de peine et de temps. Au reste, d'après ce que nous avons dit et même ce que nous n'avons pas dit, il nous semble que les plus puissans motifs d'espérance se trouvent ici, je ne dis pas seulement pour un homme ardent et prompt à faire des tentatives, je dirai même pour un homme prudent, circonspect, et à qui il n'est pas facile d'en imposer.

CXIV.

Nous avons désormais exposé les différens motifs capables de mettre fin à ce découragement qui, de tous les obstacles aux progrès des sciences, est le plus puissant. Notre dessein n'est pas non plus de nous étendre davantage sur les *signes* et les *causes* des erreurs et de l'ignorance qui ont pris pied; et nous devons d'autant plus nous borner à ce que nous avons dit sur ce sujet, que ces autres causes plus cachées, que le vulgaire n'apperçoit pas et dont il ne peut juger, doivent être rapportées à notre analyse des *fantômes* de l'esprit humain.

Ici se termine également la partie *destructive* de notre *restauration*, laquelle comprend trois sortes d'*examens critiques ou de censures*; savoir : *censure de la raison native de l'homme, censure des formes de démonstration, et censure des doctrines, théories ou philosophies re-*

gues. Cette triple censure a été telle qu'elle devoit être, nous y avons procédé par la seule voie des *signes* et de l'évidence des *causes ;* car n'étant d'accord avec les autres, ni sur les *principes,* ni sur les *formes de démonstrations,* nous ne pouvions employer aucun autre genre de *réfutation.*

Ainsi il est temps de passer à l'art même et à la vraie manière d'interpréter la nature ; cependant quelques observations préliminaires ne seront pas inutiles. Comme notre but, dans ce premier livre d'aphorismes, est de préparer les esprits, non-seulement à bien entendre, mais même à adopter, à goûter ce qui doit suivre, l'entendement étant désormais débarrassé de préjugés, et devenu, pour ainsi dire, une table rase, il reste à maintenir les esprits dans la bonne disposition où nous les avons mis, et dans une sorte d'aspect favorable à l'égard de ce que nous allons proposer. Car outre cette sorte de prévention, qui a pour cause un préjugé ancien et invétéré, ce qui pourroit encore fortifier cette prévention, ce seroit la fausse idée qu'on pourroit se faire de ce que nous avons en vue. Ainsi, nous tâcherons (dans le chapitre suivant) de donner une idée juste et précise de notre objet, mais seulement une idée provisoire qui pourra suffire jusqu'à ce qu'on ait une pleine connoissance de la chose même.

Commentaire du cinquième chapitre.

(a) *LE dogmatique, tel que l'araignée, ourdit des toiles, etc.* A ce mot, *les rationaux*, que l'auteur emploie ici, je substitue l'un des deux suivans : *les dogmatiques*, ou *le dogmatique*, pour rendre la diction plus uniforme. Ces quatre mots : *les raisonneurs*, les *rationaux*, les *dogmatiques*, les *méthodistes*, ne designent, au fond, qu'une seule et même classe ; savoir : ceux qui, au lieu de ne faire usage du *raisonnement* que pour *provoquer* ou *suppléer* l'*observation*, ce qui est sa double destination, *raisonnent* beaucoup *trop*, se fiant excessivement à leurs principes et aux conséquences qu'ils en tirent. Et les différences qui les distinguent, ne sont tout au plus que des *nuances* qui se rapportent moins au *fond* de la *méthode*, qu'au *ton*, à la *forme*, ou à l'*ordre matériel* des expressions. L'*empyrique* est celui qui, pour appuyer ses spéculations ou ses opérations, préfère presque toujours aux *principes* et aux *raisonnemens* dont ils sont la base, les *expériences* et les *observations directes*, c'est-à-dire, qui préfère celles que lui ou d'autres ont faites ou peuvent faire sur le *sujet même en question*, ou sur un petit nombre d'autres sujets qu'une forte analogie en rapproche beaucoup, à celles qui ont été faites sur une classe de sujets à laquelle il l'agrégeroit, et dont il lui attribueroit ensuite les propriétés; ce qui est la marche des *raisonneurs*. Dans les routes battues, et dans les cas les plus ordinaires, la marche de l'empyrique est certainement la plus sûre. Mais, dans les cas extraordinaires, où aucun fait direct ne peut servir de guide, les principes et les raisonnemens sont absolument nécessaires. Or, il n'est point de cas qui n'ait, au moins, quelque peu d'extraordinaire, de propre et d'individuel, qui le distingue de ceux auxquels on le compare, et qui force à l'agréger à une classe plus étendue, c'est-à-dire, à raisonner. Ainsi, la marche des méthodiques est toujours un peu nécessaire. D'ailleurs, l'une de ces deux marches ne nuisant point à l'autre, rien n'empêche de les réunir pour assurer ses spéculations et ses opérations. D'où il suit que cette question, élevée depuis l'origine des sciences, entre ces deux classes opposées : *laquelle faut-il préférer de la marche de l'empyrique, ou de celle du dogmatique ?* revient à celle-ci : *laquelle faut-il préférer de la main droite ou de la main gauche ?* La vraie réponse alors est : *toutes les deux ;* et cette réponse, quoiqu'indirecte par rapport à la demande, est très directe par rapport au véritable état de la question : car, il ne s'agit pas d'opter entre deux méthodes également nécessaires ; mais, au contraire, de les réunir, afin qu'elles se prêtent un mutuel secours ; solution qui s'applique à toutes les questions de même nature, c'est-à-dire, à presque toutes les questions possibles. Car, dans presque toutes, au lieu d'employer chaque main à aider l'autre, c'est-à-dire, de doubler tous les préceptes, pour éviter tout à la fois l'*excès* et le *défaut*, on veut employer l'une des deux mains à couper l'autre, et l'on met en opposition les préceptes qu'il faudroit réunir. Cette solution nous donne aussi le mot de cette énigme de Fontenelle : *Tout le monde a raison.* Mais il avoit lui-même un peu tort ; et il devoit dire : *Chaque secte, faction ou parti, a tort et raison ;* raison, de soutenir que le moyen ou le système qu'il a adopté, est utile en certains cas ; tort, de prétendre que celui du parti contraire ne l'est jamais : leur tort commun est de disputer au lieu de s'éclairer et de s'aider mutuellement ; et le seul qui ait toujours raison, c'est celui qui ne donne jamais tort à personne, mais qui sait se doubler et se compléter lui-même, en réunissant ce que les deux partis contraires veulent séparer. Au reste, ce n'est point, à proprement parler, sur *l'expérience* que s'appuie l'empyrique, mais seulement sur *l'analogie*. Car, avant de manger un morceau de pain, ou de faire usage d'un remède, il n'a point encore l'expérience de ce pain, ni de ce remède individuel, mais seulement de ceux dont il a fait l'épreuve; et il ne fait usage de ceux-ci qu'en conséquence d'une conjecture appuyée sur ce syllogisme tacite : les corps très semblables extérieurement, sont aussi très analogues par leurs qualités intimes. Or, ce pain ou ce remède sont très semblables, extérieurement, à ceux dont j'ai fait usage : donc, etc. Le méthodiste procède ainsi : les sujets de telle *classe* très nombreuse, ont telle propriété; ou, ce qui est la même chose, les sujets qui se ressemblent par telles qualités *distinctives*, se ressemblent aussi par telles qualités *affectives* (car les qualités *distinctives* servent à *classer* les sujets; et ces *classifications*, à *deviner*, avant l'expérience, leurs *qualités affectives*). Or, le *sujet* en question est *de cette classe*, puisqu'il a telles qualités *distinctives* qui la caractérisent : donc, etc. On voit ici que l'empyrique raisonne ainsi que le méthodiste; et que le méthodiste s'appuie, ainsi que l'empyrique, sur l'expérience ; avec cette différence que l'empyrique se fonde sur des analogies plus fortes, mais prises dans un plus petit nombre de sujets ; au lieu que le méthodiste s'appuie sur des analogies tirées d'un plus grand nombre de sujets, mais plus foibles : chacune des deux méthodes, lorsqu'elles sont désunies, a un *fort* et un *foible*; mais la méthode composée de toutes deux, est *toute forte*. Et il en est de même de toutes les autres combinaisons de deux méthodes contraires, physiques, morales, politiques, logiques ou mathématiques, etc.

(*b*) *Par les mathématiques, science qui doit non engendrer, commencer la philosophie, mais seulement la terminer.* Elle la *termine* en *déterminant les quantités*, et en satisfaisant à la seconde de ces deux questions qu'on se fait toujours, ou qu'on doit toujours se faire : *Que faut-il?* et *combien en faut-il?* Pour pouvoir *déterminer réellement des mesures avec précision*, il faut avoir d'abord *quelque chose à mesurer*; ce qu'oublient quelquefois certains mathématiciens auxquels s'adresse le conseil indirect renfermé dans ce passage. Car, au lieu de chercher d'abord, par l'expérience ou l'observation, des déterminations dans le réel, et de déterminer ensuite, par le calcul, les quantités auxquelles la mesure réelle ne peut être appliquée, et dont ils connoissent ou peuvent connoître les rapports avec ces premières déterminations, comme le font ordinairement les astronomes qui, pour déterminer l'orbite d'une comète, déterminent d'abord, par l'observation, plusieurs points de son cours réel, puis achèvent l'ellipse, par le moyen de l'algèbre ; marche qu'on peut regarder comme le modèle de toute bonne théorie qui ne doit être que le résultat d'une opération commencée par l'observation, et achevée par le raisonnement ou le calcul ; au lieu, dis-je, de suivre cette judicieuse méthode, ces autres mathématiciens dont nous parlons, vont cherchant de tous côtés dans la physique, non des observations et des expériences auxquelles ils puissent donner de la précision à l'aide du précieux et puissant instrument qu'ils ont en main, mais seulement des prétextes pour faire valoir leur algèbre ; science qui a l'inconvénient d'attirer tout à elle, et de devenir, comme tous les autres jeux difficiles, une passion, une manie dans ceux qui y sont fort exercés. La tête vuide de connoissances réelles, et pleine de formules, ils ne calculent que d'après des hypothèses, c'est-à-dire, qu'ils mesurent très exactement la particule conditionnelle *si*. Au reste, une chose infiniment plus utile que la *géométrie positive*, c'est *l'esprit géométrique*. Car, on n'a pas toujours besoin de déterminer les *quantités précises*, sur-tout dans la morale, la politique, la médecine, etc. où, le plus souvent, cette *minutieuse précision* est aussi *inutile qu'impossible*, la nature ayant donné à la santé, au plaisir, et en général au bonheur de l'homme, une certaine *latitude*; et l'ayant moins attaché à ces *quantités précises*, qu'à certaines espèces de *sentimens* dont l'*instinct social et animal* est la seule mesure que l'ambition et l'avarice ont remplacée par des *mesures conventionnelles*. Mais on a toujours besoin de *spéculer* et d'*opérer* avec un certain degré de *justesse*, pour s'épargner *d'inutiles essais* et de *longs tâtonnemens*; de ne point se laisser abuser par les fausses lueurs, de raisonner conséquemment, de lier ses idées, de les généraliser, de tirer des conséquences d'un principe fécond, d'imaginer les êtres réels tels qu'ils sont, et les êtres possibles, tels qu'ils peuvent être; de retrancher de ses discours toutes les expressions inutiles, et d'y simplifier toutes les expressions nécessaires : or, c'est ce qu'on apprend beaucoup moins par les préceptes directs et généraux de la logique, que par l'étude des mathématiques, sur-tout de la géométrie descriptive, qui, par cela même que ses méthodes sont moins générales et moins simplificatives que celles de l'algèbre, laissant plus à faire à l'esprit, le rend moins *machinal*; et qui exerce plus également deux facultés également nécessaires; savoir : celle de généraliser les idées, les principes ou les méthodes, et celle de se représenter nettement la figure des corps, leur situation absolue et respective, leurs textures, leurs mouvemens, etc. faculté non moins précieuse, et peut-être encore plus nécessaire que la première; et que l'algèbre n'exerce pas assez, etc. etc.

(c) *La seule invention qui doive être approuvée, c'est l'invention par écrit.* Le sens de ce passage n'est pas qu'il faut inventer sur cet écrit, mais qu'il faut tenir registre de ses observations, afin de retrouver, sur cet écrit, celles que la mémoire pourroit laisser échapper; et les ranger dans des tables dont l'ordre puisse faciliter ces deux opérations de l'esprit. Car, il est une infinité de comparaisons, de combinaisons, et même d'observations, qu'on fait beaucoup mieux de mémoire, qu'en présence des objets, ou sur des relations par écrit. Que de choses, par exemple, qui échappent dans la société, et qu'ensuite, rentré chez soi, on apperçoit aussi-tôt, en repensant aux mêmes personnes ! De même, veut-on traduire, ou simplement examiner quelque passage d'un livre, on en jugera beaucoup plus aisément, et beaucoup mieux, en quittant le livre un instant, et même en fermant les yeux, qu'en les fixant sur ce passage : de plus, ce n'est pas immédiatement après avoir laissé le livre qu'on en peut le mieux juger, mais quelque temps après ; il semble que le principe commun de la vision et de la pensée, ait besoin d'un certain temps pour se retirer à l'intérieur, et s'y concentrer. Ces différences dont nous parlions d'abord, paroissent dépendre de trois causes. En premier lieu, dans la lecture ou l'observation des objets présens, la force du principe vital est partagée entre la vision et la pensée. En second lieu, il est plus facile, dans la simple méditation, d'analyser les idées, c'est-à-dire, de les *isoler*, pour les considérer une à une ; condition toujours nécessaire pour concevoir, juger et inventer nettement et distinctement. Enfin, en présence des objets, on est trop acteur pour être bon spectateur; on pense plus à soi, et moins à la chose. A ces explications, si elles ne paroissent pas suffisantes, on peut substituer cette raison générale qui semble un peu triviale, et qui n'en vaut que mieux : que l'esprit opère plus aisément et plus exactement, en ne faisant qu'une seule chose, qu'en en faisant deux à la fois. Ainsi je suis persuadé qu'il vaut mieux observer d'abord, écrire ensuite ses observations, puis les ranger dans les tables qu'on va voir ; lire ces tables deux ou trois fois; enfin, méditer les faits qu'elles renferment, les relire, les méditer encore, et ainsi de suite, qu'observer et inventer la plume à la main. En fait de sujets bien familiers, jamais ce qu'on écrit ne vaut ce qu'on dit ; jamais ce qu'on dit n'équivaut à ce qu'on pense ;

et ce qu'on pense équivaut encore moins à ce qu'on voit. C'est sur-tout en prenant une plume qu'on prend des prétentions, et qu'on se hâte d'écrire avant que d'avoir achevé de penser.

(*d*) *Quand l'expérience sera enfin devenue lettrée.* Notre auteur semble ici attacher à cette dénomination, *l'expérience lettrée*, une signification différente de celle qu'il lui donne dans l'aphorisme suivant, et dans le chapitre II du livre IV du premier ouvrage. Car, ici il veut dire, qu'au lieu de s'en fier à sa seule mémoire, il faut écrire toutes ses observations ou ses expériences à mesure qu'on les fait; et faire, sur cet écrit, toutes les comparaisons nécessaires pour découvrir les causes; parce que, sans cette précaution, l'esprit qui est naturellement inconstant, et ennemi de toute contrainte, se jetera bientôt à côté, et s'écartera ou de la méthode qui doit le diriger, ou du sujet même. Au lieu que, dans l'aphorisme suivant, et dans le passage cité du premier ouvrage, il fait entendre que, pour multiplier plus aisément et plus complettement les variations, extensions, translations, applications, etc. d'une expérience ou observation déjà connue, il faut se pourvoir d'une espèce de table de lieux communs, tels que ceux-ci : variation de l'expérience, du sujet sur lequel elle a été faite, à un autre sujet; d'une partie de l'un de ces sujets, à une autre partie du même sujet ; d'une quantité à une autre quantité plus grande ou plus petite, au minimum ou au maximum, etc. translation de cette même expérience, de la nature dans l'art humain ; d'un art à un autre art ; d'une partie d'un de ces arts à une autre partie du même art; application de cette expérience aux usages de la vie humaine ; combinaison de cette expérience avec d'autres expériences, etc. il entend, dis-je, qu'à l'aide d'une pareille table, on fera beaucoup plus d'applications, de translations, de variations, de combinaisons, etc. de l'expérience ou de l'observation donnée, qu'on n'en pourroit faire à l'aide de la seule mémoire, à laquelle il échappe toujours quelque chose ; qu'elle fera trouver sans peine une infinité de rapports auxquels on n'eût pas même pensé; en un mot, qu'elle donnera des idées. Or, empêcher l'esprit de s'écarter, et multiplier ses idées, sont deux buts fort différens. Ainsi ces deux significations, qu'il attache à la dénomination *d'expérience lettrée*, sont fort différentes ; cependant, pour concilier cette apparente contradiction, il peut dire : j'entends par *expérience lettrée*, *l'expérience méthodique* en général, laquelle a deux parties, dont l'une consiste à mettre par écrit toutes ses observations et ses expériences à mesure qu'on les fait; et l'autre, à n'inventer, par la voie de l'analogie, qu'à l'aide d'une table de lieux communs semblable à celle qui est indiquée dans cette partie de mon premier ouvrage (L. IV. CH. II.), et que j'appelle *la chasse de Pan*. Mais, quoique la précaution d'écrire tous les faits, et de faire sur cet écrit toutes les comparaisons, ne soit rien moins que le fonds de sa méthode, mais seulement un accessoire, un simple adminicule, et que cette dénomination d'*expérience lettrée* doive être prise ici dans le sens propre et physique ; cependant l'expérience lettrée elle-même nous a appris, à nous, que cet accessoire vaut mieux que le fonds ; et le sens physique a une relation très étroite avec le sens moral. Car la différence la plus visible entre un *lettré* et un homme qui ne l'est pas, c'est que le premier écrit beaucoup, et que l'autre, écrivant fort peu, fait presque tout de mémoire ; ce qui à la longue met entre eux une différence infinie pour l'intelligence. Par la même raison que nous écrivons tout l'argent que nous donnons ou recevons, nous devons écrire aussi les faits, les idées, les principes ou les raisonnemens dont nous faisons l'acquisition, et qui sont la monnoie philosophique. L'homme de lettres qui n'aime point à tenir la plume, ruine bientôt son esprit et sa réputation, comme le négociant ou le banquier paresseux à écrire ruine en peu de temps son crédit et sa fortune. L'habitude d'écrire toutes ses pensées, aiguise et fortifie l'esprit, en le rendant plus attentif et ralentissant son mouvement, qui est presque toujours accéléré par quelque passion, ou par le simple désir d'arriver à la fin du travail, c'est-à-dire, par la paresse. On conçoit beaucoup plus aisément et beaucoup mieux un raisonnement fort composé, en le transcrivant très lentement et très nettement une ou deux fois, qu'en le lisant cinq ou six fois. De tous les préceptes relatifs à l'éducation, le plus solide, le plus utile, et par conséquent le plus grand, c'est le plus trivial; c'est, dis-je, de transcrire avec soin tout ce qu'on étudie, et de lire toujours la plume à la main; je dis de lire et d'étudier, non d'*observer* et d'*inventer;* car cette plume est un aiguillon de paresse qui fait écrire trop tôt; et toutes choses égales, le plus grand écrivain, c'est celui qui prend la plume le plus tard. Ce que nous disons ici des avantages de l'écriture fréquente, a pourtant ses exceptions; tel écrit beaucoup de sottises et n'en est que plus sot; et tel qui écrit peu n'en est pas moins sage, parce qu'il sait écrire en dedans, c'est-à-dire, penser, avec un esprit naturellement vif et fougueux, aussi lentement que s'il écrivoit, et ponctuer, pour ainsi dire, sa pensée. Cependant, quoique la seule écriture ne suffise pas pour redresser un esprit faux, c'est toujours un moyen de plus pour un esprit juste. Et il paroît que ce sentiment étoit celui de Bacon, s'il est vrai qu'il ait, comme on nous le dit, transcrit quatorze fois de sa propre main l'*ouvrage* que nous commentons.

(*e*) *Si ce n'est par le seul Platon.* Cette méthode définitive de Socrate, imitée par Platon, étoit composée de deux parties essentielles; l'une étoit celle dont il parle, et qui est exposée dans le second livre; nous tâcherons de donner ici une idée de l'autre, en l'éclaircissant par un exemple très familier. Un nez difforme choque beaucoup plus qu'un nez d'une belle forme ne peut plaire; et la totale soustraction de cette partie choque infiniment plus que sa difformité. Or, ce que nous disons des objets de la vue, s'applique également aux objets intellectuels. Pour sentir plus aisément et concevoir plus vivement toutes les parties essentielles à un sujet, rien de mieux que de les lui ôter successivement par la pensée; car alors plus on est choqué de ce qui y manque, mieux on sent ce qui devoit y être. Tel est l'esprit de la méthode négative de Socrate et de Platon. Vouloient-ils, par exemple, aider un de leurs disciples à définir le beau, ou à en concevoir la définition, ils faisoient passer en revue devant lui différens objets difformes; puis ils lui demandoient successivement ce qui lui paroissoit manquer à chacun; et par ce que chaque objet n'étoit pas, le disciple sentoit aussitôt ce qu'il auroit dû être. Enfin, après lui avoir fait, en quelque manière, ramasser un à un tous les élémens du beau, ils lui faisoient une dernière question, dont la réponse naturelle étoit une proposition composée, qui réunissoit tous ces élémens ; proposition qui étoit la définition complette, sinon du beau en général, du moins de celui dont l'homme peut avoir le sentiment et l'idée. Supposons encore qu'on nous demande une définition de la *symmétrie* ; l'étymologie de ce mot qui répond, dans notre langue, à celui de *commensuration*, que j'y forge exprès, ne peut nous donner entièrement cette définition ; elle n'indique qu'une de ces conditions dont la réunion constitue la *symmétrie* ; savoir : *l'égalité de mesure ou de dimensions*. Mais, comme le corps humain est presque entièrement composé de parties assemblées deux à deux, et symmétriquement, choisissons-en deux très apparentes, par exemple, les deux yeux. Cela posé, si l'un des deux yeux étoit plus grand ou plus petit, d'une autre forme, d'une autre couleur, dans une autre attitude (plus droit ou plus oblique, ou dans un autre plan, etc.), plus en avant ou plus en arrière, plus haut ou plus bas, plus voisin ou plus éloigné de la racine du nez, enfin du même côté, que l'autre œil, etc. chacun voit aisément qu'il n'y auroit plus de symmétrie ; car il est plus aisé, lorsqu'elle manque dans un sujet, de s'appercevoir qu'elle n'y est pas, que de dire, lorsqu'elle y est, en quoi précisément elle consiste. La symmétrie consiste donc, en totalité ou en partie, dans les huit conditions que je viens d'ôter successivement par supposition ; et pour les trouver toutes, il suffit de supposer successivement le contraire de chaque défaut qu'on a remarqué. Or, ces conditions se réduisent à trois chefs principaux ; savoir : *la similitude de couleur, de figure, d'attitude, etc. l'égalité de dimensions et de distances ; enfin l'opposition de situations par rapport à un centre, réel ou fictif, soit point, soit ligne, surface ou solide.* Ainsi nous voyons en gros que la symmétrie consiste dans ces trois conditions. Je dis *en gros*, parce que je n'ai point la prétention de donner ici une définition *juste et complette* de la symmétrie, ce qui exigeroit plus de temps ; mais seulement de donner une idée nette de *la méthode définitive de Socrate,* que j'ai démêlée dans les verbeux dialogues de son premier disciple.

(*f*) *L'invention de la poudre à canon, de la boussole, etc. doit avoir des relations quelconques avec d'autres propriétés naturelles.* Nous avons vu, dans une des notes précédentes, que l'invention de la poudre à canon n'étoit qu'une application d'une propriété connue long-temps avant cette invention ; savoir : celle que le salpêtre et quelques autres sels, étant mis sur le feu, ont de *décrépiter* ou de *détonner*, et que cette découverte s'étoit réduite à imaginer des moyens pour mêler très exactement et lier très étroitement, avec une certaine quantité de salpêtre, une quantité plus grande de substances très combustibles qui, en s'enflammant subitement, pussent la faire *décrépiter ou détonner* toute à la fois. Mais ceci n'est encore qu'un exemple. Généralisons. Les élémens les plus simples de la matière se meuvent et se croisent sans cesse, selon toutes les directions possibles, dans le vaste océan de l'espace, où tous les passages leur sont ouverts, même à l'intérieur des composés divers; les interstices (ou pores) que laissent entr'elles les parties solides de ces composés, formées par l'assemblage et la cohérence d'un certain nombre de ces élémens, étant nécessairement plus grands que ces élémens pris un à un. Ces élémens se meuvent ainsi jusqu'à ce que, venant à rencontrer d'autres élémens avec lesquels ils ont de l'affinité, ils s'unissent avec eux, etc. Donc ces élémens sont par-tout, et se trouvent combinés en différentes proportions, dans les différens composés. Donc les qualités ou propriétés simples, primitives et radicales de la matière, inhérentes à ces élémens, éternelles et immuables comme eux, sont aussi par-tout et en différentes proportions dans les différens composés; et les propriétés apparentes, sensibles, de ces composés, ne sont que des combinaisons de ces propriétés élémentaires. Donc toutes les propriétés apparentes et composées de tous les mixtes, tels que ceux dont il est ici question, ont des relations entr'elles, et elles ont toutes quelque chose de commun; savoir : ces propriétés mêmes élémentaires et composantes. Donc toute propriété inconnue a non-seulement des relations quelconques, comme le dit Bacon, mais même des relations très étroites avec quelques propriétés connues.

CHAPITRE VI.

Idée précise qu'on doit se faire de la méthode exposée dans le second livre.

CXV.

La première demande que nous ayons à faire, c'est qu'on ne s'imagine point qu'à l'exemple des anciens Grecs, ou de certains modernes, tels que *Télèse*, *Patrice*, ou *Severin*, nous ayons l'ambitieux projet de fonder une secte en philosophie; ce n'est nullement notre dessein: nous pensons même que les opinions abstraites de tel ou tel philosophe sur la nature et sur les principes des choses, importent fort peu au bonheur du genre humain. Nul doute qu'on ne puisse, en suivant les traces des anciens, ressusciter une infinité de systèmes de cette espèce, ou, en tirant de son propre fonds, en imaginer de nouveaux; comme on peut inventer une infinité de systèmes astronomiques qui, quoique fort différens les uns des autres, ne laisseront pas de s'accorder tous assez bien avec les phénomènes célestes. Nous attachons fort' peu de prix à toutes les inventions de ce genre, les regardant comme autant de pures suppositions et de conjectures aussi inutiles que hazardées. Mais notre véritable, notre ferme résolution est d'essayer si l'on ne pourroit pas asseoir sur des fondemens plus solides, la puissance et la grandeur de l'homme, et reculer les limites de son empire sur la nature. Uniquement occupés de ce dessein, quoique nous ayons nous-mêmes, sur différens sujets, des observations, des expériences, ou des découvertes, qui nous semblent plus réelles et plus solides que toutes celles de ces systématiques, et que nous avons rassemblées dans la cinquième partie de notre restauration; cependant nous ne voulons hazarder aucune théorie générale et complette, persuadés qu'il n'est pas encore temps : d'ailleurs nous n'espérons pas que notre vie se prolonge assez pour nous laisser le temps d'achever la sixième partie, où seroit exposée cette philosophie que nous aurions découverte, en suivant constamment la véritable méthode dans l'interprétation de la nature. Ce sera encore assez pour nous de nous rendre utiles dans les parties intermédiaires (les deuxième, troisième, quatrième et cinquième); d'y faire preuve d'une sage défiance de nous-mêmes; et en attendant, de jeter à la postérité, avec toute la sincérité dont nous sommes capables, quelques semences de vérités solides. Enfin, ne sera-ce pas assez pour nous que de n'avoir épargné aucun soin pour ébaucher une aussi grande entreprise ?

CXVI.

Par la même raison que nous ne sommes point *fondateurs de secte*, nous ne sommes non plus ni *donneurs*, ni *prometteurs* de procédés particuliers, de petites recettes. Il est toutefois ici deux objections qu'on voudra peut-être tourner contre nous qui parlons si souvent de pratique, d'exécution, et qui rebattons sans cesse ce sujet-là. Vous-mêmes, nous dira-t-on, donnez-nous donc quelque nouveau moyen d'une utilité frappante, et qui soit une sorte de garantie de vos promesses. Notre méthode, répondrons-nous, notre véritable marche (comme nous l'avons si clairement, si souvent dit et voulons bien le redire), n'est rien moins que d'extraire des procédés déjà connus, d'autres procédés, des expériences déjà faites, d'autres expériences, à la manière des empyriques ; mais de déduire d'abord des expériences et des procédés déjà connus, les causes et les axiômes; puis, de ces axiômes et de ces causes, de nouvelles expériences et de nouveaux procédés ; la seule marche qui convienne à de légitimes interprètes de la nature.

Et quoique, dans ces tables d'invention (dont est composée la quatrième partie de notre restauration), ainsi que parmi ces faits particuliers qui nous servent d'exemples dans la seconde, enfin parmi ces observations que nous avons fait entrer dans notre histoire naturelle (et qui forment la troisième partie), il soit facile, avec un peu de pénétration et d'intelligence, d'appercevoir un assez grand nombre d'indications de procédés utiles et de pratiques importantes ; cependant, nous le confessons ingénument, cette histoire naturelle qui est entre nos mains, soit que nous l'ayons puisée dans les livres, ou que nous la devions à nos propres recherches, ne nous paroît ni assez complette, ni assez vérifiée pour suffire à une véritable interprétation de la nature.

Si quelqu'un, pour ne s'être encore familiarisé qu'avec la seule expérience, se sent plus de goût, d'aptitude et de sagacité pour cette recherche des procédés nouveaux, nous lui abandonnons volontiers cette sorte d'industrie; il peut, s'il lui plaît, dans notre histoire et dans nos tables, glaner, en passant, bien des observations et des vues utiles, s'en saisir pour les appliquer aussi-tôt à la pratique, et s'en contenter comme d'une acquisition provisoire et d'une sorte de gage, en attendant que nos ressources soient plus multipliées. Pour nous, qui tendons à un plus grand but, nous condamnons tout délai, toute pause prématurée dans des applications de cette nature, les regardant comme les *pommes d'Atalante* auxquelles nous les comparons si souvent. Car nous, peu susceptibles de ce puéril empressement, ce n'est point après des pommes d'or que nous courons; mais mettant tout dans la victoire, et voulant que l'art remporte sur la nature le prix de la course, au lieu de nous hâter de cueillir de la mousse, ou de moissonner le bled avant qu'il soit mûr, nous attendons une véritable moisson et dans son temps.

CXVII.

Il est encore une autre objection qu'on ne manquera pas de nous faire. En lisant attentivement notre histoire naturelle et nos tables d'invention, venant à rencontrer parmi les expériences mêmes, quelques faits moins certains que les autres et même absolument faux, on se dira peut-être que nos découvertes ne sont appuyées que sur des fondemens et des principes de même nature. Mais au fond ces petites erreurs ne doivent point nous arrêter, et dans les commencemens elles sont inévitables. C'est à peu près comme si, dans un ouvrage manuscrit ou imprimé, une lettre ou deux par hazard se trouvoient mal placées, ce qui n'arrêteroit guère un lecteur exercé, le sentiment corrigeant aisément ces petites fautes. C'est dans le même esprit qu'on doit se dire que, si certaines observations fausses ou douteuses se sont d'abord glissées dans l'histoire naturelle, parce qu'y ayant ajouté foi trop aisément, on n'a pas eu la précaution de les vérifier, cet inconvénient est d'autant plus léger, que, redressé peu de temps après par la connoissance des causes et des axiômes, on est à même d'effacer ou de corriger ces petites erreurs. Il faut convenir pourtant que si, dans une histoire naturelle, ces fautes étoient considérables, fréquentes, continuelles, il n'y auroit ni art assez puissant, ni génie assez heureux pour les corriger entièrement. Si donc, dans notre histoire naturelle, vérifiée et rédigée avec tant de soin, de scrupule, je dirois presque, de *religion*, il s'est glissé quelque peu d'erreur ou d'inexactitude; que faut-il donc penser de l'histoire naturelle ordinaire qui, en comparaison de la nôtre, a été composée avec tant de négligence et de crédulité; ou de la philosophie et des sciences fondées sur ces *sables mouvans*? Ainsi ces légères erreurs de notre histoire naturelle ne doivent point inquiéter.

CXVIII.

On rencontrera aussi dans notre histoire naturelle, et parmi les expériences qui en font partie, bien des choses dont les unes paroîtront communes et de peu d'importance; d'autres basses même et grossières; d'autres enfin trop subtiles, purement spéculatives, et de fort peu d'usage; tous objets qui, ainsi envisagés, pourront détourner les hommes de leurs études en ce genre, et à la longue les en dégoûter.

Quant à ces observations qui paroissent triviales, que les hommes, pour apprécier ce jugement, daignent ouvrir les yeux sur leur conduite ordinaire à cet égard; car voici ce qu'ils font le plus souvent. Lorsqu'ils rencontrent des faits rares, ils veulent absolument les expliquer, et ils croient y réussir, en les rapportant et les assimilant aux faits les plus communs; quant à ces faits si communs, ils ne sont point du tout curieux d'en connoître les causes; mais ils les admettent purement et simplement, les regardant comme autant de points accordés et convenus.

Aussi, ne cherchent-ils jamais les causes ni de la pesanteur (1), ni du mouvement de rotation des corps célestes, ni de la chaleur, ni du froid, ni de la lumière, ni de la dureté, ni de la mollesse, ni de la ténuité, ni de la densité, ni de la liquidité, ni de la solidité, ni de la nature du corps animé ou inanimé, ni de celle des parties similaires ou dissimilaires, ni enfin de celle du corps organisé ou non organisé, etc. Ces différences physiques, ils ne sont nullement curieux de les expliquer; mais ils les admettent comme autant de vérités évidentes et généralement reçues, se contentant de disputer et de porter un jugement sur ces autres phénomènes qui sont moins fréquens et moins familiers (2).

---

(1) C'est un reproche qu'on ne peut faire au grand Newton.

(2) Pour *trouver* une explication, il faut la *cher-*

Pour nous, n'ignorant pas qu'il est impossible de porter un jugement valide sur les choses rares et remarquables, qu'on peut encore moins faire de vraies découvertes sans avoir au préalable cherché et trouvé les causes des choses plus communes et les causes de ces causes, nous sommes en conséquence obligés de donner place dans notre histoire à des choses très connues. Nous voyons même que rien n'a plus nui à la philosophie, que cette disposition naturelle qui fait que les choses fréquentes et familières n'ont pas le pouvoir d'éveiller et de fixer l'attention des hommes, et qu'ils les regardent comme en passant, peu curieux d'en connoître les causes; ensorte qu'on a beaucoup moins souvent besoin de les exciter à s'instruire de ce qu'ils ignorent, qu'à fixer leur attention sur les choses connues.

---

cher : pour la *chercher,* il faut une certaine *activité d'esprit.* Or, l'esprit humain est naturellement *paresseux ;* il n'a d'activité qu'autant qu'une *passion l'éveille,* et les choses *très connues* n'en éveillent plus, parce qu'elles cessent *d'étonner.*

CXIX.

Quant à ces objets qu'on traite de vils et de bas, objets pourtant auxquels Pline veut qu'on commence par rendre hommage, ils ne méritent pas moins que les plus brillans et les plus précieux, de trouver place dans une histoire naturelle, et cette histoire ne contracte pour cela aucune souillure ; de même que le soleil pénètre dans les cloaques, ainsi que dans les palais, et n'en est point souillé. Pour nous, notre dessein n'étant point d'élever une sorte de pyramide ou de fastueux monument à l'orgueil de l'homme, mais de jeter dans son esprit les fondemens d'un temple consacré à l'utilité commune, et bâti sur le modèle de l'univers même, quelqu'objet que nous puissions décrire, nous ne faisons en cela que copier fidèlement l'original. Car tout ce qui est digne de l'existence est aussi digne de la science, qui est l'image de la réalité. Or, les plus vils objets existent tout aussi réellement que les plus nobles. Disons plus, de même que de certaines matières putrides, telles que le musc et la civette, s'exhalent des odeurs très suaves, de même, c'est souvent des objets les plus vils et les plus repoussans que jaillit la lumière la plus pure, et que découlent les connoissances les plus exactes. Mais en voilà beaucoup trop sur ce sujet, un dégoût de cette espèce n'étant pardonnable qu'à des femmes ou à des enfans.

CXX.

Mais il se présente une autre objection qui demande un peu plus de discussion. Telles observations et telles vues que nous avons insérées dans notre histoire naturelle, offertes à un esprit vulgaire, et même à toute espèce d'esprit trop accoutumé aux sciences reçues, pourront paroître d'une subtilité recherchée, et plus curieuses qu'utiles. Aussi est-ce à cette objection que nous avons d'abord répondu et que nous allons répondre encore; or, cette réponse, la voici. Ce que nous cherchons dans les commencemens et seulement pour un temps, ce sont les expériences *lumineuses*, et non les expériences *fructueuses*, imitant en cela, comme nous l'avons dit aussi, la marche de l'auteur des choses, qui, le premier jour de la création, ne produisit que la lumière, consacra à cette œuvre ce jour tout entier, et ne s'abaissa à aucun ouvrage grossier.

Qu'on ne dise donc plus que ces observations si fines ne sont d'aucun usage; autant vaudroit, de ce que la lumière n'est point un corps solide ou composé d'une substance grossière, inférer qu'elle est inutile. Disons au contraire, que la connoissance des natures simples, bien analysées et bien définies, est semblable à la lumière; qu'en nous frayant la route dans les profondeurs de la pratique, et nous montrant les sources des principes les plus lumineux, embrasse ainsi par une certaine puissance qui lui est propre, et traîne après soi des multitudes et comme des légions de procédés utiles et de nouveaux moyens, quoiqu'en elle-même elle ne soit pas d'un fort grand usage. De même les lettres de l'alphabet, prises en elles-mêmes et considérées une à une, ne signifient rien, et sont presque inutiles ; ce sont elles pourtant qui composent tout l'appareil du discours, elles en sont les élémens et comme la matière première. C'est encore ainsi que les semences des choses, dont l'action est si puissante, ne sont d'aucune utilité, sinon au moment où, déployant cette action, elles opèrent le développement des corps. Enfin, quand les rayons de la lumière elle-même sont dispersés, si l'on ne sait les réunir, on ne jouit point de ses heureux effets (1).

---

(1) Les propriétés composées dont nous avons besoin à chaque instant, sont des assemblages, des combinaisons de propriétés simples et élémentaires. Le nombre de ces combinaisons est infini ; au lieu que celui de ces élémens est fini et peut-être très petit. S'attacher aux élémens, est le plus sûr moyen d'abréger ses études ; au lieu que vouloir étudier toutes ces combinaisons une à une, c'est se jeter dans l'infini. Autant vaudroit, pour apprendre à lire, étudier tous les mots un à un, au

Si l'on est choqué de ces subtilités spéculatives, eh! que dira-t-on des scholastiques qui se sont si étrangement infatués de subtilités d'une toute autre espèce qui, loin d'avoir une base dans la nature et la réalité des choses, étoient toutes dans les mots, ou dans des notions vulgaires (ce qui ne vaut guère mieux), et destituées de toute utilité, non-seulement dans les principes, mais même dans les conséquences? Ce n'étoit rien moins que des subtilités, de la nature de celles dont nous parlons ici, et qui, n'étant à la vérité d'aucun usage pour le moment, sont pour la suite d'une utilité infinie. Au reste, que les hommes tiennent pour certain que toute analyse très exacte et toute discussion très approfondie, qui n'a lieu qu'après la découverte des axiômes, ne vient qu'après coup et qu'il est alors trop tard;

---

lieu d'apprendre d'abord les lettres de l'alphabet. Tel est l'esprit de cette dénomination qu'il emploie quelquefois; l'abécédé; ou l'alphabet de la nature.

que le véritable, ou du moins le principal temps où ces observations si fines sont nécessaires, c'est lorsqu'il s'agit de peser l'expérience et d'en extraire les axiômes. Mais ceux qui se complaisent dans cet autre genre de subtilités, voudroient aussi embrasser, saisir la nature, vains efforts! quoi qu'ils puissent faire, elle leur échappe; et l'on peut appliquer à la nature ce qu'on a dit de l'occasion et de la fortune, qu'elle est *chevelue par-devant et chauve par-derrière*.

Enfin, à ce dédain que témoignent certaines gens pour les choses *très communes*, ou *basses*, ou *trop subtiles* et *inutiles dans le principe*, c'est assez d'opposer le mot de cette vieille à un prince superbe qui rejetoit dédaigneusement sa requête, la jugeant au dessous de la majesté souveraine ; que ce mot, dis-je, leur serve de réponse et d'oracle (1).

────────────

(1) *Crois-tu*, disoit Philippe de Macédoine à une femme du commun qui vouloit l'occuper de ses petits intérêts, *que j'aie le temps de m'occu-*

Car il n'est pas douteux que cet empire sur la nature, auquel l'homme peut prétendre, dépend beaucoup de ces détails qui paroissent si minutieux à certaines gens ; et quiconque, les jugeant tels, ne daigne pas s'en occuper, ne peut ni obtenir, ni bien exercer cet empire.

CXXI.

N'est-il pas étrange, nous dira-t-on encore, et même choquant, de vous voir ainsi écarter, jeter de côté les sciences et leurs inventeurs, tous à-la-fois, d'un seul coup, et cela sans vous appuyer de l'autorité d'un seul ancien, mais avec vos seules forces et seul de votre parti ?

Nous n'ignorons pas, répondrons-nous, que si nous eussions voulu procéder avec moins de candeur et de sincérité, il ne nous eût pas été fort difficile de trouver, ou dans ces temps si anciens

---

per de pareilles bagatelles ? Tu n'as donc pas le temps d'être roi, lui dit la vieille ; eh bien ! cesse de l'être. Ce mot le fit rentrer en lui-même, et il l'écouta patiemment.

qui précédèrent la période des Grecs, temps où les sciences florissoient peut-être davantage, mais dans un plus grand silence, qu'à l'époque où elles tombèrent, pour ainsi dire, dans les trompettes et dans les flûtes des Grecs; ou bien encore, quelque philosophe parmi ces Grecs mêmes, auquel nous pourrions attribuer nos opinions, du moins quant à certaines parties; et de tirer quelque gloire de cette association avec eux : à peu près comme ces hommes nouveaux qui se forgent une noblesse, en se faisant descendre de je ne sais quelles familles anciennes et illustres, à la faveur de ces généalogies qu'ils savent fabriquer pour leur compte. Pour nous qui, nous appuyant sur la seule évidence des choses, rejetons toute fiction et tout artifice de cette nature, nous pensons qu'il n'importe pas plus au succès réel de notre entreprise, de savoir si ce qu'on pourra découvrir par la suite, étoit connu des anciens, et si, en vertu de la vicissitude naturelle des choses et des révolutions du temps, les sciences sont actuellement à leur lever ou à leur coucher, qu'il n'importe aux hommes de savoir si le nouveau monde ne seroit pas cette atlantide dont parlent les anciens, ou s'il vient d'être découvert pour la première fois. Car, lorsqu'on veut faire des découvertes, c'est dans la lumière de la nature qu'il faut les chercher, et non dans les ténèbres de l'antiquité (1).

Quant à l'étendue de cette censure, qui embrasse toutes les philosophies à la fois, pour peu qu'on s'en fasse une juste idée, l'on sentira aisément que, par cela même qu'elle les embrasse toutes, elle est mieux fondée et plus modérée, que si elle n'attaquoit qu'une partie de ces systêmes. Car si les erreurs n'eussent pas été enracinées dans les notions mêmes, la partie la plus saine des inventions en ce genre eût nécessairement un peu rectifié la plus mauvaise. Mais ces erreurs étant fondamentales,

---

(1) La philosophie alors étoit encore presque toute en citations.

et de telle nature que les fautes à imputer aux hommes, ce sont beaucoup moins les faux jugemens et les méprises, que les négligences et la totale omission des opérations nécessaires; on ne doit plus s'étonner qu'ils n'aient pu atteindre à un but auquel ils ne tendoient pas, exécuter ce qu'ils n'avoient pas même tenté, fournir une carrière où ils n'étoient point entrés.

Ce que notre entreprise peut avoir de nouveau et d'extraordinaire, ne doit pas non plus étonner. Si un homme, se reposant sur la justesse de son coup d'œil et la sûreté de sa main, se vantoit de pouvoir, sans le secours d'aucun instrument, tracer une ligne plus droite et décrire un cercle plus exact que tout autre ne le pourroit de la même manière, on pourroit dire que son intention seroit de faire comparaison de son adresse avec celle d'autrui. Mais s'il se vantoit seulement de pouvoir, à l'aide d'une règle et d'un compas, tracer cette ligne et ce cercle avec plus d'exactitude que tout autre ne le pourroit avec l'œil et la main seuls, alors il se vanteroit bien peu. Or, ces observations que nous ajoutons ici ne regardent pas seulement ces premières tentatives, ces premiers pas que nous faisons nous-mêmes, elles s'appliquent également à ceux qui doivent continuer ce que nous commençons; car notre méthode d'invention dans les sciences rend tous les esprits presqu'égaux, et laisse bien peu d'avantage à la supériorité de génie. Ainsi, nos découvertes en ce genre (comme nous l'avons souvent dit), sont plutôt l'effet d'un certain bonheur qu'une preuve de talent; oui, c'est plutôt un fruit du temps qu'une production du génie; vu qu'à certains égards il n'y a pas moins de hazard dans les pensées de l'homme, que dans ses œuvres et dans ses actions (1).

---

(1) En faisant beaucoup de recherches, on est à peu près certain de trouver quelque chose; mais, avant la découverte, on ne sait pas au juste quelle idée spécifique ou individuelle on rencontrera; car

CXXII.

Ainsi, nous dirons de nous ce que disoit de lui-même, assez plaisamment, un orateur d'Athènes (1). Il est *impossible, ô Athéniens!* disoit-il, *que deux orateurs, dont l'un boit du vin, et l'autre ne boit que de l'eau, soient précisément du même avis.* Or, les autres hommes, tant anciens que modernes, n'ont bu dans les sciences qu'une liqueur crue et semblable à de l'eau; liqueur qui découloit naturellement de l'esprit humain, ou qu'ils en tiroient,

---

si on le savoit, on n'auroit plus rien à chercher. Tout ce qu'on peut connoître avant coup, c'est tout au plus le *genre* ou la *destination* de ce qu'on cherche. Il y a donc, comme il le dit, beaucoup de *hazard* dans *l'invention;* et il y en a d'autant plus, qu'en cherchant une infinité de choses qu'on ne trouve pas, on en trouve beaucoup d'autres qu'on ne cherchoit pas; l'imagination étant une sorte de cheval rétif et capricieux qui se porte presque toujours du côté opposé à celui où le pousse notre volonté.

(1) Eschine parlant de lui-même qui aimoit le vin, et de Demosthène qui ne buvoit que de l'eau.

à l'aide de la dialectique, à peu près comme celle qu'on tire d'un puits à l'aide de certaines roues. Mais nous, nous buvons et nous offrons, en leur portant une santé, une liqueur extraite de raisins bien mûrs et cueillis à temps, choisis avec soin, puis suffisamment foulés, enfin clarifiés et purifiés dans un vase convenable. Ainsi nous ne pouvons, eux et nous, être parfaitement d'accord (1).

CXXIII.

On ne manquera pas non plus de tourner contre nous certaine objection que nous faisions aux autres, touchant le *but* ou la *fin* des sciences ; et l'on dira que celle que nous marquons n'est pas la plus utile, la véritable ; la pure contemplation de la vérité, ajoutera-t-on,

---

(1) Sur-tout s'ils pensent que cet aphorisme ne mène pas bien directement à la découverte des *formes ou causes essentielles*. Si tous les autres ressembloient à celui-là, je n'aurois pas daigné traduire cet ouvrage ; mais heureusement nous ne rencontrerons plus rien de semblable.

est une occupation qui semble plus noble et plus relevée que l'exécution la plus utile et la plus grande ; ce séjour si long et si inquiet dans l'expérience, dans la matière, dans cette multitude immense et si diversifiée de faits particuliers, tient, pour ainsi dire, l'esprit attaché à la terre, et le jetant dans cet état de trouble et d'anxiété, qui est l'effet ordinaire de la confusion, il le tire de cet état de calme et de sérénité que lui procure la philosophie abstraite, et qui semble approcher davantage de celui de la Divinité. Cette objection est tout-à-fait conforme à notre propre sentiment ; cette fois, enfin, nous sommes d'accord ; ce qu'ils entendent par la comparaison de ces deux états, et ce qu'ils désirent, est précisément ce que nous avons en vue et ce que nous voulons faire avant tout. Car au fond, quel est notre but ? c'est de tracer dans l'esprit humain une image, une copie de l'univers, mais de l'univers tel qu'il est, et non tel que l'imagine celui-ci ou celui-là, d'après les suggestions de sa propre et seule raison. Or, ce but, il est impossible d'y arriver, si l'on ne sait analyser l'univers, le disséquer, pour ainsi dire, et en faire la plus exacte anatomie. Quant à ces petits mondes imaginaires, et singes du grand, que l'imagination humaine a tracés dans les philosophies, nous déclarons sans détour qu'il faut les effacer entièrement. Que les hommes conçoivent donc une fois (et c'est ce que nous avons déja dit), quelle différence infinie se trouve entre les fantômes de l'entendement humain et les idées de l'entendement divin. Les premiers ne sont autre chose que des abstractions purement arbitraires : au lieu que les dernières sont les vrais caractères du Créateur de toutes choses, tels qu'il les a gravés et déterminés dans la matière, en lignes vraies, correctes et déliées. Ainsi, en ce genre comme en tant d'autres, la *vérité* et l'*utilité* ne sont qu'une seule et même chose; et si l'exécution, la pratique doit être plus estimée que la simple spéculation, ce n'est pas en tant qu'elle multiplie les commodités de la vie, mais en tant que ces utiles applications de la théorie sont comme autant de gages ou de garans de la vérité.

CXXIV.

Au fond, nous dira-t-on peut-être encore, tout votre travail se réduit à refaire ce qui a déja été fait; les anciens eux-mêmes suivirent la route que vous suivez; et selon toute apparence, après toute cette mise dehors et tout ce fracas, vous finirez par retomber dans quelques-uns de ces systêmes philosophiques qui eurent cours autrefois. Eux aussi, ajoutera-t-on, ils commençoient par se pourvoir d'un grand nombre d'expériences et d'observations particulières; puis les ayant rangées par ordre de matière, et placées sous leurs divisions respectives, ils en tiroient leurs théories philosophiques et leurs traités pratiques ; enfin, le sujet bien approfondi, ils osoient prononcer et déclarer leur sentiment. Cependant ils jetoient çà et là, dans leurs écrits, quelques exemples, soit pour éclaircir les matières, soit pour faire goûter leurs opinions. Mais de publier leur recueil de notes, leurs codicilles, leur calepin, c'étoit ce qu'ils jugeoient aussi inutile que rebutant; en quoi ils imitoient ce qui se pratique ordinairement dans la construction des édifices; car lorsqu'un édifice est achevé, on fait disparoître la charpente et toutes les machines. Cette conjecture, répondrons-nous, peut être fondée, et il est à croire qu'ils ne s'y sont pas pris autrement. Mais à moins qu'on n'ait oublié ce que nous avons dit tant de fois, on trouvera aisément une réponse à cette objection. Car nous-mêmes nous avons assez montré ce que c'étoit que cette méthode de recherche et d'invention des anciens; et d'ailleurs n'est-elle pas assez visible dans leurs écrits ? méthode, après tout, qui n'étoit autre que celle-ci : d'un certain nombre d'exemples et de faits particuliers, auxquels ils mêloient quelques notions communes, et peut-être aussi quelques-unes des opinions alors reçues, sur-tout de celles qui avoient le plus de cours, ils s'élançoient, du premier vol, jusqu'aux conclusions les plus générales, c'est-à-dire, jusqu'aux principes des sciences ; puis regardant ces principes hazardés comme autant de vérités fixes et immuables, ils s'en servoient pour déduire et prouver, à l'aide des *moyens* (1), les propositions infé-

---

(1) Bacon entend ici par *media*, les *principes moyens* ou intermédiaires, comme on peut s'en assurer par la lecture de plusieurs autres passages, où, au lieu de dire, *per media*, il dit, *per medias propositiones ;* mais c'est une erreur que je suis obligé de relever. Ils ne pouvoient déduire des principes les plus élevés, les propositions inférieures, à l'aide des principes moyens, puisque, par sa supposition même, ayant franchi ces derniers, ils ne les avoient pas. Ainsi, par *media*, il faut entendre ce que les scholastiques appelloient les *moyens-termes* ou *termes moyens de comparaison*, auxquels, en raisonnant, on rapporte les deux idées dont l'union ou la séparation constitue la question.

rieures, dont ils composoient ensuite le corps de leur théorie. Enfin, s'ils rencontroient quelques exemples ou faits particuliers qui combattissent leurs assertions, d'un tour de main ils se débarrassoient de cette difficulté, soit à l'aide de certaines distinctions, soit en expliquant leurs règles mêmes, soit enfin en écartant ces faits par quelques grossières ex-

---

Or, ce *terme moyen* n'est autre chose qu'une *classe* dans laquelle on suppose, ou l'on prouve, s'il est nécessaire, qu'est compris le sujet de la question: après quoi, ayant supposé ou prouvé que l'attribut de la question convient à cette classe, on en conclut qu'il convient aussi au sujet de la question. Par exemple, dans ce syllogisme : *la base de toute vraie société est la confiance réciproque;* et la base de la confiance réciproque est la justice; donc, etc. Le *moyen-terme* est *la confiance réciproque*, à l'idée de laquelle on compare celle d'une *vraie société*, qui en est l'effet, et celle de la *justice*, qui en est *la cause.* Heureusement on n'est pas obligé, pour raisonner juste, d'entrer dans ces ennuyeux détails; et sans l'obligation où je suis d'expliquer ce passage, j'éloignerois de ma pensée ces notions scholastiques.

ceptions. Qant aux causes des faits particuliers qui ne leur faisoient point obstacle, ils les mouloient à grande peine sur ces principes, et ne les abandonnoient point qu'ils n'en fussent venus à bout. Mais cette histoire naturelle et cette collection d'expériences qui leur servoit de base, n'étoit rien moins que ce qu'elle auroit dû être, et cette promptitude à s'élancer aux principes les plus généraux, est précisément ce qui a tout perdu.

CXXV.

Peut-être encore tous ces soins que nous nous donnons pour empêcher les hommes de prononcer avec tant de précipitation, en posant d'abord des principes fixes, et pour les engager à ne le faire qu'au moment où, ayant passé, comme ils le devoient, par les degrés intermédiaires, ils seront enfin arrivés aux principes les plus généraux; cette sollicitude, dis-je, pourra faire penser que nous avons en vue certaine suspension de jugement, et que nous voulons ramener toute la marche philosophique à *l'acatalepsie;* mais ce seroit s'abuser que de le croire; ce n'est point du tout à *l'acatalepsie* que nous tendons, mais à *l'encatalepsie* (1). Notre dessein n'est

(1) Comme nous n'avons point, dans notre langue, de mots qui répondent à ces deux mots grecs, nous les traduirons par les deux suivans que nous forgerons à dessein; *inintelligibilité*, bonne *intelligibilité*. Pour bien entendre ce passage, il faut se rappeller que telle étoit à peu près la formule des académiciens grecs : tous les composés, physiques et moraux, sont si compliqués, qu'il est impossible de les analyser complettement. Ainsi ne pouvant comprendre parfaitement aucun sujet, *je suspendrai mon jugement* sur tous, et je ne porterai jamais de jugemens *définitifs*, mais seulement des jugemens *provisoires* qui auront pour limites celles de mes connoissances, et s'étendront proportionnellement. Cependant, comme il faut, pour vivre en société, avoir une opinion et un but, je réglerai, dans chaque cas particulier, mes résolutions et ma conduite sur la plus grande probabilité. Tel étoit l'esprit de leur doctrine; mais ce *doute*, si sage en apparence, n'étoit, en grande partie, qu'une *affectation*. L'homme ne doit point aspirer à une *certitude absolue*, mais seulement

point de *déroger à l'autorité des sens*, mais de les *aider*; ni de *mépriser* l'entendement, mais de le *diriger*. Et après tout, ne vaut-il pas mieux, tout en ne se croyant pas suffisamment instruit, en savoir assez, que s'imaginer savoir absolument tout, et d'ignorer pourtant tout ce qu'il faudroit savoir ?

CXXVI.

Quelqu'un pourra douter encore (car ce sera ici plutôt un léger doute qu'une véritable objection), douter, dis-je, si notre dessein est de perfectionner seulement la philosophie naturelle, par notre

---

à une *certitude relative* et proportionnée à *ses besoins*. Or, il est faux que, pour acquérir une telle certitude relativement à un sujet quelconque, il soit nécessaire de le *connoître complettement*; il suffit pour cela de connoître, dans ce sujet, tout ce qui se rapporte à ces besoins; comme ils sont *limités*, les connoissances requises le sont également; et il est aussi déraisonnable de suspendre son jugement, lorsqu'on est suffisamment instruit, que de hazarder un jugement affirmatif, lorsqu'on ne l'est pas assez.

méthode, ou d'appliquer également cette méthode aux autres sciences, telles que la *logique*, la *morale* et la *politique*. Or, ce que nous avons dit jusqu'ici doit s'entendre généralement de toutes les sciences; et de même que la logique ordinaire qui gouverne tout par le *syllogisme*, ne s'applique pas seulement aux *sciences naturelles*, mais à *toutes les sciences* sans exception; de même notre méthode qui procède par la voie d'*induction*, les embrasse toutes. Car notre plan n'est pas moins de composer une *histoire*, et de dresser des *tables d'invention*, soit sur la *colère*, la *crainte*, la *honte*, et autres affections de cette nature, soit sur les faits et les exemples tirés de la *politique*, soit enfin sur les *opérations de l'esprit*, sur la *mémoire*, sur les facultés de *composer* et de *diviser*, de *juger*, et autres semblables, que sur le *chaud* et le *froid*; ou sur la *lumière*, la *végétation*, et autres sujets de ce genre. Cependant, comme la méthode d'interprétation que nous suivons, après avoir préparé et rédigé notre histoire naturelle, n'a pas simplement pour objet les mouvemens et les opérations de l'esprit, comme la logique vulgaire, mais la nature même des choses, nous dirigeons l'entendement de manière qu'il puisse s'appliquer aux phénomènes et aux opérations de la nature, par divers moyens appropriés aux différens sujets; et c'est par cette raison qu'en exposant cette méthode d'interprétation, nous donnons divers préceptes sur la manière d'appliquer, jusqu'à un certain point, la méthode d'invention à la nature et aux qualités particulières du sujet, qui est l'objet de la recherche actuelle.

CXXVII.

Il seroit injuste de nous soupçonner d'avoir conçu le dessein de décréditer et de ruiner, dans l'opinion publique, la philosophie, les sciences et les arts aujourd'hui en vogue; on doit penser au contraire que nous saisissons avec plaisir tout ce qui peut contribuer à les mettre en usage, à les faire valoir, à les accréditer. Nous n'empêchons nullement qu'ils ne fournissent une matière aux entretiens, des ornemens aux discours, un texte aux professeurs; enfin, qu'ils ne servent à multiplier les ressources et les commodités dans la vie ordinaire. Ce sera, si l'on veut, une monnoie qui aura cours parmi les hommes, à raison de la valeur qu'y attache l'opinion publique. Nous disons plus, et nous déclarons sans détour que cet autre genre de connoissances dont il s'agit ici, rempliroit assez mal ces différens objets, vu qu'il nous paroît tout-à-fait impossible de les abaisser à la portée des esprits ordinaires, autrement que par l'*exécution* et les *effets ostensibles*. Cette affection, cette bonne volonté, envers les sciences reçues, est un sentiment dont nous faisons sincèrement profession, et ceux de nos écrits qui ont déja paru, sur-tout notre ouvrage sur *l'accroissement et la dignité des sciences*, en feront foi. Il seroit donc inutile désormais de chercher à en convaincre par de simples discours. Ce qui ne nous empêchera pas de donner sur ce sujet un dernier avertissement; savoir : qu'en s'en tenant aux méthodes aujourd'hui en usage, on ne doit espérer des progrès fort sensibles, ni dans la théorie ni dans la propagation des sciences; encore moins pourroit-on en tirer des applications suffisantes pour étendre beaucoup la pratique.

CXXVIII.

Reste à dire quelques mots sur l'utilité et l'importance de la *fin* que nous nous proposons. Or, ce que nous allons dire sur ce sujet, si nous l'eussions dit en commençant, un tel discours tenu ainsi avant le temps, n'eût paru qu'un simple vœu assez peu motivé. Mais comme nous avons déja montré de puissans motifs d'espérance, et dissipé les préjugés contraires, ce qu'il nous reste à dire en aura plus de poids. De plus, si nous prétendions tout perfectionner, tout achever, en un mot, tout faire, sans appeller les autres à partager nos travaux, et les inviter à s'associer avec nous, nous nous garderions encore d'entamer ce sujet, de peur qu'un tel langage ne parût tendre qu'à donner une haute idée de notre entreprise, et à nous faire valoir. Mais comme désormais nous ne devons plus épargner aucun moyen pour aiguillonner l'industrie des autres et animer leur courage, nous devons, par la même raison, mettre sous les yeux du lecteur certaines vérités tendantes à ce but.

Nous voyons d'abord que les découvertes utiles, les belles inventions, sont ce qui tient le premier rang parmi les actions humaines; et tel fut sur ce point le jugement de la plus haute antiquité, qui décerna aux grands inventeurs les honneurs de l'apothéose. Quant à ceux qui n'avoient bien mérité de leurs concitoyens que par des services politiques, tels que les fondateurs de villes ou d'empires, les législateurs, ceux qui avoient délivré leur patrie de quelque grande calamité, ou qui avoient chassé les tyrans, etc. et autres semblables bienfaiteurs, on ne leur conféroit que le titre de héros. Or, pour peu qu'on sache faire une juste estimation des services de ces deux genres, on ne trouvera rien de plus judicieux que cette différence dans les honneurs que leur décernoit l'antiquité. Car les bienfaits des inventeurs peuvent s'étendre au genre humain tout entier; mais les services politiques sont bornés à certaines nations et à certains lieux : ces derniers ne s'étendent pas au-delà de quelques siècles; au lieu que les premiers sont d'éternels bienfaits. Ajoutez que les innovations politiques, même en mieux, ne marchent guère sans troubles et sans violence; au lieu que les inventions gratifient les uns, sans nuire aux autres, et font ressentir leur douce influence, sans affliger qui que ce soit; on peut même regarder les inventions comme autant de créations et d'imitations des œuvres divines; et c'est ce que sentoit parfaitement le poëte qui chanta ainsi :

Ce fut l'illustre cité d'Athènes qui la première dispensant aux mortels affamés l'aliment le plus nécessaire, leur donna ainsi une nouvelle vie et des loix.

On peut aussi observer, relativement à Salomon, que ce prince pouvant tirer vanité de sa couronne, de ses trésors, de la magnificence de ses monumens, de sa garde redoutable, de son nombreux domestique, de sa flotte, enfin de la célébrité de son nom, et de cette haute admiration qu'il excitoit parmi ses contemporains, n'attachoit pourtant aucune gloire aux avantages de cette nature, comme il le témoigne lui-même, en déclarant que *la gloire de Dieu est de cacher son secret, et la gloire du roi, de découvrir ce secret.*

Qu'on daigne aussi envisager la différence infinie qu'on peut observer pour la manière de vivre entre les habitans de telles parties de l'europe des plus civilisées, et ceux de la région la plus sauvage, la plus barbare du nouveau monde ; cette différence bien considérée, l'on sentira plus que jamais que si l'on peut dire avec vérité *que tel homme est comme un Dieu par rapport à tel autre homme*, ce n'est pas seulement à cause des secours que l'homme procure quelquefois à ses semblables, et des bienfaits qu'il répand sur eux, mais aussi à raison de la différence des situations. Or, quelle est la véritable cause qui met entr'eux une si prodigieuse différence ? Ce n'est certainement ni le *climat*, ni le *sol*, ni la *constitution physique ;* ce sont les *arts, les seuls arts*, les connoissances.

Il est bon aussi d'arrêter un instant sa pensée sur la force, sur l'étonnante influence et les conséquences infinies de certaines inventions ; et cette influence, je n'en vois point d'exemple plus sensible et plus frappant que ces trois choses qui étoient inconnues aux anciens, et dont l'origine, quoique très moderne, n'en est pas moins obscure et sans éclat ; je veux parler de l'*art de l'imprimerie, de la poudre à canon* et de *la boussole*. Car ces trois inventions ont changé la face du globe terrestre, et produit trois grandes révolutions: la première, dans les *lettres;* la seconde, dans l'*art militaire;* la troisième, dans *la navigation;* révolutions dont se sont ensuivis une infinité de changemens de toute espèce, et dont l'effet a été tel, qu'il n'est point d'*empire*, de *secte* ni d'*astre* qui paroisse avoir eu autant d'ascendant, qui ait, pour ainsi dire, exercé une si grande influence sur les choses humaines.

Il ne sera pas non plus inutile de distinguer trois espèces, et comme trois degrés d'ambition dans les ames humaines. Au dernier rang on peut mettre ceux qui ne sont jaloux que d'étendre leur propre puissance dans leur patrie, genre d'ambition qui a quelque chose d'ignoble et de bas. Un peu au-dessus sont ceux qui aspirent à étendre l'empire et la puissance de leur patrie sur les autres nations; genre de prétention un peu plus noble, sans doute, sans en être moins ambitieux. Mais s'il se trouve un mortel qui n'ait d'autre ambition que celle d'étendre l'empire et la puissance du genre humain tout entier, sur l'immensité des choses; cette ambition (si toutefois on doit lui donner ce nom), on conviendra qu'elle est plus pure, plus noble et plus auguste que toutes les autres : or, l'empire de l'homme sur les choses n'a d'autre base que les arts et les sciences, car on ne peut commander à la nature qu'en lui obéissant.

Et ce n'est pas tout : si l'utilité de telle invention particulière a bien pu exciter l'admiration et la reconnoissance des hommes, au point de regarder tout mortel qui a pu bien mériter du genre humain par quelque découverte de cette nature, comme un être supérieur à l'humanité, quelle plus haute idée n'auront-ils pas de celui qui aura inventé un moyen qui rend toutes les autres inventions plus promptes et plus faciles ? Cependant, s'il faut dire la vérité toute entière, de même que, malgré les continuelles obligations que nous avons à la lumière, sans laquelle nous ne pourrions ni diriger notre marche, ni exercer les différens arts, ni même nous distinguer les uns les autres; néanmoins la simple vision de la lumière est quelque chose de plus beau et de plus grand que toutes ces utilités que nous en tirons; il est également hors de doute que la simple contemplation des choses vues précisément telles qu'elles sont, sans aucune teinte de superstition ni d'imposture, sans erreur et sans confusion, a en soi plus de grandeur et de dignité que tout le fruit réel des inventions.

Enfin, si l'on nous objectoit la dépravation des arts et des sciences, par exemple cette multitude de moyens qu'ils fournissent au luxe et à la malignité humaine, cette objection ne devroit point nous ébranler; car on en pourroit dire autant de tous les biens de ce monde, tels que le génie, le courage, la force, la beauté, les richesses et la lumière même. Laissons le genre humain recouvrer ses droits sur la nature, droits dont l'a doué la munificence divine, et qui, à ce titre, lui sont bien acquis; mettons-le à même en lui rendant sa puissance; et alors la droite raison, la vraie religion, lui apprendront à en faire un bon usage.

CXXIX.

Mais il est temps d'exposer l'art même d'interpréter la nature; et quoique nous puissions peut-être nous flatter d'avoir fait entrer dans cet exposé des préceptes très vrais et très utiles, cependant nous ne le croyons pas d'une nécessité si absolue, qu'on ne puisse rien faire sans ce secours; nous ne prétendons pas non plus avoir porté l'art à sa perfection. Car notre sentiment sur ce point est que, si les hommes, ayant sous leur main une histoire naturelle et expérimentale assez complette, étoient tout à leur objet, et pouvoient gagner sur eux-mêmes deux grands points; l'un, de se défaire de toutes les opinions reçues; l'autre, de contenir leur esprit dans les commencemens, afin de l'empêcher de s'élancer de prime-saut aux principes les plus généraux, ou à ceux qui les avoisinent, il arriveroit, par la force propre et naturelle de l'esprit, et sans autre art, qu'ils retomberoient dans notre méthode même d'interprétation, vu que, les obstacles une fois levés, cette méthode est la marche véritable et spontanée de l'entendement humain. Cependant nos préceptes ne seront pas inutiles, et la marche de l'esprit en sera plus facile et plus ferme. Nous n'avons garde non plus de prétendre qu'on n'y puisse rien ajouter. Mais au contraire, nous qui considérons l'esprit humain, non-seulement quant aux facultés qui lui sont propres, mais aussi en tant qu'il s'applique et s'unit aux choses, nous devons dire hardiment *qu'avec les inventions croîtra proportionnellement l'art même d'inventer.*

Fin du quatrième volume.

www.ingramcontent.com/pod-product-compliance
Lightning Source LLC
Chambersburg PA
CBHW071723230426
43670CB00008B/1103